An einem kalten Morgen im November hetzt Joseph Luzzi, Dante-Forscher und Dozent am Bard College im Bundesstaat New York, ins Krankenhaus – seine Frau Katherine, die im achten Monat schwanger ist, hatte einen schweren Verkehrsunfall. Von der einen Sekunde auf die andere ist Luzzi Witwer und Vater zugleich. Um vor seiner Trauer fliehen zu können, kümmert Luzzi sich – zusammen mit seiner Mutter – um seine kleine Tochter und stürzt sich vor allem in Arbeit. Er studiert und analysiert Dantes *Göttliche Komödie* intensiver, als er es je zuvor getan hat. Durch das epische Gedicht des italienischen Philosophen lernt Luzzi mit seiner Trauer umzugehen und einen Weg hinaus zu finden. Auf Dantes Spuren wird Luzzi nach und nach aus seinem »dunklen Walde« geführt, von der Hölle über den Läuterungsberg bis hin ins Paradies der wiedergefundenen Liebe.

JOSEPH LUZZI ist Autor und Dozent am Bard College. Er schreibt unter anderem für *New York Times, Los Angeles Times, Bookforum, London Times Literary Supplement.* Als erstes Kind in seiner großen italienischen Familie wurde er in Amerika geboren.

JOSEPH LUZZI

In einem dunklen Walde

Wie Dante mir einen Weg
aus meiner Trauer wies

*Aus dem Englischen
von Martin Ruben Becker*

btb

Die amerikanische Originalausgabe erschien 2015 unter dem Titel
»In a Dark Wood – What Dante Taught Me About Grief,
Healing, and the Mysteries of Love«
bei HarperWave Publishers, New York.

Verlagsgruppe Random House FSC® N001967

1. Auflage
Deutsche Erstveröffentlichung Januar 2018
Copyright © Joseph Luzzi 2015
Copyright © der deutschsprachigen Ausgabe 2018 by btb Verlag
in der Verlagsgruppe Random House GmbH,
Neumarkter Str. 28, 81673 München
Covergestaltung: semper smile, München
Covermotiv: © Shutterstock/anupong saetang
Satz: Uhl + Massopust, Aalen
Druck und Bindung: GGP Media GmbH, Pößneck
AH · Herstellung: sc
Printed in Germany
ISBN 978-3-442-71562-6

www.btb-verlag.de
www.facebook.com/btbverlag

Für Isabel
l'amor che move il sole e l'altre stelle

»In einem dunklen Walde« ist ein Sachbuch. Einige Namen und Erkennungsmerkmale sind verändert worden.

Jede Leidensgeschichte ist eine Liebesgeschichte.

Inhalt

III: TAUSENDUNDEINS

Prolog

Nel mezzo del cammin di nostra vita, mi ritrovai per una selva oscura.

In der Mitte unseres Lebenswegs kam ich zu mir in einem dunklen Walde.«

So beginnt eines der berühmtesten und schwierigsten Gedichte, die je geschrieben worden sind, Dantes *Göttliche Komödie*. Ein Epos in vierzehntausend Versen über die Seelenreise durch das Leben nach dem Tod. Die Spannung zwischen den Pronomen sagt schon alles: obwohl das »Ich« zu Dante gehört, der 1321 starb, ist seine Reise ein Teil »unseres Lebens«. Die Verse legen nahe, dass wir alle eines Tages in einem dunklen Walde zu uns kommen werden.

Für mich kam jener Tag vor acht Jahren, am 29. November 2007, ein Morgen wie jeder andere. Irgendwo im Staat New York verließ ich mein Zuhause um halb neun Uhr morgens und fuhr zum nahe gelegenen Bard College, wo ich Professor für Italienisch bin. Es war kalt und nass, die Luft trotz des diesigen Graus klar. Nach dem ersten Seminar ging ich in mein Büro, um Unterlagen zu holen, und machte mich auf den Weg zum nächsten Seminar, das um halb elf begann.

Ich scherzte noch mit meinen Studenten, während wir uns niederließen, als ich im Augenwinkel etwas Ungewöhnliches sah: An der Tür stand ein Sicherheitsbediensteter der Uni.

»Guckt mal, jetzt werde ich verhaftet«, sagte ich und lachte. Aber der bullige Wachmann lächelte nicht.

»Sind Sie Professor Luzzi?«

Ich habe nichts Schlimmes getan, war mein erster Gedanke.

»Ja – warum?«

»Bitte kommen Sie mit.«

Ich schob mich aus dem Seminarraum und sah, wie der stellvertretende Dekan und Vizepräsident der Universität die Treppe hochrannte. Auch ich begann zu laufen, die Treppe hinunter und aus dem Gebäude. Draußen wartete ein Van der Sicherheitsfirma auf mich.

Joe, deine Frau hatte einen schrecklichen Unfall.

Die Worte kamen von irgendwoher aus der Nähe, aber sie klangen gedämpft, als wären sie durch andere Dimensionen zu mir gekommen. Zeit und Raum krümmten sich um mich.

Ich betrat den dunklen Wald.

Früher an jenem Morgen, um Viertel nach neun, fuhr meine Frau Katherine Lynne Mester aus der Tankstelle und fädelte sich in den Verkehr ein, nur fünfzehn Kilometer von dem Ort entfernt, wo ich saß und eine Prüfung in Italienisch beaufsichtigte. So nahe, wie sie war, hörte ich dennoch den zermalmenden Aufprall des herannahenden Lastwagens auf das weiche Aluminium ihrer Fahrertür nicht, sah auch nicht, wie ihr Jeep schlingerte und sich drehte, während er über die Bundesstraße schlitterte und schließlich sieben Meter von dem Aufprall entfernt auf der anderen Straßenseite stehen blieb. In der klösterlichen Stille des Seminarraums hatte ich den größer werdenden Konvoi der Rettungsfahrzeuge nicht wahrgenommen, die die Route G9 hoch gerast waren, um meine Frau aus dem verbogenen und verkrümmten Metall zu befreien und sie so schnell wie möglich in das eine halbe Stunde entfernte Saint Francis Hospital von Poughkeepsie zu bringen.

Diese Rettungsfahrzeuge transportierten nicht nur meine Frau: Katherine war im achteinhalbten Monat schwanger mit unserem ersten Kind. Bald, nachdem der Wachmann vor meinem Seminar um halb elf erschienen war, nahm ein Ärzteteam an der bewusstlosen Katherine einen Notfall-Kaiserschnitt vor und brachte unsere Tochter Isabel zur Welt, die erschöpft und blass war, nicht willig, zu atmen und deren Herzschlag unhörbar war. Die Ärzte legten ihr einen Beatmungsbeutel mit Maske an – aber auch nach einer Minute in ihrem neuen Leben schlug Isabels Herz immer noch zu langsam, und sie musste intubiert werden. Allmählich beschleunigte sich ihr Herzschlag. Nach zehn Minuten machte sie ihre ersten eigenen, freiwilligen Atemzüge.

Fünfundvierzig Minuten nach Isabels Geburt starb Katherine.

Ich hatte die Wohnung um halb neun verlassen. Mittags war ich Vater und Witwer zugleich.

Eine Woche später kam ich zu mir. Ich stand in der regnerischen Kälte auf einem Friedhof außerhalb von Detroit und sah zu, wie die Leiche meiner Frau in die Erde hinabgelassen wurde, ganz in der Nähe ihres Geburtsortes. Die Worte für die Gefühle, die ich bis dahin gekannt hatte – Schmerz, Traurigkeit, Leid –, ergaben für mich keinen Sinn mehr, ein Gefühl kosmischer, lähmender Trauer überwältigte mich. Mein persönlicher Verlust schien beinahe nebensächlich: Eine junge Frau, die voll überschäumender Lebensenergie gewesen war, war jetzt nicht mehr. Ich konnte spüren, wie ein Teil von mir mit Katherines Sarg zusammen versenkt wurde. Es war die letzte Vereinigung, die ich je mit ihr haben würde, und ich habe mich noch nie so unerträglich an die Rhythmen des Universums gefesselt gefühlt. Aber ich befand mich auf verbotenem Terrain. Wie alle anderen Sterblichen musste ich auf den Planeten Erde des Leidens zurückkehren. Eine Stunde mit den Engeln ist ungefähr alles, was wir ertragen können.

Tage später ging ich in dem Dorf spazieren, wo Katherine und ich zusammen gelebt hatten, in Tivoli, New York. Zufällig begegnete ich unserer ehemaligen Nachbarin, die ebenfalls spazieren ging: Sie ist Kaplanin und hat bei dem Gedächtnisgottesdienst meines Colleges für Katherine die Zeremonie geleitet.

»Sie gehen gerade durch die Hölle«, sagte sie zu mir.

Ich dachte sofort an Dante, an den Autor, dem ich einen großen Teil meiner beruflichen Laufbahn gewidmet hatte, um sein Werk zu unterrichten und über ihn zu schreiben. Nach einer bezaubernden Jugend als führender Dichter und Politiker in Florenz, wo er 1265 geboren worden war, wurde Dante während einer diplomatischen Mission in die Verbannung geschickt. In jenen ersten Jahren wanderte Dante bei dem verzweifelten Versuch, in seine geliebte Stadt zurückzukehren, durch die Toskana. Er traf sich mit anderen Verbannten, plante Militäraktionen, machte gemeinsame Sache mit früheren Feinden – alles, um wieder nach Hause zu gelangen. Aber er sollte nie wieder einen Fuß in die Stadt Florenz setzen. Seine Worte über diese Erfahrung wurden wie ein Mantra für mich:

Du wirst alles zurücklassen, was dir am liebsten ist.
Dies ist der erste Pfeil,
den der Bogen des Exils abschießt.

Keine anderen Worte könnten ausdrücken, wie ich mich während der vier Jahre fühlte, in denen ich darum kämpfte, den Weg aus dem dunklen Wald des Leidens und der Trauer wieder herauszufinden. Und doch konnte Dante seine *Göttliche Komödie* nur wegen seines Exils schreiben, als er nämlich ein für alle Mal akzeptiert hatte, dass er nie wieder nach Florenz zurückkehren würde. Vor 1302, dem Jahr, in dem er verbannt wurde, war er ein guter Dichter und eindrucksvoller Gelehrter gewesen. Aber er musste immer noch seine eigene Stimme finden. Nur durch das Exil entwickelte er seinen gottgleichen Blick auf das menschliche Leben, losgelöst von allen irdischen Verpflichtungen, der es ihm ermöglichte, von der Seele zu sprechen.

Am Anfang der *Göttlichen Komödie,* als Dante sich in dem *selva oscura* – dem dunklen Walde – verirrt hat, sieht er in der Ferne einen Schatten. Es ist sein Lieblingsautor, der römische Dichter Vergil, der Autor der *Aeneis* und ein Heide, der im christlichen Jenseits verlassen umherirrt. Als er ihn begrüßt, erklärt Dante Vergil, dass es seine *lungo studio e grande amore* – sein langes Studium und die große Liebe – waren, die ihn zu dem antiken Dichter geführt haben. Vergil wird Dantes Lehrer was Ethik, Willenskraft und zyklische Natur menschlicher Sterblichkeit anbelangt – von seiner Metapher der Seelen, die wie Laubhaufen in der Hölle liegen, illustriert. Vergil ist sein Führer durch den dunklen Wald, und die *Aeneis* gab Dante die Mittel an die Hand, die er brauchte, um seinen Schmerz über den Verlust von Florenz zu lindern, dessen Pracht ihn verfolgte, während er in den letzten zwanzig Jahren seines Lebens auf der Suche nach einem Zuhause durch Italien wanderte.

Das ist der schreckliche Preis der Schönheit, wie auch ich erfahren sollte: Sie nimmt einen umso mehr gefangen, wenn man sie erst einmal verloren hat.

Ich hatte Katherine vier Jahre zuvor bei einer Vernissage in Brooklyn kennengelernt, sie hob sich, groß wie sie war, mit ihrer eleganten Schönheit von den schlaffen Hipstern in T-Shirts und Flanellhemden ab. Sie trug ein eng anliegendes Kleid und stand vollkommen gerade und aufrecht da, während sie ihren Sekt trank und mit einer Freundin redete. Ich ging schnurstracks auf sie zu, kratzte all meinen Mut zusammen und stellte mich ihr vor. Sie war so lieb, meine ersten Worte nicht zu belächeln.

»Hübsche Schuhe«, sagte ich und deutete auf ihre hochhackigen Schuhe mit dem spektakulären Leopardenfell-Muster.

»Das sind sie wirklich, oder?«, antwortete sie mit einem Lächeln.

Und mit diesen wenigen Worten begann mein Leben einen neuen Verauf zu nehmen, einen mit einem kurzen, aber gewaltigen Glück, von der Art, die einen verändert. Das Partyvolk, das um uns herumschwirrte, schien zu verschwinden, während Katherine mir von ihrer Familie in einem Vorort von Detroit erzählte, vom Vater, den sie verehrte und der Bundesrichter und eine Stütze ihrer Gemeinde war. Sie lachte, als sie ihre Mutter beschrieb, eine Hausfrau, die auf einer Kirschfarm aufgewachsen war und nun ihrer Familie mit ihren ungefilterten Ausbrüchen über Themen wie Amerikas Sozialfürsorge bis zu Kindern, die Künstler werden wollten, zu schaffen machte. Ich erfuhr von Katherines vornehmer Privatschule, die sich die Familie kaum hatte leisten und auf der sie sich kaum hatte halten können, und ihren Jahren furchtlosen Vorsprechens und sinnloser Demo-Tapes: »Meine Mom sagt, hör auf, Bestechungsgeschenke zu machen«, scherzte sie. Wir gingen durch die warme Novembernacht, zunächst noch in einer Gruppe, dann nur noch zu zweit. Ich erzählte ihr, dass ich Professor war, und sie wiederholte langsam das Wort und sah mir in die Augen. Ich weiß nicht, ob sie beeindruckt war oder bloß froh, jemanden aus einer respektablen Welt, die weit von ihrer eigenen entfernt war, kennenzulernen. Um zwei Uhr morgens saßen wir in einem Taxi, das mich in Park Slope absetzen und sie dann weiter zur Upper West Side bringen sollte. Aber dann gab es einen grässlichen Schlag, und der Wagen blieb mitten auf einer Brooklyner Durchgangsstraße bewegungslos stehen.

»Entschuldigung, Leute«, rief der Fahrer zu uns nach hinten, »wir haben einen Platten.«

Katherine und ich waren nebeneinander eingeschlafen, aber nun wurden wir von dem Lärm wachgerüttelt. Früher an jenem Abend hatte ich ihre Nummer in mein Handy eingegeben, und während wir darauf warteten, dass der Fahrer den Reifen wechselte, kam mir aus dem Nichts der besorgniserregende Gedanke, dass mein Handy ja ebenfalls irgendeinen Schaden nehmen könnte, genauso wie das Taxi.

Später, als ich allein in meiner Wohnung war, wurde aus meiner Besorgnis Panik: Was, wenn ich ihre Nummer falsch eingespeichert hatte? Anders konnte ich keinen Kontakt zu ihr aufnehmen, ich wusste ihren Nachnamen nicht, hatte keine Adresse von ihr, wir hatten auch keine gemeinsamen Freunde. In meinem süditalienischen Aberglauben fragte ich mich, ob der Stoß durch die Reifenpanne ein böses Omen gewesen war – dafür, dass ich unsere Verbindung für alle Zeiten verloren hatte.

Achtundvierzig Stunden später wählte ich die Nummer, und sie hob beim ersten Klingeln ab.

Nichts, was Katherine und ich miteinander geteilt hatten, hätte mich auf die Herausforderungen vorbereiten können, die mich erwarteten, als die für uns gemeinsam vorgesehene Zeit vorüber war. Rilke schrieb einmal, dass es unsere eigentliche, aber auch schwerste Aufgabe sei, einen anderen Menschen zu lieben. Alles andere sei nur die Vorbereitung darauf. Erst nachdem ich diese Liebe verloren hatte, begriff ich seine furchtbare Weisheit. Einer von euch wird sich eines Tages der Welt allein stellen müssen und die Unterwelt bewohnen – die Hölle am Beginn von Dantes Abstieg in den dunklen Wald.

Ein Autounfall nahm mir Katherines Körper, aber meine Trauer tötete beinahe die Erinnerung an sie. Nach ihrem Tod wurde sie immer verschwommener, da eine unbewusste Macht in mir all die Dinge, die wir miteinander geteilt hatten, verdrängte. Ich versuchte nicht aktiv, mich von den intensivsten Erinnerungen an sie zu distanzieren, von dem Gefühl ihrer Haut an meiner eigenen oder ihrem Geruch am Morgen, wenn ihr der Schlaf noch anhaftete. Bevor ich Katherine kennenlernte, dachte ich immer, die übliche Sphäre der Liebe wäre die Nacht, die Zeit, um sich im Dunkeln zu paaren und gemeinsam zu träumen. Aber Katherine beflügelte den Anbruch eines jeden Tages, vom ersten Licht an, das durch die Jalousien neben dem Bett auf sie fiel und den Staub in helldunklen Streifen beleuchtete, bis zu dem rhythmischen Gewicht ihres Atems, der so schwer auf meinen Schultern lag wie ihre ruhenden Arme. Umgeben von ihrem schlafenden Körper, spürte ich die Schwerkraft der Liebe, und es bedurfte all meiner Kraft, um mich von ihr zu lösen und den Strömen hell erleuchteten Staubs aus dem Bett und in den neuen Tag zu folgen. Langsam, aber unerbittlich begann ihr Tod diese lebendigen Empfindungen in geisterhafte Bilder zu verwandeln – Dinge, die meine Träume und Tagträume heimsuchten, aber die ich nicht länger fühlen, riechen oder schmecken konnte. Meine Trauer entkörperlichte Katherine erbarmungslos.

Der schützende Schock, der mich davor bewahrte, den vollen Schmerz von Katherines Verlust zu spüren, betäubte mich auch und verhinderte so die Erinnerung an die umfassende Freude über das, was wir geteilt hatten. Wie wir uns geliebt hatten, was wir uns versprochen hatten, die Pläne, die wir sonntagnachmittags auf Zettel gekritzelt hatten – die Trauer trug all das davon. Erst Jahre später, als ich über diesen verlorenen Erinnerungsspeicher schrieb, begann ich zu begreifen, dass ich, um den Verlust Katherines zu überleben, sie ein zweites Mal sterben lassen musste, in meinen Gedanken und Träumen, so dass der Schmerz mich nicht lähmte.

Am Tag ihres Unfalls wurde mein Schock zum Teil von dem beruhigenden Gedanken gemildert, dass ich später in jener Nacht mit ihr im Geiste sprechen könnte – schließlich war unsere Beziehung beinahe mitten im Gespräch abgerissen. Aber diese Einbahnstraßen-Dialoge boten mir nur einen kühlen Trost; ich brauchte jemanden, der mich führte, jemanden, der wusste, wie man mit den Toten sprach. Jemanden, der über das Leben im dunklen Wald geschrieben hatte.

Die *Göttliche Komödie* rettete mich nicht nach Katherines Tod. Das gelang durch die Hilfe von Familie und Freunden, durch meine Leidenschaft fürs Lehren und Schreiben und vor allem durch das Geschenk meiner Tochter. Unserer Tochter. Aber ohne Dante hätte ich kaum meinen Weg gefunden. In einer Zeit seelenvernichtender Einsamkeit – ich war überall von Liebe umgeben, aber so ist die Trauer – halfen mir seine Worte, dem Schmerz des Verlustes zu widerstehen.

Nach Jahren des Studiums von Dante hörte ich schließlich seine Stimme. Am Beginn von *Paradiso, Canto 25* entblößt er seine Seele:

Sollte es je geschehen, dass das heilige Gedicht,
an das Himmel und Erde Hand angelegt haben
und das mich viele Jahre lang abmagern ließ,
die Grausamkeit besiegt, die mich aussperrt
aus dem schönen Schafstall, wo ich, verhasst den Wölfen,
die es bekriegen, als kleines Schaf schlief...

Nach dem Tod meiner Frau lebte und arbeitete und verkehrte ich immer noch an denselben Orten und mit denselben Menschen. Und doch fühlte ich, dass ihr Tod mich von dem, was mein Leben gewesen war, exiliert hatte. Dantes Worte schenkten mir die Sprache, um mein eigenes tiefes Gefühl der Vertreibung und Verbannung zu verstehen. Und was noch wichtiger war, sie ermöglichten mir, meinen Zustand der Angst mit einem Werk voll transzendenter Schönheit zu verknüpfen.

Nach Katherines Tod quälte mich zum ersten Mal immer wieder die Frage, ob wir eine Seele haben, einen Teil von uns, der unseren Körper überlebt. Das Wunder der *Göttlichen Komödie* besteht nicht darin, dass sie diese Frage beantwortet, sondern dass sie uns inspiriert, sich mit ihr zu beschäftigen, mit *lungo studio e grande amore,* mit langem Studium und großer Liebe.

Diese Reise begann für mich vor dreißig Jahren in einem wilden, ungezähmten Teil Italiens.

I

Die Unterwelt

... AUCH KNABEN UND BRÄUTLICHE JUNGFRAUN, JÜNGLINGE
AUCH, IN DIE FLAMMEN GELEGT VOR DEN AUGEN DER ELTERN.

1. KAPITEL

Eine Stunde mit den Engeln

La boca sollevò dal fiero pasto.
»Den Mund hob der Sünder vom tierischen Fraß. «
Mein Onkel Giorgio zitierte mir gegenüber diesen Vers, als ich als College-Student in meinem Auslandsjahr in Florenz 1987 Italien zum ersten Mal besuchte. Giorgio, ein Schäfer und Bahnarbeiter, der nie zur Schule gegangen war, sprach weder Englisch noch richtiges Italienisch – aber er sprach Dante. Wir saßen am Tisch in seiner winzigen Küche, und meine Ohren summten von den Dialektausdrücken aus meiner Kindheit, Giorgio dekantierte Flaschen mit seinem selbst gemachten Wein, während er mich in Kalabrien willkommen hieß, der Region auf der Stiefelspitze der italienischen Halbinsel, deren *la miseria* – ein unübersetzbares Wort, das gnadenloses Elend meint – meine Eltern vor dreißig Jahren entkommen waren, als sie nach Amerika auswanderten.

Drei Tage lang folgte ich Giorgio und seinem Sohn Guiseppe von einem Dorf zum nächsten. Jeder, den wir trafen – Frauen in Sackleinen, Männer mit Zahnlücken – begrüßte mich, als wäre ich ein ausländischer Würdenträger. Ich habe Giorgio nie gefragt, wie es ihm gelungen war, einige Verse Dantes auswendig zu lernen, und ich bezweifelte, dass

23

er die tatsächliche Handlung der *Göttlichen Komödie* kannte. Aber das war egal: Er kannte ihre Musik. Hier im Süden Italiens, so weit entfernt von der Renaissance-Pracht von Florenz, wie man nur sein konnte, war mein Onkel eine lebendige und atmende Spur von Dantes Anwesenheit.

Giorgios Worte klangen in mir nach auf der langen Bahnfahrt zurück nach Florenz, versetzten mich in eine der grausigsten Szenen der *Göttlichen Komödie*: diejenige, in der der Verräter Ugolino gerade seinen Kopf von dem Hals des Mannes hebt, den er in alle Ewigkeit zu verspeisen gezwungen ist, Erzbischof Ruggieri, um Dante zu erzählen, wie es dazu gekommen war, dass er in dem Gefängnisturm, in den Ruggieri sie eingesperrt hatte, seine eigenen Kinder verspeiste. Ich las Dante zum ersten Mal in der Übersetzung von John Ciardi und in einer schwarzen Signet-Taschenbuchausgabe, während ich gleichzeitig versuchte, das toskanische Original zu verstehen. Aber nichts machte ihn so lebendig wie der Vortrag meines Onkels.

Zurück in Florenz war Dante überall. Draußen vor der Basilika von Santa Croce, ein paar Straßen von meiner Schule entfernt blickte eine sechs Meter hohe Statue des Dichters streng auf den Platz, als bewache sie die Kirche, wo Machiavelli, Michelangelo, Galileo und die Gründungsväter der Nation begraben sind.

Ein paar Straßen weiter Richtung Norden erstreckte sich der Ortsteil, in dem Dante aufgewachsen war, Richtung Brunelleschis Duomo. Ich hatte vor meiner Reise nach Florenz noch nie ein Seminar über Dantes *Göttliche Komödie* besucht, aber mein Besuch in Kalabrien hatte mir gezeigt, dass seine Verse vielmehr außerhalb von Bibliotheken und Museen, nämlich in den Hütten und auf den Feldern der Heimat meiner Eltern lebendig waren. Dantes einfaches, nüchternes Toskanisch-Italienisch erlaubte mir, den Boden unter meinen Füßen zu spüren. Ich konnte seine Sprache riechen.

S' io avessi le rime aspre e chiocce,/come si converrebbe al tristo buco…

»Hätte ich die rauhen und schrillen Reime, die zu diesem Elendsloch passen«, schreibt Dante am Anfang von *Inferno*, *Canto 32*, um die Abgründe der Hölle zu beschreiben. Er war so grobschlächtig und erdverbunden wie die kalabrische Welt, die meine Eltern verlassen hatten. Ich ackerte mich durch den Ciardi und schlug mich irgendwie durch das Toskanische. Zum ersten Mal in meinem Leben war ich in einem Buch zu Hause.

Die Weite der *Göttlichen Komödie* – mit seiner Hochpoesie, den schmutzigen Witzen, literarischen Anspielungen, Furzgeräuschen – verblüffte mich. Ich staunte über Dantes Universum von Gut und Böse, Liebe und Hass, alles durch unbeugsame elfsilbige Verse in gereimten Terzetten geordnet. Er teilte sein breites Wissen mit, über Mittelalterliches und Antikes, ohne jedoch dabei die Musik seiner Verse damit zu übertönen. Er kannte seine Bibel und seine Klassiker gleichermaßen. Er ließ den jüngsten Klatsch über promiskuitive Dichter, fressgierige Kumpel und verräterische Politiker mit einfließen. Er wusste, welcher gefeierte Humanist des dreizehnten Jahrhunderts wegen Sodomie angeklagt worden war, und er wagte es, über die Geburt der Seele und das Renommee seiner eigenen toskanischen Herkunft zu schreiben. Die *Göttliche Komödie* führte mich von nun an, von der Hochkultur der Florentiner Pflastersteine bis zu den derben Sitten kalabrischer Schäfer.

Die Göttliche Komödie war, wie ich herausgefunden habe, gleich mehrfach ein Buch der Premieren: Es war als eines der ersten epischen Gedichte in einer europäischen Sprache statt auf Latein oder Griechisch geschrieben; es war das erste Werk, das über die christliche Vorstellung vom Leben nach dem

Tode sprach, dabei unserem irdischen Leben aber genauso viel Aufmerksamkeit schenkte; das erste, das eine Frau, Beatrice, zum vollwertigen Führer in den Himmel erhob. Aber dies waren gar nicht die Neuerungen, die mich am meisten fesselten – es war Dantes bahnbrechende Fähigkeit, auf eine sehr intime, persönliche Weise zu seinen Lesern zu sprechen. Seine zwanzig Ansprachen an die Leser sprangen von der Seite direkt in meinen Tagtraum: »Oh ihr mit gesundem Verstand, schaut auf die Lehre, die sich unter dem Schleier fremdartiger Verse verbirgt!«, schreibt er in *Inferno, Canto 9.* Ich spürte, dass er mich direkt ansprach, während ich in meiner Wohnung an der Piazza della Libertà saß, wo seine schnarrenden Konsonanten und singenden Vokale das Dröhnen der Vespas und das Rumpeln des Verkehrs auf den nahegelegenen Ringstraßen übertönten. Ich spürte, dass ich mein Leben damit verbringen könnte, das Geheimnis seiner *versi strani*, seiner fremdartiger Verse, zu ergründen.

Bald nach meinem Besuch in Kalabrien waren Dantes Worte und sein Bild für mich, wie er am Anfang von *Paradiso* schreibt, ein seliges Reich geworden, das sich meinem Geist eingeprägte. Ich sah ihn vor mir wie auf Botticellis berühmtem Porträt: im majestätischen Profil, seine prächtige Adlernase ausgeprägt, sein durchdringender Blick, sein Körper in ein karmesinrotes Tuch gehüllt und sein Haupt mit einem schwarzen Lorbeerkranz gekrönt, dem Symbol poetischer Meisterschaft, das durch die düstere Farbe eine überirdische Gesetztheit erhält. Es war ein Gesicht, das in der Hölle gewesen und wieder zurückgekehrt war, das die Toten gesehen und überlebt hatte, um davon zu berichten. Und es war ein bohrender Blick, der vor keinem der Mysterien und Rätsel des Lebens zurückschreckte.

Eines späten Abends in Florenz ging ich noch spazieren,

als ein Duft mich stehen bleiben ließ. Ich folgte dem Geruch und landete in einer der *Pasticcerie* der Stadt, einer Bäckerei, wo man die Köstlichkeiten für den nächsten Morgen zubereitete. Ich kaufte ein paar Brioche und nahm sie mit zur Santa Croce. Auf einem leeren Platz schob ich mir das warme, geradezu schmerzlich köstliche Gebäck in den Mund, während ich mich an den Sockel von Dantes Denkmal lehnte. Ich war in Italien, dachte ich, nicht im Italien meiner Eltern, sondern in einem anderen, Hunderte von Kilometern von Zio Giorgios Kalabrien und Lichtjahre von dem Schmutz und dem Elend entfernt, die meine Familie hinter sich gelassen hatten. Dante war irgendwie an beiden Orten aufgetaucht.

Den Mund voller Krümel des buttrigen Gebäcks, presste ich meinen Rücken gegen Dante und starrte auf die schweigenden Steine von Santa Croce.

Ich war dabei mich zu verlieben.

Am Tag nach Katherines Tod kehrte ich nach Hause zurück, nachdem ich die Nacht im Krankenhaus verbracht hatte. Ihr Morgenkaffee stand noch immer neben dem Waschbecken im Badezimmer, wo einzelne lockige Haare von ihr lagen. Das Bett war ungemacht, und Schubladen waren aufgezogen. Alles sah nach einem Tag voller Möglichkeiten aus. Sie hatte die Wohnung verlassen, um an einem Seminar an einer Universität vor Ort teilzunehmen, wo sie ihren Abschluss machen wollte, nachdem sie die Schauspielerei aufgegeben hatte. Wir hatten geplant, uns zum Abendessen zu treffen, und sie hatte sich meinen Lieblingskaffeebecher genommen, den Keramikbecher von Deruta mit dem Drachenmuster, für den ich in Florenz viel zu viel bezahlt hatte.

Ich nahm die Laken in die Arme und atmete ihren Geruch ein letztes Mal ein.

Meine Familie, die in dem Augenblick, als sie die Nachricht erfuhr, sofort aus Rhode Island kam, war um mich. Meine Mutter und meine Schwestern unterdrückten ihr Schluchzen, zogen Gummihandschuhe an und begannen Katherines letzten Spuren mit Desinfektionsmittel und einem Allzweckreiniger zu beseitigen.

Draußen fiel Schnee – der erste Sturm des Jahres.

Inzwischen schlief Isabel in einem sterilen Wald von Inkubatoren auf der Neugeborenenstation des Poughkeepsie's Vassar Brothers Hospital. Maschinen ernährten sie nach ihrer unwahrscheinlichen Geburt. Sie sorgten für ihre Sicherheit, während ich draußen herumspazierte und nach Seelen suchte, die wie Laub an der Küste der Toten aufgehäuft lagen.

Der Schnee fiel ohne Unterlass nach Katherines Unfall, er bedeckte unser Dorf und kündete von einem frühen Winter. Die Kaplanin hatte mir gesagt, ich sei in der Hölle, aber auf meinen vielen Spaziergängen um ein trübes, düsteres Tivoli herum hatte ich eher das Gefühl, in Vergils Unterwelt zu sein – an einem Ort der Schatten, nicht von Schwefel und Feuer. Ich dachte an Dante, der seinen *bello ovile*, seinen »schönen Schafstall« verloren hatte. Zu Dantes Lebzeiten dominierten zwei politische Parteien, die Guelfen und die Ghibellinen, die florentinische Politik und führten permanent Krieg gegeneinander. Dante war ein Guelfe, was normalerweise auch pro Papsttum bedeutete. Aber in der ungeheuer parteiischen und familienabhängigen Welt der florentinischen Politik entwickelte sich eine Spaltung in Dantes Partei, und er schloss sich der Gruppe an, die gegen Papst Bonifatius VIII. opponierten, der sich in die Angelegenheiten der Stadt einmischte. Dies erboste Bonifatius, der dafür sorgte, dass Dante, als er in diplomatischer Mission 1302 in Rom weilte, festgenommen wurde. Inzwischen verlor Dantes Partei der weißen Guelfen zu Hause in Florenz die Kontrolle über die Stadt zugunsten der pro-papistischen schwarzen Guelfen. Diese klagten Dante fälschlicherweise an, für politische Gefälligkeiten Geld genommen zu haben, verurteilten ihn in Abwesenheit zum Exil und erlegten ihm eine exorbitante Strafzahlung auf. Dante bestand darauf, unschuldig zu sein und weigerte sich zu zahlen. Die schwarzen Guelfen antworteten mit einem Edikt, das Dante zu permanentem Exil verurteilte. *Wenn du nach Florenz zurückkehrst,* warnten sie ihn, *wirst du lebendig verbrannt.*

Als ich durch die winterliche Landschaft spazierte und über Dantes Schicksal nachdachte, war Feuer das letzte Element, das mir in den Kopf kam. Aber ich konnte die Hitze des Edikts in mir brennen fühlen, als die Realität meines eigenen Exils sich mit jeder Schneeflocke über mich senkte.

Dante verbrachte die ersten vierunddreißig Cantos der *Göttlichen Komödie* am Nullpunkt der Humanität, im Inferno. Vergil, der ihn führte, hatte in der *Aeneis* ebenfalls von der Hölle gesungen, von dem trojanischen Helden Aeneas, der zugesehen hatte, wie Troja, das die Griechen eingenommen hatten, bis auf die Grundmauern abbrannte, und dann Dido, seine Geliebte, die Königin von Karthago, verließ, da die Götter erklärt hatten, dass er alle Verpflichtungen aufgeben müsse, um Rom zu gründen. Am Ende des Buches konfrontiert Aeneas seinen wehrlosen Feind Turnus, der seinen Freund Pallas getötet hatte. »Gehe du jetzt nicht weiter im Groll!«, fleht Turnus ihn an, und einen Moment lang lockert Aeneas den Griff um sein Schwert. Aber dann stößt er Turnus das Schwert in die Brust, versenkt das Heft in seiner Kehle – *ira terribilis.* Schrecklich in seiner Wut.

Meine eigene Trauer war nicht so wild. Ich konnte spüren, wie ich mich in einen Kokon zurückzog, so wie der, den meine Mutter sich jeden Abend schuf, wenn sie schlafen ging, selbst mitten im Sommer: die Türe verschlossen, die Fenster verriegelt, die Decken über ihren Kopf gezogen. Ich fragte mich, wie sie es fertigbrachte, nicht zu ersticken. Jetzt brauchte auch ich völlige Dunkelheit. Ich begann, in der Fötusstellung zu schlafen wie meine kleine Tochter.

Eines Nachts träumte ich, dass ich wieder im Krankenhaus war, am Tag von Katherines Unfall, und jemand mir sagte, dass sie am Leben war. In kritischem Zustand, aber am Leben. Ich rannte aus dem Zimmer und schrie meiner Mutter und meinen vier Schwestern zu: »Ist es wahr? Geht es ihr gut?« Das Adrenalin schoss in mir hoch, und mein Herz explodierte und flog mir fast aus der Brust.

Ich wachte in Schweiß gebadet auf, und in meinem Magen stieg würgende Übelkeit hoch. Es war nur ein Traum gewesen, der nichts mit der Wahrheit zu tun hatte.

Ich bekam solche Angst vor diesen Visionen, dass ich versuchte, mich auf sie vorzubereiten. *Katherine ist tot, Katherine ist tot*, wiederholte ich für mich selbst jeden Abend vor dem Schlafengehen, so wie am Tag, an dem sie gestorben war, als ich in einem Krankenhauszimmer schlief, neben Isabel in ihrem Inkubator, meine Mutter und Schwester neben mir. Dennoch wollte mein Unterbewusstsein das noch immer nicht wahrhaben. In einem Traum waren Katherine und ich im Auto, ihre Haut bei meiner Berührung so weich, so rosa, so am Leben. Ich fragte sie, warum sie gegangen war, wie sie so etwas hatte tun können, aber sie saß bloß da, in undurchdringlichem, tiefem Schweigen. In einem anderen Traum waren wir in einer Krise, kurz vor der Trennung, eine Situation, die wir nie auch nur ansatzweise gehabt hatten.

Ich weiß, was du machst, sage ich zu ihr, du versuchst, dich von mir zu trennen, weil es das Beste für mich ist, aber ich kann das nicht. Ich bin noch nicht so weit. Bitte verlass mich nicht...

Ich flehe sie an, so wie ich den Neurochirurgen angefleht hatte, sie zu retten, als er und sein Team an Katherines gequetschtem Gehirn nach Isabels Geburt operierten.

Bitte, sagte ich zu ihm, *machen Sie etwas. Schließen Sie sie an eine Maschine an, es ist mir egal, halten Sie sie nur am Leben!*

Ich wartete in einem kleinen Zimmer im Poughkeepsie's-Saint-Francis-Krankenhaus, während sie operierten. Eine Sozialarbeiterin war bei mir, ebenso eine graue Nonne, die nicht lächelte und etwas über die Macht des Gebets murmelte. Ich ging aus dem Raum und stieß auf die Krankenhauskapelle, wo ich mich auf eine gelbe mit Schaumstoff gepolsterte Kirchenbank niederkniete. Ein gelbsüchtig aussehender Jesus hing an einem frei schwebenden Kreuz.

Bitte, Gott. Ich flehe dich an. Halte sie bloß am Leben…

Dann machte ich den schrecklichen Fehler, mir zu gestatten, mich in einen Tagtraum zu flüchten.

»Du hast uns einen ganz schönen Schrecken eingejagt«, sage ich, während ich Katherines Hand halte und ihren verletzten Körper streichele. Aber sie antwortet nicht. Wie in den Träumen, die noch folgen sollten, kann sie nicht mehr sprechen.

Ich verließ die Kapelle. Der Neurochirurg erschien, den Tränen nahe.

Die ihr hereinkommt: Lasst alle Hoffnung fahren! – Dante schrieb diese Worte über das Tor zur Hölle. Aber nachdem Katherine gestorben war, war es nicht der Mangel an Hoffnung, der mich niederdrückte. Es war die Erinnerung an das, was ich verloren hatte.

Ab 2004 lebten Katherine und ich in North Carolina zusammen. Ich hatte dort am National Humanities Center ein Stipendium für einen Studienaufenthalt für ein Jahr erhalten, der mir gestattete, mich von meinen regelmäßigen Lehrverpflichtungen am Bard College beurlauben zu lassen und mich auf meine Forschungsinteressen zu konzentrieren. Katherine hatte sich schließlich von der Schauspielerei und von ihrem Leben in New York verabschiedet, um mit mir im Süden zusammenzuleben, so wie ich meine Wohnung in Brooklyn aufgegeben hatte und plante, mit Katherine in die Gegend um das Bard College zu ziehen, wenn mein Forschungsstipendium beendet war. Ich zog ein paar Wochen vor ihr nach North Carolina und richtete unser Zuhause ein, während sie in New York noch einen Pilates-Trainingslehrgang abschloss. An dem Tag, als sie zu mir kam, gingen wir auf dem East Campus der Duke University spazieren, und dieser dauernde Kampf, mit zu wenig Geld in New York überleben zu wollen, löste sich in der warmen Luft auf, während wir an den neogotischen Säulenfassaden und den verstreuten Pavillons vorbeigingen. Ich dachte, *wenn wir bloß für immer hierbleiben könnten*, wenn ich mein einjähriges Forschungsstipendium bis in alle Ewigkeit ausdehnen könnte. Ich war vor kurzem siebenunddreißig geworden, fast genauso alt wie Dante, als er in diesen dunklen Wald geriet. Anders als Dante hatte ich allerdings noch wenig vorzuweisen – keine eigene Familie, keine Beziehung, auf die ich mich voll und ganz eingelassen hätte, bis ich Katherine kennenlernte.

Bald nachdem wir dorthin gezogen waren, kam ich an einem warmen Nachmittag im Herbst nach Hause, um das dritte Baseballspiel der Divisions-Playoffs der Red Sox gegen die Yankees anzuschauen. Meine Mannschaft würde mit Sicherheit verlieren, sagte ich mir, als ich aus dem Wagen stieg und auf unser Loft in dem alten Speicher in einer der früheren Tabakfabriken in Durham zuging, dennoch genoss ich die Vorfreude auf das Spiel. Ich bin mit einer Liebe zu den Boston Red Sox aufgewachsen, eine Erfahrung, die mich gelehrt hat, dass wir die Welt nicht unserem Willen unterwerfen können und dass das Leben zum großen Teil daraus besteht zu lernen, wie man mit Enttäuschungen umgeht. 1978, als ich im Sixth Grade war, hörte ich auf dem Nachhauseweg, dass überall in der Nachbarschaft gerufen wurde: *Yaz hat gerade einen Homerun hingelegt!* Die Red Sox gingen in ihrem ersten Playoff gegen die Yankees für kurze Zeit in Führung, nur um das durch einen unwahrscheinlichen Homerun von Muskelprotz Bucky Dent im siebten Inning wieder zu verplempern. Der große Carl Yastrzemski höchstpersönlich besiegelte das unvermeidliche Desaster, als er bei einem heranrauschenden Fastball von Goose Gossage auftauchte, von dem ich schon wusste, dass er nicht zu schlagen war, bevor er harmlos von seinem Schläger glitt. Es würde weitere sechsundzwanzig Jahre dauern, bevor sich dieser Fluch von den Red Sox löste.

Als ich nun in unserem Zuhause in North Carolina saß, musste ich hilflos dabei zusehen, als es im neunten Inning und 4:3 im Rückstand so schien, als würde das Schicksal den unter einem schlechten Stern stehenden Red Sox eine weitere Niederlage zufügen. Aber dann, nach einem frappierenden Ballwechsel gegen den im Übrigen unbesiegbaren Mariano Rivera brachte Big Papi Ortiz von den Red Sox es in zusätzlichen Innings mit einem grandiosen Homerun, der das Spiel entschied, zu einem glücklichen Ende. Die Red Sox gewannen in der Folge das vierte von sieben Spielen als Teil ihres unwahrscheinlichen Versuchs, ihren ersten World-Series-Titel in beinahe hundert Jahren zu gewinnen.

Drei Jahre später, im Herbst 2007, waren Katherine und ich Ehemann und Ehefrau, erwarteten unser erstes Kind, und die Red Sox waren wieder in den Playoffs. Während ich mir ihr sechstes Spiel der American League Championship gegen die Cleveland Indians anschaute, telefonierte Katherine mit ihrer Mutter. Unsere geräumige Wohnung führte auf die Hauptstraße von Tivoli und lag über einer Galerie. An dem Abend fand dort eine Vernissage statt, so dass Stimmen und das Geräusch von Schritten von unten zu hören waren. Auf den Straßen wimmelte es von Menschen, die in Bars und Restaurants gingen. Beim Count »3 und 1« nahm J. D. Drew von den Red Sox einen Fastball an, der genau auf die Mitte seiner Base zielte. Mit einem graziösen Schwung schickte er den Ball über die Wand des Center Field hinaus, was den Red Sox eine uneinholbare Führung schenkte.

Nach Drews Schlag ging ich auf die Veranda hinaus und stand da, mit einem Glas Wein in der Hand an das Geländer gelehnt. Es war ein angenehmer Novemberabend, die Luft war feucht. Das Stühlerücken und Füßescharren aus der Galerie unter uns war abgeklungen, und die Künstler und Gäste strömten auf das Trottoir unter mir. Auf der anderen Straßenseite strahlte ein warmes Licht durch die beschlagenen Fenster eines vegetarischen Restaurants und Landhotels. Die Welt wirkte überschaubar und geordnet. Ich wohnte in einem Zwei-Zimmer-Loft, das nur eine kurze Fahrtstrecke von dem gartenähnlichen Campus entfernt war, wo ich großartige Bücher und eine wunderschöne Sprache lehrte, und in unserem hellerleuchteten Zuhause hütete meine Frau unsere Zukunft in der perfekten Wölbung ihres sich dehnenden Bauches. Alles, was ich brauchte und wollte, befand sich genau hier in dem Leben, das meine Frau und ich uns zwischen den Bücherstapeln und verstreuten Tennisschlägern erbaut hatten. Während Katherine redete und J. D. Drew den Kreis ablief, dachte ich: *Jetzt habe ich alles*. Nicht in der ganz großartigen Variante – kein Ruhm, kein Vermögen, keine Macht. Aber auf eine gute, schlichte Weise war es alles, auf das ich nur irgend hatte hoffen können. Zum ersten Mal konnte ich spüren, dass die beiden zerbrochenen Hälften meines Lebens – die familienorientierte Wärme einer Einwandererfamilie, in der ich aufgewachsen war, und das aufstrebende, aufregende, aber auch erschöpfende Erklimmen des akademischen Berges – sich zu einem Ganzen fügten. *Das Großartige ist der Feind des Guten*, so heißt ein altes italienisches Sprichwort, das uns davor warnt, ein unerreichbares Ideal zu verfolgen. Schließlich, im Alter von vierzig Jahren, war ich bereit, das Gute zu akzeptieren.

Dies war im Oktober 2007 und die Red Sox gewannen schließlich das Spiel und daraufhin ein weiteres Mal die World Series – das zweite Mal in drei Jahren.

Im Dezember 2007, nur zwei Monate, nachdem J. D. Drew die Red Sox mit dem Bat in die World Series geschlagen hatte, kehrte ich an dieselbe Stelle zurück, an der ich meinen Wein getrunken und über mein Glück nachgesonnen hatte. Damals war es ein warmer und feuchter früher Herbstabend gewesen; jetzt bedeckte Schnee die Hauptstraße. Isabel schlief in meinem Schlafzimmer, und meine Mutter guckte *Two and a Half Men* im Wohnzimmer. Die weiße Wüste draußen vor meinem Fenster rief mir die Worte von Dantes großartigster Liebenden ins Gedächtnis: »Es gibt kein größeres Elend, als sich im Elend der glücklichen Zeit zu erinnern.« Ich war wach, aber es herrschte nur ein geringer Unterschied zwischen meinen Tagträumen und den Träumen, die ich nachts hatte. Alles, was ich vor mir sah, waren Bilder aus der Vergangenheit, die düstere Vorahnungen für die Zukunft verströmten. Es war wie eine umgekehrte Prophezeiung, mein größter Schmerz lag in den Faltenwürfen dessen verborgen, was meine glücklichsten Gedanken gewesen waren – in einem Geist, der nun vom Tod in einer festen Umlaufbahn gefangen gehalten wurde.

»*Tu pur morrai.*« *Auch du wirst sterben.*

Das ist es, was die Damen mit dem verwirrten Haar in seinem ersten Buch zu Dante sagten, in *La Vita Nuova (Das Neue Leben)*, einer Autobiographie, die er schrieb, als er in seinen Zwanzigern war (um 1293) – ein Buch über Tagträume, die zu schrecklich waren, um sie in Worte zu fassen, und das übermächtige Rätsel der ersten Liebe. In einer Mischung aus Poesie und Prosa erzählt die *Vita Nuova*, wie Dante dazu kam, die Poesie als die Berufung seines Lebens zu entdecken, und wie seine Liebe zum Schreiben von seiner Leidenschaft für eine junge florentinische Frau namens Beatrice Portinari beflügelt wurde, die man auch unter ihrem Spitznamen Bice kannte. Beide, Dante und Beatrice, gehörten zum florentiner Adel – aber Beatrices Familie stand auf einem höheren Rang als die Dantes, was ihn mit Neid und Eifersucht erfüllte.

Am 1. Mai 1274 lud Beatrices Vater, der reiche Bankier Folco Portinari, den neun Jahre alten Dante und seine Familie zu einem Fest ein, mit dem die Ankunft des Frühlings gefeiert werden sollte. Es bedurfte nur eines Blicks auf Beatrice, schreibt Dante in der *Vita Nuova*, dass er sich Hals über Kopf und hoffnungslos in sie verliebte. Das Gefühl versehrte seinen Körper wie ein tödlicher, durch die Luft übertragener Virus und tötete ihn beinahe:

In diesem Augenblick, das kann ich wahrhaftig sagen, begann der Geist des Lebens, der in der geheimsten Kammer des Herzens wohnt, so heftig zu erzittern, daß er mir in den leisesten Pulsen furchtbar erschien; und zitternd sagte er die folgenden Worte: *Ecce deus fortior me, qui veniens dominabitur mihi.*

»Sieh ein Gott, der stärker als ich ist und der daherkommt und mich beherrschen wird.«

Mit diesen lateinischen Worten – die alte Sprache sollte die Autorität seines neuen Herrn, der Liebe, zum Ausdruck bringen – verkündet Dante die Herrschaft Beatrices über sein Herz. Er sollte sie weitere neun Jahre nicht wiedersehen, bis er achtzehn und sie siebzehn Jahre alt waren. Als er es schließlich tut, kehrt die Krankheit zurück, verursacht unkontrollierbare Tränenausbrüche und zwingt ihn, sich beschämt auf sein Zimmer zurückzuziehen.

Die *Vita Nuova* beschreibt, wie Dantes Visionen von Beatrice bei ihm eine anhaltende Mischung aus Ekstase und Angst hervorrufen. Eines Tages wird er krank, sehr krank, von einem schmerzhaften Leiden heimgesucht, das ihn neun Tage lang an das Bett fesselt und dort schmachten lässt. Am neunten Tag hat er eine Vision, die noch erschreckender ist als seine Krankheit: die Damen mit dem verwirrten Haar erscheinen ihm in seinem Delirium und verkünden ihm: »*Tu pur morrai.*«

Eine sagt ihm sogar, er sei bereits tot. Eine andere sagt zu ihm, dass Beatrice, seine reizende Dame, aus diesem Leben geschieden sei.

Das Delirium löst sich wieder. Er begreift, dass alles ein Traum gewesen ist: Beatrice lebt noch. Jedoch nicht mehr lange. Die Vision war tatsächlich eine Vorahnung. Sie haben vielleicht prächtige Gewänder getragen, begreift Dante jetzt, aber in Wahrheit waren die Frauen mit den zerzausten Haaren Hexen.

Erschreckt von meinen eigenen Tagträumen und verzweifelt auf der Suche nach Hilfe, verließ ich die kalte Veranda und rief die Kaplanin an, die ich am ersten verschneiten Tag in der Unterwelt kennengelernt hatte.

Einige Tage, nachdem ich die Kaplanin angerufen hatte, trafen wir uns in einem Café in dem Dorf Red Hook in der Nähe des Campus.

Georgia, eine geweihte Priesterin, war eine Frau in den Fünfzigern mit lockigen Haaren, gütigen Augen und schmalen Schultern, die nicht so ganz zu ihrem weitaus breiteren Unterleib passen wollten. Sie wohnte nur ein Stückchen die Straße hoch. Ich sah sie oft draußen spazieren gehen und gelegentlich stieß ich in der Tivoli-Bibliothek auf sie. Während des Gedächtnisgottesdienstes für Katherine am Bard College hatte sie eine ruhige, würdige Haltung bewahrt, und als ich sie nun sah, wie sie durch den Schnee lief, hatte ich das Gefühl, sie wäre mir gesandt worden, um mir zu helfen.

Ich erzählte ihr, dass ich versucht hätte, die Nähe zu Gott zu suchen. Ich hatte die Bibel gelesen, hatte mir am Rand meiner King-James-Ausgabe, die ich zur Kommunion geschenkt bekommen hatte, Notizen gemacht. Ich versuchte, mich mit Hiob zu identifizieren, aber er war zu alt und seine Leiden geradezu unfassbar überzogen. Ich versuchte zu beten, erzählte ich Georgia, ließ mich sogar auf dem Hartholzfußboden in meiner Wohnung auf die Knie nieder, so wie man es mir als Kind beigebracht hatte – so wie ich es in der gelben Kapelle des St.-Francis-Krankenhauses in Poughkeepsie getan hatte, während die Neurochirurgen an Katherines Gehirn operierten. Dante glaubte, dass Gebete den Weg durch das Fegefeuer ins Paradies beschleunigen, dass einem durch eine einzige glühende Fürbitte hunderte von Jahren erlassen würden. Zahllose Briefe trafen ein, von meinen Freunden, Katherines Freunden, von unseren Familien, meinen Kollegen, Leuten, mit denen ich aufgewachsen war, lange schon verlorenen Kontakten. Ich erhielt sogar tröstende Worte von Leila Cooper, einer Spielkameradin aus meiner Kindheit und dem ersten Mädchen, in das ich mich je verliebt hatte. Die Mutter von einem meiner Studenten, eine Frau, die ich nie getroffen hatte, schrieb mir, dass sie für mich bete. Während des Begräbnisses in Detroit sagten Hunderte von Freunden meines Schwiegervaters mir, dass sie für mich beteten. Instinktiv antwortete ich: *Betet für Isabel*. Aber mein eigenes Beten kam mir zu bemüht vor, um wahrhaftig zu sein.

Ich beichtete Georgia meine Schuldgefühle. Ich wusste, dass es irrational war, aber ich fühlte mich irgendwie verantwortlich für den Tod meiner Frau. Ich bedauerte, dass ich an dem Morgen nicht bei ihr gewesen war. Und, obwohl ich versucht hatte, gut für Katherine zu sorgen, konnte ich das Gefühl nicht abschütteln, dass es mir nicht gelungen war, sie zu beschützen.

»Ein besserer Mann als ich hätte doch nicht solch einen Druck auf Katherine ausgeübt, damit sie ihre Ausbildung möglichst gut abschließt und mehr dazuverdienen kann, oder?«, fragte ich.

»Sie sind das Opfer, nicht der Täter«, antwortete sie.

Sie sagte, dass Gott, wenn jemand stürbe, den er liebe, ebenfalls unerträgliche Trauer verspüre. *Er sah zu, wie sein eigener Sohn starb*, sagte sie und merkte mir an, dass ich weder ein gewöhnlicher Gläubiger, noch ein überzeugter Atheist war.

Sie sah mich, so wie ich war: jemand, der die Konfrontation nicht mag, sondern den Mittelweg sucht, eine Person, die ihren Glauben nie ausdrücklich bekräftigt hatte. Ich hatte Religion immer wie eine Art Buffet behandelt – ein kleines Gebet hier, ein bisschen Mitgefühl dort, etwas kosmische Liebe obendrauf, um die Mahlzeit abzurunden. Aber ich wusste, wahrer Glaube hieß eine Wahl zu treffen, was auch verlangte, dass man zu dem stand, was man nicht glaubte, ebenso wie zu dem, was man tatsächlich glaubte. In einem Reich, das nach klaren und entschiedenen Haltungen verlangte, hegte ich meine verschiedenen spirituellen Optionen. Ich war selbst noch im Reich des Glaubens ein Diplomat.

Nur der Schrecken des Todes meiner Frau konnte mich

dazu bringen, zum Beten auf die Knie zu gehen. Aber das störte Georgia nicht. Sie wusste, dass ich die Worte einer Gläubigen hören musste. Als wir mit dem Kaffeetrinken ans Ende kamen, erzählte sie mir von ihren italienischen Lieblingsfilmen. Wir verabredeten uns, uns bald wieder zu treffen.

Aber das war unser letztes Gespräch. Ich hatte ihr meine dunkelsten Gedanken mitgeteilt, weil sie eine Fremde war, aber gleichzeitig hielt mich das auch davon ab, ihr noch mehr zu erzählen. Dafür musste ich jemanden finden, mit dem ich eine gemeinsame Geschichte hatte, jemand, der mir vertraut war. Wie jener Mann, an den ich mich auf der Piazza Santa Croce gelehnt hatte. Seit jener Nacht in Florenz, hatte ich mich immer wieder mit bohrenden Fragen an Dante gewandt, und keine waren so dringend gewesen wie die, mit denen ich mich jetzt konfrontiert sah. Konnte ich Katherine auch noch lieben, wenn ihr Leib fort war?, fragte ich mich. Die Frage erinnerte mich an einen Satz, der mich verfolgte: *Es gibt keine Liebe, die nicht auch körperlich ist.* Ich war vor langer Zeit bei der Lektüre, an deren Quelle ich mich nicht mehr erinnern konnte, darauf gestoßen, und seine rätselhafte Weisheit war in meinem Gedächtnis haften geblieben. Dante hatte das nicht geschrieben, aber seine Poesie führte mich zu diesen Worten zurück. Denn er hatte das Undenkbare getan: Er hatte seine erotischste Liebende zu einer Frau ohne Körper gemacht.

Die Visionen der Liebe, die Dante in der *Vita Nuova* so erschreckt hatten, kehrten wieder, als er ungefähr zehn Jahre später mit seinem Meisterwerk, *Die Göttliche Komödie*, begann. Anders als die meisten Künstler und Schriftsteller in seiner christlichen Welt verstand Dante, dass die Sünder in der Hölle und die Heiligen im Himmel mit der gleichen Liebe brennen. Der Unterschied zwischen diesen beiden Gruppen bestand nicht in der Intensität der Flammen der Liebe, sondern darin, was sie entzündet hatte. Und in der Hölle fand das Feuer der Leidenschaft im Herzen der Francesca da Rimini eine besonders trockene, leicht entzündliche Quelle.

Bevor Dantes Einbildungskraft sich ihrer annahm, war Francesca nur in einer anderen literarischen Quelle erwähnt worden: in einer Zeile im Testament ihres Vaters. Dante entwickelte ihre Geschichte aus Legenden, vom Hörensagen und aus Klatschgeschichten. Er hat sie genau genommen nicht erfunden – aber seine Poesie machte sie unsterblich. Er tat das um 1305 herum, als er die *Göttliche Komödie* zu schreiben begann, nachdem er ein paar Jahre in der Toskana beim Versuch, nach Florenz zurückzukehren, herumgewandert war – in der Vergangenheit lebend und unfähig, sich ein Leben außerhalb von Florenz vorstellen zu können. Nachdem er schließlich akzeptiert hatte, dass er niemals mehr dorthin zurückgelangen würde, versöhnte er sich mit seinem Exil und den neuen Perspektiven, die es ihm bot. Er entzündete seine Einbildungskraft erneut mit einem poetischen Feuer, das mit Francescas Liebe für Paolo brannte.

Francesca wurde 1255 geboren, elf Jahre vor Dante. Sie war die Tochter des Guido da Polento, dem Herrscher von Ravenna, einer kleinen Stadt an der Adria mit engen Verbindungen zum Byzantinischen Reich. Als Tochter der ersten Familie ihrer Stadt genoss sie den ganzen Status und all den Wohlstand, auf den eine junge Frau nur hoffen konnte. Aber als denkendes und fühlendes Wesen stieß Francesca nur auf Hindernisse. Ihre patriarchalische Gesellschaft gestattete ihr nicht, ihre Talente für eine Karriere oder Berufung einzusetzen. Was das Schlimmste war, in Angelegenheiten des Herzens hatte sie Anweisungen zu folgen, nicht ihrem Herzen.

Das höfische Liebesethos ihrer Zeit trennte die Liebe von

der Ehe: Da die meisten Verbindungen in den wohlhabenden Klassen auf Mitgift und sozialer Stellung beruhten, war das Ehebett der Ort, wo man zu allerletzt nach der Leidenschaft suchen würde. Jemanden zu lieben, so verstand man das in den gebildeten Klassen, bedeutete, ihn aus der Ferne anzubeten und zu leiden. Man konnte seinen Geliebten niemals besitzen. Aber während man sich der magnetischen Anziehungskraft dessen, den man liebte, ergab – jene Tugenden, die tatsächlicher sexueller Kontakt nur besudeln konnte –, flog der Geist desjenigen, dessen Herz gebrochen war, mit den Engeln.

Francescas Vater Guido arrangierte eine Ehe zwischen ihr und Giovanni Malatesta, dem Spross einer konkurrierenden Familie. Indem er seine Tochter mit dem Feind verband, zielte der pragmatische Guido darauf, seinen Leuten Frieden zu bringen. Sein Plan funktionierte – solange Francesca den Preis bezahlte. Giovanni und Francesca – das war eine quälende Mesalliance. Sie war schön; sein Spitzname war Gianciotto, Johann der Lahme, ein Hinweis auf seinen verwachsenen Körper. Schlimmer noch, Francesca war eine Träumerin, schnell verzaubert von romantischen Gefühlen und einer klangvollen Formulierung. Der soldatische Gianciotto hätte für solche Träumereien nur Hohn gehabt.

Francesca wuchs in einer Zeit auf, die von einer poetischen Bewegung namens *Dolce Stil Novo* (süßer neuer Stil) beherrscht war. Für diese Dichter war die Liebe kein Gefühlszustand. Sie war eine Krankheit, die den Körper zerstörte und den Geist vernebelte. *Sospiri*, Seufzer. *Sbigottito*, verwirrt. *Dolente*, leidend. *Paura*, Angst. Francesca stieß auf diese Worte des *Dolce Stil Novo* jedes Mal, wenn sie umblätterte und von Liebe las. Diese Sprache des Begehrens füllte ihre Gedanken an jenem verhängnisvollen Tag 1275, als sie, eine Braut

42

von zwanzig Jahren, das erste Mal Paolo erblickte – den gut aussehenden jüngeren Bruder Gianciottos.

Einer von Dantes scharfsinnigsten Lesern, der argentinische Schriftsteller Jorge Luis Borges, sagte, dass ein moderner Roman hunderte von Seiten brauche, um die Seele einer Figur bloßzulegen, dass Dante dafür aber nur ein paar Zeilen brauche. Borges muss an Francesca gedacht haben. Keine Figur tritt in der *Göttlichen Komödie* ähnlich glanzvoll auf. Im 5. Canto des *Inferno* erblickt Dante in der Ferne ein Paar, das in der Luft zu schweben scheint, undurchdringlich für die Sturmböen des Windes, der die Lüsternen straft. Dante bittet Vergil, mit diesen vom Wind verwehten Liebenden sprechen zu dürfen, die sich ihm wie Tauben nähern. Die Frau spricht, dankt Dante für seine Einladung und nennt ihn ein *animal grazïoso*. Wörtlich: ein gnädiges Tier. Was könnte schmeichelhafter sein?

Sie erzählt Dante, dass sie am Ufer des Po geboren sei, und stellt ihm die Frage, die mich seitdem verfolgt: Gibt es etwas Schrecklicheres, als sich in Zeiten des Unglücks an die glücklichen Zeiten zu erinnern? Währenddessen steht ihr schöner Gefährte Paolo in völligem Schweigen neben ihr, und ihm laufen die Tränen herunter. Francesca rezitiert sogar ein Gedicht für Dante: *Amor, ch'al cor gentil ratto s'apprende.* Amor, der leicht ein edles Herz ergreift. Während wir ihr zuhören, verstehen wir allmählich, dass Francescas Liebe keineswegs eine so erhabene Gefühlsregung ist. Es ist eine echte Krankheit im Sinne des *Dolce Stil Novo.* Sie beschreibt, wie Paolo und sie eines Tages die Sagen von König Arthur lasen und auf die Stelle stießen, wo Arthurs Frau Guinevere dem Ritter Lancelot einen verhängnisvollen, ehebrecherischen Kuss gibt. Diese Szene regte Paolo und sie dazu an, das Gleiche zu tun:

43

… da küßte dieser Mann, der niemals von mir getrennt wird,
mich auf den Mund, zitternd am ganzen Leib…
An diesem Tag lasen wir nicht weiter…

La bocca mi bascio tutto tremante, sagt Francesca, der zitternde Paolo küsst sie direkt auf ihre Lippen. Das ist so nahe an mittelalterlicher Erotik, wie wir wohl nur gelangen können. Die sichtlich perfekte, höfliche Francesca äußert Worte, die einer wohlerzogenen Dame nie über die Lippen kommen würden. Zudem ist sie ohne Reue: In Dantes Hölle machen einen die Sünder glauben, dass es nie *ihre* Schuld ist – es ist immer die der anderen.

In einer Tour de Force des erzählerischen Schreibens schenkt Dante Francesca genauso viele sprachliche Girlanden, dass sie sich damit erhängen kann.

Francescas Misere hat die Leser jahrhundertelang irritiert. Wie konnte Dante sie dafür bestrafen, dass sie etwas getan hatte, was doch ganz natürlich war – dem zu folgen, was oft das Beste in uns ist, dem Teil, der sich in der Liebe verliert? Indem er Francesca verurteilt, so glauben viele Leser, greift Dante die Liebe an. Der Dichter Byron, eine den Lüsternen im 5. Canto von *Inferno* verwandte Seele, entwickelte eine solche Obsession für Francesca, dass er eine Pilgerfahrt nach Rimini unternahm, um nach Spuren von ihr zu suchen. »But tell me, in the season of sweet sighs,/By what and how thy love to passion rose«, schreibt er in seiner wunderbaren Übersetzung von Dantes Worten an Francesca: »Aber sage mir, wie zur Zeit der süßen Seufzer und wodurch deine Liebe zur Leidenschaft ward.« Man kann Francescas Atem auf seinen Schultern spüren, während er schreibt. Der Liebesgott moderner Poesie trifft auf Dantes größte Liebende.

Für immer in ihrer Liebe zueinander eingeschlossen, sind

Francesca und Paolo ein unzertrennliches Paar. Aber ihr Lohn ist Verdammnis. Schlimmer noch, diesen Liebenden fehlt das eine, was Leidenschaft möglich macht: der Körper. Sie schweben durch das Jenseits wie zwei weinende Tauben – verdammt zu einer Liebe, die nicht körperlich ist. Sie versuchen einander ohne Körper zu lieben.

Trattando, schreibt Dante, *l'ombre come cosa salda.*

Sie behandeln Schatten wie etwas Festes.

Das ist etwas, was das Leben in der Unterwelt von einem verlangt: zu akzeptieren, dass der geliebte Geist, für den man brennt, nicht länger aus Fleisch und Blut ist. Und zu akzeptieren, dass das Gespräch mit den Toten in Wirklichkeit ein Monolog ist, ein Liebesbrief, der nie seinen Empfänger erreichen wird.

Eine Woche nach Isabels Geburt brachte ich sie mit meinen Schwestern Margaret, Mary, Rose und Tina zu mir nach Hause. Wir fuhren mit mehreren Autos, wie eine kalabrische Begräbnisprozession, die unpassenderweise ein neues Leben transportierte. Auf dem Rückweg gingen wir zum Lunch in einen Diner in der Nähe, wo ich mir einen Cobb-Salad bestellte, wie so viele Male gemeinsam mit Katherine. Der Tag hätte der glücklichste unseres Lebens werden sollen. Stattdessen saß ich mit meinen vier Schwestern in einem schäbigen Restaurant und aß welke Blätter. Zu Hause wartete nicht meine schöne Frau auf mich, sondern meine sechsundsiebzig Jahre alte kalabrische Mutter Yolanda – die ihr Gebiss in einem leeren Glas auf dem Waschbecken im Badezimmer abstellte, an der Stelle, wo Katherine immer ihren Deruta-Kaffeebecher hingestellt hatte.

Nach acht Tagen auf der Neugeborenenstation wog Isabel jetzt etwas über zwei Kilo.

»Sie kann jetzt nach Hause«, hatte mir der Chefarzt der Kinderabteilung am vorigen Tag mitgeteilt.

Ich starrte ihn sprachlos an.

»Aber...«, murmelte ich schließlich, »wäre sie hier nicht sicherer?« Ich dachte an all die surrenden und piependen Maschinen, die Isabel mit antiseptischer Gleichgültigkeit umgaben, und kannte in meinem schreckerfüllten Herzen schon die Antwort.

»Das Krankenhaus ist kein Ort für gesunde Babys«, sagte er mit einem Lächeln. »Ihrer Tochter geht es gut.«

Obwohl sie sechs Wochen zu früh geboren war, hatte Isabel in der Tat allen Gefahren getrotzt, denen sie durch ihre ungewöhnliche Geburt ausgesetzt gewesen war – zunächst und vor allem der Wucht des Aufpralls. Die Rettungssanitäter fanden Katherine über ihren Bauch gebeugt vor, als wollte sie ihr Kind beschützen. Beim Übergang vom Mutterleib in die Welt hatte Isabel einen Sauerstoffmangel erlitten, als Katherines Gehirn ausgesetzt hatte, und die Ärzte waren besorgt gewesen, dass dies Auswirkungen auf Isabels eigene Hirnentwicklung haben könnte. Aber auch dies überstand Isabel mit überraschender Normalität. Nach ihrer Wiederbelebung durch die Intubation war sie gierig, wach und aufmerksam und atmete – alles genau so, wie es bei einem Neugeborenen sein sollte, auch wenn es sich um ein winziges Neugeborenes handelte. Dennoch erschreckte mich der Gedanke, sie mit nach Hause zu nehmen. Sie war nicht größer als ein Laib Brot, und ich wusste nichts über die Fürsorge für ein Baby – geschweige denn für eins, das weniger als zweieinhalb Kilo wog. Die Oberschwester spürte meine nackte Angst. Sie nahm sich eigens Zeit dafür, um mir alles zu erklären, was ich zu tun hätte, während ich für Isabel sorgte, aber die Flut von Einzelheiten auf ihrer Liste überwältigte mich. Ich konnte mich überhaupt nicht darauf konzentrieren. An dem Morgen, als wir Isabel abholten, ließ ich sie mehrmals das ganze Programm wiederholen, an einem kalten Dezembertag, der, so stellte ich es mir vor, das hart erkämpfte Gleichmaß von Isabels Lebenszeichen erschüttern würde. Ich wickelte sie zusätzlich in eine dicke Wolldecke ein, verabschiedete mich von ihrem Ärzte- und Krankenschwesterteam und machte mich auf den Weg zum Parkplatz des Krankenhauses, in dem Isabel geboren und ihre Mutter gestorben war.

Und dann fuhren wir nach Hause.

Katherine und ich hatten Isabels Wiege bereits in unserem Schlafzimmer aufgestellt. Wir hatten gewollt, dass das Geschlecht unseres Babys eine Überraschung für uns wäre, und so dominierten weder Blau noch Rosa bei den Stapeln von Babysachen, die wir angehäuft hatten. Ein paar Tage vor dem Unfall hatte meine Familie für Katherine an Thanksgiving eine Babyparty in Rhode Island organisiert und uns mit Wäsche, Fläschchen und Lätzchen überhäuft, die jetzt über meinen Petrarca- und Leopardi-Ausgaben im Regal lagen.

Als wir vom Diner zurück waren, legte ich Isabel vorsichtig auf eine blauweiße Decke, die unsere betagte Nachbarin Carmela DeSantis meiner Mutter zur Feier meiner Geburt geschenkt hatte. Meine Tochter lag schlafend auf der Seite ihrer Mutter im Bett. Die Freude darüber, die neugeborene Isabel atmen zu hören, kämpfte darum, den Schmerz zu übertönen, der all meine Gefühle in ein Vakuum sog und mich benommen und leer zurückließ – jenseits der Liebe. Ich wollte erhoben werden, mich mit meinem Kind verbunden fühlen. Aber eine Abrissbirne hatte die Träger, die mich mit meiner gewohnten Welt verbanden, zerschmettert und das Band zwischen Vater und Tochter zerrissen und auf den gleichen Schutthaufen geworfen, der schon mit den Ruinen meines Lebens mit Katherine überfüllt war. Ich nahm Isabels winzige Hand in meine. Selbst in der Miniaturform konnte ich die Form von Katherines langen, eleganten Fingern erkennen. Isabel besaß meine vollen dunklen Haare, aber Katherines ausgeprägte Züge und ihre helle Haut – ein Halbschatten-Baby, das Schatten und Licht vereinte.

»Sie werden wahrscheinlich braun werden«, hatte mir eine Schwester auf der Neugeborenenstation erzählt und auf Isabels blaue Augen gezeigt, und ich stellte mir vor, wie allzu bald alle Spuren ihrer Mutter an diesem Kind italienischer Abstammung verschwinden würden. Aber ihr Kopf hatte eine schöne Form, die von Katherine stammte und nicht von mir, und ihr schlanker, gestreckter Körper war ebenfalls eine Miniaturform von dem ihrer Mutter. Ich verspürte eine rationale Liebe für die Hand, die ich hielt und streichelte, aber da war nichts Instinktives und nichts unmittelbar Körperliches. Ich war ein Geist, der dem nachjagte, was sein eigenes Leben gewesen war.

Später am Tag mussten meine Schwestern zu ihren Ehemännern und ihren Jobs zurückkehren, während meine Mutter bei Isabel und mir in Tivoli blieb. Von dem Tag an übernahm meine Mutter den Großteil des Windelwechselns, Fläschchengebens, Babysittens und anderer mehrsilbiger Aufgaben, die zur Kinderversorgung gehören. Das ließ mir genug Zeit, um im Schnee spazieren zu gehen und meine Ausgabe der *Göttlichen Komödie* mit ihren zahlreichen Eselsohren mit zusätzlichen Unterstreichungen zu versehen, einer Ausgabe, aus der ich mir angewöhnt hatte, laut vorzulesen, denn die tröstenden Klänge des epischen Gedichts waren zu einem der wenigen Dinge geworden, die mich beruhigen konnten. In der Zwischenzeit übernahmen meine Kollegen meinen Unterricht für mich, während ich die wenigen Wochen bis zum Semesterende eine Auszeit nahm.

»Lass Isabel einfach bei uns und hol sie wieder ab, wenn

48

sie sechzehn ist«, scherzte meine Schwester Margaret, bevor sie nach Rhode Island zurückkehrte. Es war nur teilweise ein Scherz. Katherine hatte mir gegenüber klargestellt, dass sie als Mutter zu Hause bleiben wollte, während ich frei wäre, meine akademischen Wollmammuts zu jagen. Jetzt war ich dabei, Katherines Mutterrolle an eine Phalanx fähiger kalabrischer Matronen abzutreten: meinen Schwestern unter dem Oberbefehl der *Generalissima* Yolanda Luzzi. Sie hatte sechs Kinder und, mit Isabel, siebzehn Enkelkinder. Jetzt wurde sie, im Alter von sechsundsiebzig Jahren, noch einmal Mutter.

Nach einem Monat dieser neuen Alltagsroutine endete der Unterricht, und es gab Weihnachtsferien. Ich traf eine zweite schicksalhafte Entscheidung, die der kummervollen Logik meiner früheren Entscheidung folgte: Ich würde meine Familie, was die Betreuung Isabels anbelangte, in die Pflicht nehmen. Ich würde zusammen mit meiner Mutter und Isabel wieder zurück nach Rhode Island ziehen und mich dort ansiedeln und nur an den Wochentagen, an denen ich unterrichten musste, ans Bard und nach Tivoli kommen, Dienstag bis Donnerstag, und die jeweils 280 Kilometer für eine Strecke pendeln. Als ich dem College-Präsidenten von meinem Plan erzählte, hatte er nur ein Wort dafür: bekloppt. Ich fragte ihn an jenem Tag auch, ob er an das ewige Leben der Seele glaube. Ich quälte mich jetzt immer mit dieser Frage herum, der ich vorher keinerlei Beachtung geschenkt hatte.

Die Vorstellung, dass Katherine überhaupt und ganz und gar nicht mehr da war, weder seelisch noch körperlich, marterte mich, nachdem ich ihren Körper das letzte Mal bei ihrer Beerdigung in Detroit gesehen hatte, als ich vor der Messe in der Kirche an ihren offenen Sarg geführt worden war. Ich stand in dem Raum mit ihrer Mutter und ihrem Vater und ihren Geschwistern, und wir waren alle da, um uns von ihr zu verabschieden. Meine schlanke Frau war jetzt aufgedunsen und einbalsamiert, und ihre Züge hatten alles Typische und Prägnante verloren. Ich versuchte verzweifelt, sie dort irgendwo wiederzufinden, um eine Gemeinschaft mit ihr zu empfinden, während ich zum letzten Mal ihre Hand hielt und ihre Haut streichelte. Aber ihre Stirn war so kalt wie Marmor, als ich sie küsste, und ich schwor ihr, dass ich unsere Tochter schützen und nähren würde, und dass sie, Katherine, für unser kleines Mädchen immer lebendig bleiben würde. Aber von der Person, die ich in jenem Körper geliebt hatte, war nichts mehr übrig – in jener Leiche im roten Kleid. Wenn Katherine noch irgendwo in diesem Universum existierte, dann musste das in irgendeiner anderen Form sein.

Der Nebel der Trauer hatte sich auf mich herabgesenkt und ich konnte nicht sehen, welchen Sinn die Worte meines College-Präsidenten hatten, als er meinen Plan bekloppt nannte. Ich brauchte nur einfach den Trost meiner Familie, den ihre Liebe zu mir und unsere gemeinsame Liebe zu meiner neugeborenen Tochter mir brachte. Also packte ich am 23. Dezember 2007 die Sachen in meinem Apartment in Tivoli zusammen und fuhr mit Isabel und meiner Mutter zurück in meine Heimatstadt.

»Du wirst alles zurücklassen, was dir am liebsten ist.« Während Dantes Exil bot ihm ein Gelehrter aus Bologna den Titel eines Poeta laureatus an, aber er lehnte ihn respektvoll ab. »Nur, wenn Florenz mir eines Tages die Dichterkrone verliehe«, sagte er, »würde ich sie annehmen und siegesgewiss in meinen Schafstall zurückkehren, meinen *bello ovile*.«

Ich war in den Schafstall meiner Kindheit zurückgekehrt, aber die weichen *l*-Klänge von Dantes Zwillingswörtern konnten mein pochendes Herz nicht beruhigen, ganz gleich, wie oft ich den Abschnitt über sein Exil laut las.

Es gibt keine Liebe, die nicht körperlich ist.

Das lernt man, wenn man plötzlich mit dem Tod seiner Geliebten konfrontiert ist.

Von dem Zeitpunkt an, an dem der neunjährige Dante 1274 das erste Mal ein achtjähriges Mädchen namens Beatrice Portinari erblickt hatte, kann man ihn vor sich sehen, wie er die Silben ihres Spitznamens auf der Zunge trägt: *Bii-chee.* Als er sie neun Jahre später wiedersah, war Bice zu einer Frau geworden. Aller Wahrscheinlichkeit nach hatte er sie auch in der Zwischenzeit gesehen, aber das Buch, das er über ihre ungewöhnliche Liebesgeschichte schrieb, die *Vita Nuova,* brauchte etwas Symbolischeres, um die Erzählung voranzutreiben. Also erhielt Beatrice ihren vollen Namen, die »dreimal Gesegnete« – wie die Dreifaltigkeit, die heilige Zahl Drei, die, wenn man sie quadrierte, Dante die magische Zahl Neun schenkte.

Als Dante achtzehn war, hatte er einen Francesca-da-Rimini-Augenblick, einen Augenblick äußersten Begehrens: Beatrice kam im Traum zu ihm, nackt bis auf ein rotweißes Tuch, das sie sich um den Leib gewickelt hatte. Sie schlief und wurde vom Gott der Liebe in den Armen getragen. Die eindrucksvolle Gestalt, die auf Latein Amor hieß, schwenkte etwas, das in Flammen stand. Dante verkündete er: *Vide cor tuum. Schau auf dein Herz.* Dann weckte Amor die schlafende Beatrice, die das brennende Herz zu essen begann. Es war Dantes eigenes Herz.

Diese Vision des brennenden Herzens inspirierte Dante zur Niederschrift eines Sonetts. Er verbreitete es unter den führenden Dichtern von Florenz, von denen es keiner verstehen konnte (einer, ein Arzt, sagte zu Dante, er solle seine Hoden in kaltem Wasser baden, um sich abzuregen). Immerhin gab es einen, der es begriff: Guido Cavalcanti, wie Beatrice ein reicherer und besser etablierter Florentiner Bürger, den Dante mit einer Mischung aus Verehrung und Eifersucht betrachtete. Guido war der inoffizielle Anführer des *Dolce Stil Novo,* der poetischen Bewegung, die von der Liebe als einer zerrüttenden Krankheit sprach, die die Seele erhob, aber den Körper vernichtete. Guido antwortete Dante sogleich mit einem eigenen Sonett: »Ich glaube, du sahst nichts als Tugend«, schrieb er über Dantes erschreckende Vision.

Guidos Gedicht machte es offiziell: Dante wurde jetzt in den *Dolce Stil Novo* aufgenommen, begann damit seine Laufbahn als Florentiner Dichter.

Aber Dantes Beatrice, anders als andere Musen des *Dolce Stil Novo,* hatte wirklich eine Persönlichkeit. Sie war kein schlichter Gegenstand der Anbetung – jemand, der wunderschön anzusehen war, aber unmöglich kennenzulernen. Als Beatrice sah, dass Dante seiner *donna-schermo* zu viel Aufmerksamkeit schenkte, der »verschleierten Dame«, die er zu lieben vorgab, um seine Gefühle für Beatrice zu verbergen, weigerte sie sich, ihn auf der Straße zu grüßen. Keine andere *Dolce Stil Novo*-Frau hätte ihren Dichter so beschämt. Dante unterschied sich noch auf andere Weise von seinen Dichterkollegen. Er widmete ein Gedicht über Beatrice den *Donne ch'avete intelleto di amore,* »Frauen, die von der Liebe wissen«, und zog damit Leserinnen dem typischen männlichen Publikum vor. Er sah in den Frauen mehr als bloß schöne Körper.

Dann, mitten in der *Vita Nuova,* erzählen die schönen Hexen mit dem verwirrten Haar Dante, dass er auch sterben wird und dass Beatrice auf die andere Seite gegangen ist. Er wachte auf und entdeckte, dass alles ein Traum gewesen war. Das war es doch? Bald nach seiner Vision, schreibt Dante, stirbt Beatrice. Florenz ist jetzt eine Witwe; Dante ist Witwer – und das obwohl Beatrice nie seine Ehefrau gewesen ist. Und tatsächlich, die echte Beatrice Portinari starb am 8. Juni 1290 im Alter von vierundzwanzig Jahren.

Das Seltsamste in der *Vita Nuova,* vielleicht in Dantes ganzer Laufbahn, passiert als Nächstes. Statt seinen Kummer zum Ausdruck zu bringen, schreibt er, dass sich, als Beatrice starb, die Himmel zu einem Symbol perfekter Heiligkeit ordneten. In seiner Trauer versuchte er, Beatrice in eine der engelhaften, austauschbaren und letztlich leicht zu vergessenden Musen des *Dolce Stil Novo* zu verwandeln. Hätten seine Dichterkollegen sich mit ihrem Tod auseinandersetzen müssen, wären sie schnell zu einer anderer Muse umgeschwenkt und hätten einen anderen Körper gefunden, den sie lieben konnten, nachdem Beatrice nicht mehr war.

Oder vielleicht war es auch ein Überlebensmechanismus für Dante, sie zu idealisieren, eine reflexartige Wendung zu einem vertrauten und tröstlichen Weg, um den furchtbaren Verlust von Beatrice zu erklären.

Wie auch immer, der Plan versagt. Dantes Trauer ist unerbittlich, und er läuft mit einer Jammermiene durch Florenz, ist zu abgelenkt, um Gedichte zu schreiben, zu untröstlich, um seinen Schmerz zu verbergen. Seine Dichterkollegen, insbesondere Cavalcanti, sagen *basta* zu ihm, genug ist genug: übertriebene Trauer ist unnatürlich; schlimmer noch, sie ist vulgär. *Volgare.* Zeit, sich etwas Neues zu suchen. Schreib über eine andere Frau, sagen sie zu ihm. Suche dir einen anderen Körper, den du lieben kannst.

Wir lesen in der *Vita Nuova,* dass Dante sich ein Jahr nach Beatrices Tod im Zentrum Florenz' wiederfindet, unter den führenden Bürgern der Stadt. Ich sehe ihn vor mir, wie er mit einem Pinsel dasitzt, einen Engel malt, blind gegenüber dem Gewimmel auf der Piazza.

»Jemand anderer war soeben mit mir«, sagt er zu einem Passanten, der stehen geblieben ist, um sich sein Bild anzuschauen, »und darum war ich in Sinnen.«

Dann sehe ich, wie er nach seinem Pinsel greift und weggeht – eine Stunde mit den Engeln ist alles, was er ertragen kann.

Bald danach, mitten im Malen und der Verzweiflung, sieht er ein hübsches Gesicht und alles, was es zu versprechen vermag. Sie empfindet Mitgefühl mit Dante; das liest er in ihren Augen und fragt sich: vielleicht kann sie Beatrice ersetzen. Seine Poesie zielt nun auf sie, seine Verse fließen über von dankbaren Tränen. Diese *donna gentile*, dieses *liebliche Weib*, blickte auf Dante aus einem Fenster über ihm herab, lockte ihn, sich wieder zu verlieben. Dante verstand, dass es logisch, ja natürlich wäre, sich dieser lieblichen Frau hinzugeben und Beatrice ihrem frühen, unglückseligen Grab zu überantworten. Sie in Frieden sterben lassen. Dann hat er eine Vision, eine wundersame Vision. Beatrice erscheint ihm, in dasselbe purpurrote und weiße Tuch gehüllt, das ihre Gestalt bedeckte, als sie Dantes brennendes Herz verzehrte. Plötzlich ist Dante vor Scham ganz zerrissen. Wie konnte er es auch nur in Erwägung ziehen, sich auf die schöne Dame am Fenster einzulassen? Nein, er würde seine Gefühle – und seine Poesie – der gesegneten Beatrice widmen. Die *Vita Nuova* endet damit, dass Dante Schweigen gelobt: Er wird erst wieder dichten, wenn er fähig sein wird, Beatrice angemessen zu beschreiben. Erst einmal, sagt er, muss er studieren.

Langes Studium und große Liebe – dieselben Worte, die Dante im dunklen Wald zu Vergil bringen würden und mich zu Dante in der Zeit meines größten Kummers.

Kurz bevor ich nach Rhode Island zurückkehrte, fragte mich meine Lektorin von der University Press, die mein erstes Buch verlegen würden, ob ich in der Lage wäre, die erste Fahne meines Manuskriptes Korrektur zu lesen. Das Buch, *Romantisches*

Europa und der Geist Italiens, war eine Analyse des Mythos Italiens und wie anziehend er auf ausländische Exilanten wie etwa Byron gewirkt hatte, diesem Verehrer Francesca da Riminis. Ich hatte zehn Jahre gebraucht, um das Buch zu schreiben, seit ich, noch Student im Masterstudiengang, in einer Lesekabine aus Zement und Stahl in der Bibliothek meine Doktorarbeit begonnen hatte, umgeben von Hunderten von Büchern über Dante. Ich sagte zu meiner Lektorin, dass ich dazu in der Lage wäre. Ich würde mich durch nichts von meiner Karriere ablenken lassen – das war der Fehdehandschuh, den ich dem Schicksal ins Gesicht warf.

Zurück in Westerly, Rhode Island, mit Isabel und meiner Mutter, verbrachte ich jeden Tag einsame Stunden mit den Korrekturfahnen in einer Wohnung, die ich gemietet hatte und die ein paar Autominuten vom Haus meiner Mom entfernt lag, prüfte Zitate nach, strich Adverbien und kürzte Fußnoten. Die mechanische Arbeit verschaffte mir das, was ich dringend brauchte: Einsamkeit. Indem ich an meinem Manuskript mit Bleistift und Radiergummi feilte, meine Worte so akribisch prüfte, dass es selbst meine Lektorin schockieren musste, schaffte ich mich selbst für einige Stunden gleichsam beiseite. Gleichzeitig hatte ich damit die eine Tätigkeit ausgelagert, die mir ein neues Zuhause verschafft hätte: ein Vater für Isabel zu sein.

In ihrem neuen Zuhause in Westerly schlief Isabel, die Arme hinterm Kopf ausgestreckt und mit leicht geöffneten Lippen, eine Haltung völliger Ergebenheit einer unbekannten Welt gegenüber. Wie alle Babys war sie hilflos und dennoch sah sie nicht so aus wie andere Babys, mit ihren mädchenhaft zarten Zügen und ihrem suchenden Blick. Ich weiß nicht, wonach sie suchte, wenn es denn so war, und ich konnte nicht umhin, bei ihrem Blick an Katherine zu denken, von der sie für immer getrennt worden war. Der Babygeruch meiner Tochter, diese Mischung aus Puder, Milchpulver und neuer Haut, ließ mich dahinschmelzen, und ich war überrascht über ihre Neugeborenen-Schönheit. Aber meine Gedanken waren zu beschäftigt damit, durch Isabels Blick an Katherines Abwesenheit erinnert zu werden, als dass ihr Anblick, die Gerüche oder Laute den hermetischen Panzer der Trauer hätten durchbrechen können.

Ganz gleich, wie viele Windeln ich wechselte oder wie viel Babyspucke auf meinen Kragen fiel, ich hatte nicht das Gefühl, ein echter Vater zu sein. Ich war immer irgendwie auch woanders. Besessen von meiner Arbeit. Von einem neuen Zuhause träumend. Mit den Toten sprechend. An den Sandstränden meines Rhode-Island-Exils umherstreifend. Und Dantes rhythmische Terzinen immer von neuem erklingen lassend, als wären sie ein Zauber, der böse Geister vertreiben könnte.

Nachdem ich den ganzen Tag lektoriert hatte, kehrte ich zu meiner Mutter zurück und spielte eine Weile mit Isabel, bevor meine Mutter sie fütterte und bettfertig machte. Dann, nachdem ich gelesen oder Fernsehen geguckt hatte, ging ich in mein Bett aus Highschool-Zeiten, auf der anderen Seite des Flurs gegenüber dem Zimmer meiner Tochter. Katherines Tod hatte mich in den dunklen Wald geschickt, eine neue Dimension des Lebens, von der ich mir nie hätte vorstellen können, dass sie existierte. Und nun, nachdem ich in dieses andere Leben hineingeraten war, war ich in das bizarrste Reich von allen abgestürzt: meine Kindheit, die ich als Vierzigjähriger wieder von neuem bewohnte. Ich wusste, dass Scheidung und Depression erwachsene Männer, in lauter Einzelteile zerbrochen, wieder in das Zuhause zurückbeförderten konnten, in dem sie aufgewachsen waren. Vom Tod erwartete ich nicht so viel. Aber da saß ich nun im Pyjama, guckte *Hannity and Col-*

mes auf Fox auf dem rostfarbenen Sofa meiner Mutter, meine Füße in ihrem roten Flauschteppich vergraben, und die Stille der Sackgasse, in der ihr Haus lag, war so undurchdringlich wie der Nebel, der sich auf mich herabgesenkt hatte. Ich sollte mich eigentlich um ein Baby kümmern, aber jetzt musste man sich um mich kümmern, und ich war an den sichersten Ort zurückgekehrt, den ich kannte.

Um drei Uhr morgens hallte der Flur oft von den Schreien Isabels wider. Ich erwachte dann davon, ließ meinen Kopf einen Augenblick ins Kissen sinken und tapste dann über den Flur dorthin, wo meine Mutter Isabel bereits in den Armen hielt.

»*Lassa jera, ci penzo io*«, sagte sie dann, während ich an der Wiege herumlungerte. »Lass sie in Ruhe, ich kümmere mich schon darum.« Gewöhnlich würde ich zögern, dann aber doch an meiner Mutter und Isabel vorbeischlüpfen und mich wieder in mein Bett und meinen embryonalen Schlaf zurückziehen.

Aber eines Nachts, aus keinem anderen Grund als dem fernen Ruf des gleichen Instinkts, der mich sonst verließ, wachte ich abrupt von Isabels Schluchzen auf und lief zu ihrer Wiege.

»*Dai, lascia stare, ci penso io*«, antwortete ich meiner Mutter in gehobenem Italienisch auf ihren kalabrischen Dialekt. »Lass sein, bitte, ich kümmere mich schon um sie.«

Meine Mutter eilte davon, einerseits voller Sorge, dass ich Isabel fallenlassen, falsch behandeln oder sie nicht beruhigen könnte, andererseits, dass ich nicht genügend kostbaren Schlaf bekäme, wo ich doch wieder zu Kräften kommen musste. In unserem Hause hielten erwachsene Männer nachts keine weinenden Babys in den Armen.

Während ich mein hysterisches Baby mitten in dieser chaotischen Winternacht in den Armen hielt, stellte ich mir den Aufprall von dem heranrasenden LKW auf Katherines Jeep, das Knirschen von Metall und die Explosion von Trümmern an der schmalen Landstraße vor. Isabels reale Schreie vermischten sich mit den vorgestellten Katherines und signalisierten mir, dass die Welt fundamental ein Ort der Unordnung und der Gewalt war. Es mahnte mich immer wieder daran, dass ich nicht in der Lage gewesen war, meine Frau zu retten, dass ich vielleicht nicht fähig wäre, meine Tochter zu schützen. Die unglückseligen Strudel, die Sogkräfte, das schwarze Eis, die Stromkabel – sie waren überall.

Siebenhundert Jahre früher, in den Agonien seiner dem Untergang geweihten Liebe zu Beatrice, spürte auch Dante die Fragilität des Lebens, als er von den Damen mit dem verwirrten Haar und ihren bedrohlichen Worten träumte. Dante empfand seine Vision als Omen, als Zeichen, dass seine Liebe zu Beatrice unter einem ungünstigen Stern stand. Nun, da in meinem eigenen Leben auch die Zeichen ungünstig gestanden hatten, konnte ich Dantes schicksalhafte Silben mit ihren rollenden *Rs* nicht mehr aus dem Kopf kriegen. *Tu pur morrai.*

Isabel weinte nicht aus Angst oder nach ihrer Mutter um drei Uhr morgens. Aber ich hörte Angst und Sehnsucht aus ihren Schluchzern heraus. Mein Verstand sagte mir, dass sie gnädigerweise nichts von diesen Gefühlen wusste, und doch gaben ihre Schreie meinen Ängsten neue Nahrung. Ich hatte die Aufgabe, sie zu beschützen, aber es war meine Mutter, die ihre Tage damit verbrachte, meine Tochter in den Armen zu halten. Der Schmerz hatte mein Gespür für die Bedürfnisse der anderen, selbst für die meiner Tochter, vernebelt – dieses Häufchen Leben, das ich jetzt wiegte und tröstete, wobei unsere beiden Herzen pochten, als wir uns aneinanderklammerten, beide voller Verlangen nach menschlicher Berührung, als wir so auf dem Pfeil ritten, den der Bogen des Exils abgeschossen hatte, und beide nicht wussten, ob er und wo er treffen würde.

2. KAPITEL

Schaut auf euern Ursprung

Ich war nicht der Einzige, der von Katherines Tod am Boden zerstört war. Sie war anders als die anderen, die ich mit nach Hause gebracht hatte, damit sie meine Familie kennenlernten. Sie hatte keinen schicken College-Abschluss oder silbernen Nasenring; sie kannte keine Band der alternativen Musikszene oder einen unverstandenen ausländischen Avantgarde-Filmregisseur. Katherines Geschmack war typisch amerikanisch und bekömmlich, vom Pop der Top 40 bis zur Stand-Up-Komikerin Ellen DeGeneres. Im Gegensatz zu den Studentinnen von der Rhode Island School of Design, vom Oberlin College und den Mädchen aus zerrütteten Familien, die ich sonst mit nach Hause gebracht hatte. Sie hatten mit ihren spitzen Kommentaren und mittelmäßiger Hygiene meiner Mutter und meinen Schwestern ganz schön zu schaffen gemacht. Sie betrachteten meine Familie als liebenswerte Marsianer, als wunderliche, rätselhafte Kreaturen, die sich längst vergangenen Tugenden wie ehelicher Treue und strengster Hauswirtschaft verpflichtet fühlten. In Katherine sah meine Familie endlich jemanden, der Fachmarktzentren und Vorstadt-Häuser im Ranch-House-Stil nicht verachtete. Sie war eine Frau ohne jede Ironie, ohne das kleinste Anzeichen von Hohn.

»Joe, ich hoffe wirklich, dass du es diesmal nicht versaust«, hatte meine jüngere Schwester Tina zu mir gesagt, als sie Katherine das erste Mal getroffen hatte. Ihr Blick war dabei so ernst wie der Klang ihrer Stimme gewesen: Dies könnte eine erwachsene Beziehung werden, sagten ihre Blicke, du hattest deinen Spaß, jetzt mach endlich was Richtiges.

Mogli e buoi dei paesi tuoi, so lautet der italienische Ausdruck – Ehefrauen und Ochsen aus dem Heimatort. Katharine stammte aus meinem metaphysischen Dorf.

Ein paar Jahre bevor ich Katherine kennengelernt hatte, war ich während meines Doktorandenstudiums mit einer geistvollen Frau liiert, die mir ein Leben versprach, von dem ich immer geträumt hatte. Eine Welt des Wohlstands und der Hochkultur, alles, was mir gefehlt hatte, als ich aufgewachsen war. Am Abend, nachdem ich meine mündliche Promotionsprüfung bestanden hatte, traf ich Amanda zum ersten Mal in einem äthiopischen Restaurant in der Nähe des Campus. Ihre anmutige Liebenswürdigkeit und die listigen blauen Augen hinter der Drahtbrille fesselten mich. Am nächsten Morgen, noch in ziemlich ramponierter Verfassung von der durchfeierten Nacht, stand ich früh auf, um um halb neun Uhr morgens ihr Referat über brasilianische Geschichte anzuhören; nach ein paar Monaten lebten wir praktisch zusammen, korrigierten wechselseitig unsere Aufsätze, planten Reisen mit Graduiertenstipendien zu den Anwesen ihrer Eltern in London, Saint Croix und Princeton. Eines Abends führte uns ihr Vater, ein energischer Bonvivant, der eine prosperierende Anwaltskanzlei aufgebaut hatte, in ein Restaurant in der Nähe seines Hauses in New Brunswick, New Jersey, aus.

»Probier doch mal die Python«, spornte er mich an, »oder Känguru.«

Auf der exotischen Speisekarte fanden sich die ungewöhnlichsten Wildgerichte, und als ich über den Tisch hinweg Amanda anblickte, fühlte sich die Welt wie ein endloses Bankett voller Speisen an, die ich mir nie hätte träumen oder leisten können. Sie führte mich in ein neues Dorf, weit entfernt von demjenigen, in dem ich in Rhode Island aufgewachsen war, und es war von Güte, Respekt und Liebe erfüllt. Ich bestellte Känguru.

2000, zwei Monate, nachdem ich den Doktortitel erhalten hatte, und nach drei Jahren Beziehung bat ich Amanda am Strand von Watch Hill mich zu heiraten, wobei das Holzkarussell hinter ihr den Horizont verdeckte. Unter Tränen sagte sie ja. Ich sagte ihr nicht, dass ich den Ring erst am vorigen Tag gekauft hatte und auf dem Weg zum Juwelier von Zweifeln geplagt gewesen war, ein Weg, den ich nach Monaten des Zauderns angetreten hatte. Etwas tief in mir sagte mir: *Stopp, tu das nicht.* Doch ich versuchte, Amanda so zu lieben, wie sie es verdiente, und ich kam mir wie ein Idiot vor, auch nur daran zu denken, die magischen Möglichkeiten aufzugeben, die das Leben mit ihr bereithielt. Aber meine Bewunderung und Zuneigung weigerten sich, zu wahrer Liebe für sie zu erblühen. Als sich die Hochzeit näherte, begannen sich meine Bedenken in spitzen Bemerkungen und kleinlichen Ausbrüchen zu manifestieren, als wolle ich sie in Streitereien verwickeln, von denen sie wusste, dass wir sie beide für vollkommen unnötig hielten. Vielleicht konnte sie meine Unentschiedenheit spüren, und es ließ ihr normalerweise ungezwungenes Wesen empfindlich und reizbar werden. Bald stritten wir uns nur noch. Ich begann mich darüber zu ärgern, dass sie wie die typischen akademischen Linksliberalen so viele Dinge »anstößig« und »ungerecht« fand, obwohl sie vom amerikanischen Kapitalismus in jeder nur erdenklichen Weise profitiert hatte. Sie begann die Geduld mit meinen Freunden zu verlieren: Leuten wie ich, machomäßigen und ungehobelten Jungs, die ihr Leben nicht in den glänzenden, weltlichen Institutionen verbracht hatten, wie das bei ihr der Fall gewesen war. An dem Tag, an dem wir unsere Einladungskarten für die Hochzeit aussuchten – eine geschmackvolle, aber sündhaft teure Mischung aus Waldmotiven auf schwerem Hartpapier – hatten wir eine schwere Auseinandersetzung um nichts.

»Was geschieht mit uns?«, fragte sie.

»Machen wir einen Fehler?«, antwortete ich.

In jenem April, sechs Wochen vor unserer Hochzeit, die Einladungen waren schon verschickt, sagten wir alles wieder ab.

In jener ersten Nacht im Krankenhaus nach Katherines Tod blitzte ein Gedanke in meinem Kopf auf. Ich würde nach Hause zurückkehren, in mein metaphysisches Dorf, an den Ort, an dem ich mehr als irgendwo sonst ich selbst sein konnte, ohne jemanden beeindrucken zu müssen – eine Sehnsucht, die Katherine wortlos und sofort verstand. Katherine und ich waren beide ein bisschen verloren in den neuen Leben, die wir gewählt hatten, und ohne den Trost des Vertrauten, den wir hinter uns gelassen hatten. Ich vermisste meinen Heimatstaat, seine Strände und wettergegerbten Schindeln, den alten Reichtum und die neue Exzentrizität. »Willkommen in Rhode Island«, schreibt, wie ich mich erinnere, unser langjähriger Cartoonist Don Bousquet, »wo man ›Quonochontaug‹ und ›Misquamicut‹ richtig aussprechen kann, aber nicht ›chow-dah‹ (chowder).« Ich hatte den Bundesstaat mit achtzehn verlassen, war einer der wenigen aus meiner Highschool, den es aus dem South County fortzog, denn die meisten meiner Klassenkameraden landeten auf der nahegelegenen University of Rhode Island (URI oder Ewe-Ah-Eye im lokalen Akzent). Ein Teil von mir war neidisch. Die Verbindungshäuser und Trinkspiele am URI, die Partys in Bonnet Shores, die Surfer mit ihren seilähnlichen Armbändern und die sonnengebräunten sportlichen Mädchen mit ihren langen Beinen – in meiner Bücherwelt kam das alles nicht vor. Die Torf-Bauernhöfe und Meerwinde, die das örtliche College umgaben, schienen ein einfacheres Leben zu versprechen.

Katherine hatte unter ähnlichem Heimweh gelitten. Sie fühlte sich in unserem College-Städtchen nie ganz zu Hause und vermisste ihre Familie in Michigan, die Ernsthaftigkeit des Mittleren Westens, die starken Wertvorstellungen ihres Vaters, eines Republikaners, und seine politischen Zirkel. Ich konnte die Anspannung fühlen, die sie bei den Abendessen, zu denen wir eingeladen waren, empfand, wenn Freunde von uns bei Couscous und Ciabatta Dick Cheney und Donald Rumsfeld heruntermachten. Sie wusste, dass sie in diesen Kreisen nicht sagen konnte, was sie wirklich dachte. Und sie wusste, dass ich bei fast allen politischen Themen anderer Meinung war als sie. Aber ich hatte gelernt mit unseren entgegengesetzten Ansichten zu leben und fand es sogar anregend, wenn ich hörte, wie sie mir ganz unter uns sagte, warum sie die Prinzipien, die meine Welt regierten, ablehnte. Der Teil von mir, der in einer Arbeiterfamilie aufgewachsen war, Lichtjahre entfernt vom liberalen Geschwätz des Elfenbeinturms, genoss außerdem ihr unerschrockenes Eintreten für die Werte der Familie und den Unternehmergeist, der meiner eigenen Familie dazu verholfen hatte, sich aus Jahrhunderten von kalabrischem Elend zu befreien und in die amerikanische Mittelschicht aufzusteigen.

Am Morgen ihres Unfalls war sie mit dem Wagen auf dem Weg zur State University of New York at New Paltz gewesen, um die Abschlussprüfung in einem ihrer geisteswissenschaftlichen Seminare abzulegen. Sie hatte eine sehr gute Durchschnittsnote, und ihr Hauptfach war Geschichte, da sie ein

Jahr zuvor für das Förderprogramm des Colleges angenommen worden war. Aber sie hatte zu kämpfen, um ihre Schwangerschaft, ihre Arbeit als Pilates-Trainerin und ihr Leben, weit entfernt von ihrer Familie in Michigan und ihren Schauspielerfreunden in New York, unter einen Hut zu kriegen. Am Ende des Tages waren Hausarbeiten zu schreiben und Referate vorzubereiten, aber es gab noch keine Klarheit darüber, wohin das alles führen würde, denn sie hatte noch nicht entschieden, was für eine Laufbahn – wenn überhaupt – sie in ihrem Leben nach der Schauspielerei einschlagen wollte. Und dann musste sie sich auch noch mit all diesen Intelligenzbestien herumschlagen. Einmal sagte sie in North Carolina zu einem der Fellows am Humanities Center, einem bekannten slawischen Dichter, dass sie den Film *Pulp Fiction* hasse, weil er, in ihren Worten, »unmoralisch« sei. Sie hätte gewiss einen diplomatischeren Begriff wählen können, aber so war sie eben: klar, emotional, direkt – abstrakte und unbestimmte Argumente waren nicht ihre Sache. Der Dichter warf ihr einen ausdruckslosen, verwirrten Blick zu. Meine Frau brach gerade eine geheiligte Regel: niemals vor der Klasse etwas Nicht-Subtiles über ein wichtiges kulturelles Phänomen sagen. Und niemals an die Kunst die gleichen Maßstäbe anlegen wie an das Leben. Ich frage mich, wie er reagiert hätte, wenn er ihr schmutzigstes Geheimnis überhaupt gekannt hätte: Dieses ranke und geschmeidige, kunstinteressierte Mädchen aus dem Mittleren Westen war eine eingefleischte *Republikanerin*.

Anders als bei Katherine war meine eigene Karriere klar definiert und vorgezeichnet, selbst wenn ich für kurze Zeit und für ein bisschen Spaß als Barkeeper oder Rucksacktourist in Europa einen kleinen Schlenker einlegte. Dass sie wieder aufs College ging, erschien mir logisch: Sie war klug, würde es gut machen und anschließend einen anständigen Job bekommen, für den sich ihre Mühen gelohnt hätten. Ich wollte meinen häuslichen Pelz gewaschen bekommen, von Katherine als Hausfrau und Mutter, und doch nicht nass gemacht werden, wenn sie außerdem noch arbeiten ging und etwas dazuverdiente bei einem Job, der sie nicht über die Maßen steuerlich belastete oder ablenkte. *Bitte, lieber Gott, lass sie einfach noch 50 000 Dollar im Jahr dazuverdienen*, betete ich, manchmal so laut, dass auch Katherine es hören konnte. Ich hatte mir nie ein Leben in finanziellen Nöten für uns vorgestellt, nicht nach all den Jahren des Studierens und all der Opfer. Mit der Realität unseres Ein-Einkommen-Haushaltes und meines mäßigen Professorengehaltes konfrontiert, begann ich den Druck auf Katherine zu erhöhen.

»Schatz, du solltest dich für etwas Regelmäßiges entscheiden«, war so eine meiner typischen Tiraden, »etwas, das mehr bringt als ein paar Stunden Pilates hier und da.«

Kurz nach unserem Umzug nach North Carolina gingen wir an einem zauberhaften Septembertag einkaufen. Wir trennten uns für eine Weile und machten Pläne, uns wieder am Auto zu treffen. Eine halbe Stunde nach dem vereinbarten Zeitpunkt stürzte Katherine herbei, entschuldigte sich für die Verspätung, hielt dabei aber glücklich eine Tüte voller teurer Kosmetika in der Hand. Meine Sorge über ihre Verspätung verwandelte sich in Wut, und ich begann sie anzuschreien und sie zu fragen, wo sie gewesen war und warum sie nicht auf meine Anrufe reagiert hatte. Ich sagte, wir könnten uns die zweihundert Dollar für Gesichtscremes und Körperpeelings nicht leisten, dass sie ihr Verhalten ändern und besser mit dem Geld umgehen müsse.

»Du musst was verdienen, statt es bloß auszugeben!«, schrie ich.

Sie brach in Tränen aus. Ich hatte bei Katherine einen Nerv

getroffen, der viel tiefer ging als ihr fragwürdiges Wirtschaften. Seit sie ihre Schauspielerei aufgegeben hatte, hatte sie versucht, sich vom Verlust ihrer jugendlichen Träume zu erholen. Jetzt in ihren Dreißigern fürchtete sie, dass das, was sie als ihre größte Gabe ansah, ihre Schönheit, auf die sie sich ihr ganzes Leben hatte verlassen können, eines Tages verblühen würde. Die Kosmetika waren ein Hilferuf – eine flehentliche Bitte, die ich für Eitelkeit hielt. Statt ein Gespür für ihre Bedürfnisse zu zeigen, ließ ich meiner Sorge freien Lauf, dass ich nicht ausreichend für sie und unsere Familie sorgen könnte. Katherine brauchte ein verständnisvolles Wort, und stattdessen spielte ich die Rolle des absoluten Rohlings und ruinierte einen wunderbaren sonnigen Tag in dem Augenblick, in dem unser gemeinsames Leben erst begonnen hatte.

Katherine war eine Träumerin – das waren wir beide, außer dass ihre Träume, anders als meine, nicht an die eisige Logik von Qualifikationen und Netzwerken geknüpft waren. Sie lebte im Augenblick, an einem Ort, den ich selten besuchte. Deshalb hatte ich mich in sie verliebt. Deshalb konnte mich unsere sonst glückliche Beziehung aber auch mit Sorgen über unsere gemeinsame Zukunft quälen.

Meine Entscheidung, wieder zurück »nach Hause« zu ziehen – ich benutzte das Wort immer noch, um meine Heimatstadt Westerly zu beschreiben, obwohl ich seit der Highschool nicht mehr dort gelebt hatte –, hatte teilweise damit zu tun, dass Katherine und ich uns als Paar dort so wohlgefühlt hatten. Wenn sie Zeit mit meiner Familie verbrachte, verspürte Katherine nichts von der Anspannung und Unsicherheit, die ihr zu schaffen machte, wenn sie mit meinen Kollegen und akademischen Freunden zusammen war. Meine Liebe zu Katherine hatte mich in die Lage versetzt, wieder die Person sein zu können, die ich gewesen war, als ich jung war und noch bei meiner Familie lebte. Ich hatte Jahre mit dem Versuch verbracht, meinen Rhode-Island-Akzent zu unterdrücken (»How fah from the pahk ah we?«). Aber wenn ich ein bisschen was getrunken hatte oder frühmorgens gleich nach dem Erwachen würde sich das *R* automatisch in ein *H* verwandeln. Ich war schließlich ein Luzzi, Absolvent der Westerly High, Jahrgang '85, ganz gleich, wie weit ich mich auch von der South-County-Küste entfernt oder wie viele Abschlüsse ich angehäuft hatte. Um zu verstehen, wie weit ich versucht hatte, von Westerly wegzulaufen, bevor ich wieder zurückkehrte, musste man mich bloß nach meinem Nachnamen fragen. Jahrelang hatte ich ihn anders ausgesprochen als meine Familie und das italianisierte »Luuutsie« vorgezogen statt deren stramm amerikanischem »Lasi«, das sich wie »fuzzy« aussprach. Während sie versuchten, sich an ihr neues amerikanisches Leben zu assimilieren, bestand ich darauf, das legendäre Kalabrien wiederzuerlangen, und suchte nach einer italianisierten Aussprache, um mich von den anderen abzuheben. Auf dem Papier hatte ich denselben Namen wie meine Mutter und meine Schwestern – aber ich hatte mir angewöhnt, ihn der Welt anders zu präsentieren, um zu demonstrieren, wie viel Abstand ich zwischen meiner Herkunft und mir geschaffen hatte.

Ein paar Wochen nach meinem Umzug nach Westerly stand ich auf dem Parkplatz einer Buchhandlung in der Innenstadt und lauschte einem Hörbuch von Homers »Odyssee«, mit der rauen Stimme von Ian McKellen als Odysseus. Ich brauchte Geschichten, die mich durch meine langen Tage in meiner Heimatstadt bringen konnten. Ich fuhr stundenlang herum, während die CD lief, fuhr an der Küste entlang und mied meine Mutter, meine Schwestern und die Festung, die sie um Isabel herum errichtet hatten. Ich parkte am Strand und hielt an, um in die Brandung zu schauen, lauschte auf McKellen, wie Odysseus ein Hindernis nach dem anderen auf seinem Rückweg von Troja nach Ithaka umschiffte oder überwand. Eine Seemöwe landete in der Nähe meines Wagens und schnappte sich eine Krabbe; Odysseus wanderte, während seine Frau Penelope wartete, Wolle spann und die Freier abwies. Katherine war erst seit ein paar Wochen tot, und ich war wieder zurück am kalabrischen Busen, den ich als Teenager hinter mir gelassen hatte, als ich entschlossen gewesen war, meine Welt der italienischen Einwanderer in Amerika zu verlassen und nie mehr zurückzukehren. Ich lehrte auch wieder am Bard College und tat, was ich konnte, um mit der College-Gemeinschaft in Verbindung zu bleiben, die ebenso wie meine Familie die Reihen um mich herum geschlossen hatte, um mir zu helfen, heil durch die Unterwelt zu kommen. McKellen setzte seine Erzählung von Odysseus' mäandernder Reise fort, welcher die Wellen der Ägäis durchkämmte und ihre Gischt pflügte, während er Kurs auf eine Heimat nahm, die sich vollkommen verwandelt hatte, bevölkert von gefräßigen und hinterhältigen Freiern, die auf Penelopes Hand hofften.

»Aber Kalypso eilte zum großgesinnten Odysseus.../Dieser saß am Gestade des Meers«, sprach McKellen, »und weinte beständig./Ach, in Tränen verrann sein süßes Leben, voll Sehnsucht/Heimzukehren.«

Odysseus blickte von Kalypsos Höhle aufs Meer hinaus, und seine Tränen strömten wie ein Sommerregen über die Ägäis. Kalypso war eine umwerfende Meeresnymphe, die Odysseus gefangen genommen, sich in ihn verliebt und ihm alle seine Wünsche erfüllt hatte bis auf einen: den unwiderruflichen Wunsch, den er empfand, in seine Heimat zurückzukehren. Ich war zu meinem Ithaka, Westerly, zurückgekehrt.

Aber als ich an der Küste entlangfuhr und durch die historische Altstadt ging und am Strand entlanglief, fühlte ich mich so unsichtbar wie einer von Dantes Schatten in der Nachwelt. Ich kehrte nicht zurück oder besuchte erneut die Welt meiner Kindheit; ich suchte sie heim.

Ich saß noch eine Stunde in meinem Auto und wartete darauf, dass Odysseus' Schiff auf Land traf. In der Zwischenzeit ließ die Seemöwe die Krabbe fallen, während sich die lilaorange Dämmerung über dem winterlichen Ozean ausbreitete und mich daran erinnerte, dass es Zeit war, in die Batterson Avenue zurückzukehren, wo meine Mutter Fläschchen mit Ersatzmilch für Isabels Abendbrot aufwärmte.

Wir stoßen auf Dantes Ulisse – für Ulysses, die römische Form für Homers griechischen Helden Odysseus – in Malebolge, einem üblen schwarzen Loch, das aus zehn konzentrischen Gräben besteht, die sich dem Boden von *Inferno* nähern. Dante zufolge wird es kälter, je weiter man sich von Gottes Liebe entfernt, und so ist die Grube des Infernos ganz aus Eis. Und je tiefer man in Dantes Hölle gerät, umso klüger sind die Sünder. In Malebolge, der größten Grube des menschlichen Bösen im Universum, wird die Sünde des Betrugs bestraft. Die vorherigen Sünden in der Hölle, einschließlich der Lust von Paolo und Francesca, waren Fehler des Willens, da die Begierden des Körpers den Verstand überwältigten, der sie eigentlich zügeln sollte. Aber in Malebolge haben die Sünder eine bedeutendere Gabe missbraucht als den Körper: Hier ist der Geist ins Böse gekippt.

Während der ganzen *Göttlichen Komödie* ist Dante in intensive Gespräche mit seinen Figuren verwickelt, von den Sündern in der Hölle bis zu den Seligen im Himmel. Beinahe jeder, auf den er trifft, einschließlich der eloquenten Plauder-

tasche Francesca da Rimini, kaut Dante ein Ohr ab, während
er händeringend wiedergibt, wie er verführt oder gerettet worden ist. Jeder außer Odysseus. Der ist unnahbar. In eine Flammenzunge verwandelt, zischt er dem faszinierten Dante Worte
zu, welcher lauscht, aber nicht zu antworten wagt, da er Vergils Worte beherzigt, welchen zufolge der große griechische
Held ihn sonst verachten könnte.

In Homers Epos überstand Odysseus zehn Jahre Krieg
in Troja, dann weitere zehn Jahre des Wanderns über wein-
dunkle Wasser, die ihn von seiner Heimatinsel Ithaka und
seiner Frau Penelope trennten. Aber nichts konnte ihn von
seiner Rückkehr abhalten. Er stieß dem betrunkenen Zyk-
lop einen Speer durchs Auge; er verstopfte seine Ohren mit
Wachs gegen den Gesang der Sirenen; er befreite seine Mannschaft von der verführerischen Droge des Vergessens im Land
der Lotusesser; er schrie die Ägäis zusammen aus Protest gegen Kalypso und ihre Lockmittel. Homers Odysseus verkörpert die bedingungslose Liebe zur Heimat; Dantes Ulysses ist
so ruhelos wie seine Flammenzunge, so wie er das überwältigende Gefühl der Deplatzierung beschreibt, das er empfand,
als er nach Ithaka zurückkehrte:

> … da konnten weder die Süßigkeit meines kleinen Sohnes,
> noch die Pietät für den alten Vater, noch die Liebe,
> die ich, sie heiter zu machen, Penelope schuldete,
> die Glut besiegen, die in mir war,
> die Welt zu erfahren, Menschenwert
> und Menschenunwert.

Nichts kann Ulysses' sich verzehrende Seele besänftigen: Er
brennt danach, wieder auf die hohe See und zu seinem Wan-
derleben zurückzukehren. Er beruft ein Treffen mit seinen

alten Gefährten ein und bittet sie, ihn zu begleiten, wenn er Ithaka verlässt und die Segel für neue Abenteuer setzt.

Denken Sie daran, er sagt ihnen: »Ihr seid nicht geschaffen, zu leben wie die Tiere, sondern für richtige Tat und Erkenntnis.«

Sie ergeben sich seinen magischen Worten und eilen, ihn wieder aufs Meer zu begleiten. Aber ihre Freude verwandelt sich schnell in Furcht. Vierzehn Tage nach Aufbruch trifft ein schrecklicher Sturm ihr Schiff. Keine honigsüßen Worte können sie jetzt mehr retten. Das Meer schließt sich über ihnen – »*com' altrui piacque*«, schreibt Dante, »wie einer es wollte«, womit er andeutet, dass die Götter diesmal nicht auf Ulysses' Seite waren.

Wegen Francesca fragte Dante sich: Wie liebt man eine Person ohne einen Körper – wenn man so kummervoll ist, dass man sie sich lebend nicht mehr vorstellen kann? Ulysses' Lektion ist noch bitterer: Wenn man sein früheres Leben einmal verloren hat – um diesen hölzernen Ausdruck zu verwenden – dann kann man es nie wieder zurückbekommen. In einer völligen Umkehrung Homers schickt Dante Ulysses wieder zurück aufs Meer, nachdem er heimgekehrt ist – weil das Zuhause, das er in Ithaka vorfindet, nicht mehr das Zuhause ist.

Während ich auf den Atlantik hinausblickte und McKellen lauschte, der die *Odyssee* erzählte, stellte ich mir Ulysses' Rückkehr nach Ithaka vor und schuf meine eigene Version der Geschichte, so wie Dante es auch getan hatte. In meiner Version lief Ulysses' Geschichte so:

In den zwanzig Jahren, seit er seine Frau verlassen hatte, hatte Ulysses andere Frauen kennengelernt und ein Meer von Tränen vergossen. Dennoch hatte er alle von ihnen, menschliche wie göttliche, verlassen für diesen einen Moment. Er hatte es zurück an den Ort geschafft, an dem er geboren worden war. Er stand in seinem Schlafzimmer – dem Ort, an dem er seine Kindheitssachen zurückgelassen und später als Mann geschlafen hatte. Seine Haare standen ihm zu Berge. Nichts hatte sich verändert: Die Zimmer waren mit allem gefüllt, was er hinterlassen hatte. Und da stand es, mitten im Raum, das Bett auf einem Podest aus einem massiven Eichenstamm. Er nahm die Laken in die Arme: Sie rochen nach Sandelholz und Seife.

Er roch seine Frau in den Laken, zum ersten Mal seit zwanzig Jahren. Sein Puls raste: Sie waren wieder zusammen in demselben Haus, und in ein paar Stunden würde er ihr Fleisch riechen und ihre Haut berühren. Er würde mit seiner Frau schlafen, die eine Frau ohne Körper geworden war – ein perfekter, ferner Schatten in seinen Träumen und Tagträumen.

Er hatte zahllose Rivalen getötet (und war drauf und dran, die Freier seiner Frau abzuschlachten), hatte sich mit den Klügsten gemessen und mit den Wildesten die Schwerter gekreuzt. Er hatte sieben Jahre in Kalypsos Höhle verbracht, gefangen von einer eifersüchtigen Geliebten, die ihn mit allem versorgt hatte, worauf er nur hatte hoffen können, was er aber nicht gewollt hatte. Zwischen den Nymphen, die in Seegras gewunden waren, den Spanferkeln und zuckenden Tänzern hindurch wanderte er davon zu einer Felsengruppe, die ins Meer hinausragte. Und dann weinte er, ganze Tränenflüsse, die seine Tunika durchnässten und auf die Steine spritzten. In der ganzen Zeit starrte er in Richtung des Hauses, das nach Sandelholz und Seife roch.

Jetzt war er wieder zu Hause.

Das Sandelholz und die Seife füllten seinen Körper, zunächst mit Süße.

Dann mit Übelkeit.

Wieder in meiner eigenen Kindheit, zu Hause nach zwanzig Jahren – auf dem Sofa meiner Mutter einschlafend, während Sean Hannity und Alan Colmes die Themen Kontrolle von Waffenbesitz und Gesundheitssystem untereinander ausfochten – konnte ich Ulysses' Übelkeit in meiner eigenen Magengrube spüren.

Übelkeit: Das ist die Empfindung, die Dante benutzt, um sein Exil zu beschreiben, was, wie er sagte, einen lehrt »*come sa di sale/lo pane altrui*« – »wie salzig der Geschmack ist/von eines anderen Mannes Brot.« Er meinte das nicht metaphorisch: Von Dantes Zeiten bis heute wird in Florenz Brot ohne Salz gebacken, und nichts erinnert einen Florentiner mehr an zu Hause als dieses entsalzte Grundnahrungsmittel.

Ein paar Monate, nachdem ich nach Westerly zurückgekehrt war, fuhr ich wieder in Katherines Heimatstädtchen etwas außerhalb von Detroit, um die Pensionierung ihres Vaters von der Hinterbänkler-Reihe zu feiern. Am Tag meiner Ankunft fuhren ihre Eltern und ich zum Friedhof. Es war ein regnerischer Tag, so ähnlich wie der, an dem wir vor einigen Monaten Katherine beerdigt hatten. An jenem Abend hielt ihr Vater seine Abschiedsrede vor Hunderten von politischen Strippenziehern im Oakland Hills Country Club, wo die U.S. Open Golf-Championships ausgerichtet werden. Er beendete seine Rede, indem er für das Publikum klatschte und sagte, dass der Applaus für sie sei, nicht für ihn, und viele weinten, teilweise, weil seine Worte sie so gerührt hatten, teilweise, weil er ihnen leidtat, weil ich ihnen leidtat, der neben ihm saß, und Isabel, die zu Hause in Rhode Island bei ihrer *Nonna* war. Ich blickte mich während seiner Rede am Tisch um. Katherines Mutter war so gealtert, dass man sie kaum mehr wiedererkannte. Sie konnte noch weniger als jeder andere akzeptieren, was pas-

siert war. Zunächst hatte sie auf die Nachricht gar nicht re-
agiert. Am Tag nach Katherines Tod im Krankenhaus von
Poughkeepsie tauchte sie auf, machte Small Talk, ja riss sogar
Witze.

»Ich kann nicht glauben, dass das Kind tot ist«, sagte sie
immer wieder, aber da flossen keine Tränen, da war nur ein
abwesender Ausdruck in ihren Augen. Wir wussten alle, dass
das nicht daran lag, dass sie keinen Anteil nahm – im Gegenteil, sie nahm zu viel Anteil. Ein Ehemann, der seine Frau verliert, kann eines Tages vielleicht wieder neu anfangen, vielleicht sogar eine zweite Chance auf Glück bekommen. Ein
Elternteil hat keinerlei Chance auf Begnadigung. Der Anblick
von Katherines Eltern am Grab ihrer Tochter rief mir Vergils
Beschreibung der Familien in der Unterwelt ins Gedächtnis,
quälende Worte, die Dante auswendig konnte:

Weiber und Männer zugleich und der hochgemuten Heroen
eben verstorbene Seelen, auch Knaben und bräutliche
Jungfraun, Jünglinge auch, in die Flammen gelegt vor den
Augen der Eltern.

Ich verspürte keine Verbindung zu dem moosigen Flecken
Erde, wo Katherines Körper auf dem Royal Oak Cemetery
lag. Die Faktizität – was für ein hässliches Wort – des Todes,
war alles, was ich entdecken konnte. Meine Tränen fühlten
sich nicht einmal echt an. Ich wusste, ich sollte jetzt weinen,
und so, *bravo ragazzo*, schlauer Junge, der ich war, spielte ich
den Part des trauernden Ehemannes, wie er im Buche steht.
Ihre Eltern – feine, gebrochene Menschen, die alle Hoffnung
aufgegeben hatten – weinten ebenfalls, vergossen erschreckende Tränen und ließen Klagelaute ertönen, die roh und
tierhaft, direkt aus ihrem Inneren zu entspringen schienen.

Ihre Tochter war zu ihrer Familie zurückgegeben worden. Aber diese Fläche aus Steinen, Fahnen und Blumen bedeutete mir nichts. Ich war immer noch benommen vom Schock des plötzlichen Todes von Katherine. Sie war wie ein Phantomglied, der Schmerz von etwas, das nicht da war. Schlimmer noch, Schuldgefühle verheerten mein Inneres, da ich das Gefühl hatte, vor meiner Frau und diesem gütigen Ehepaar versagt zu haben. *Ihre Tochter starb während meiner Wache,* hatte ich zu Georgia gesagt. Ich sagte das Richtige zu denen, die mir zuhörten – und es gab viele mitfühlende Menschen, die innehielten und zuhörten –, darüber, wie sehr ich sie vermisste und wie sie in unserer Tochter weiterlebte. Aber die reinigenden Tränen wollten nicht fließen, während ich mich nach innen wandte, zu Hause nur in den Versen Dantes oder den langen Spaziergängen, die ich allein in meinem Dorf unternahm, durch eisige Straßen, so bar jeden Lebens wie die gefrorenen Seen des Infernos.

Ich brauchte Hilfe – mehr Hilfe, als mir ein Priester geben konnte. Ich hatte keine Ahnung, wie ich jemanden ohne Körper lieben sollte, und so nahm ich Zuflucht zu einer anderen Frau mit einer großen Seele.

»Ich versuche mich zusammenzureißen«, sagte ich zu meiner Trauerbegleiterin Rosalind am Anfang unserer ersten Sitzung. Ihre Praxis lag in einer unscheinbaren Siedlung an der Küstenstraße Route 1, ungefähr eine Stunde von der Wohnung meiner Mutter in Westerly entfernt. Ich hatte bewusst eine Praxis weit genug von zu Hause entfernt ausgesucht, um sicherzugehen, dass mich niemand erkannte. In meiner kalabrischen Machokultur wurde von einem Mann erwartet, dass er seine Problem in seinem Inneren verschlossen hielt und sie keinem Fremden, wie auch immer derjenige qualifiziert war, gegenüber offenlegte. Für einen Mann wie meinen Vater war Beichte etwas, das man vor einem Priester tat, in der Privatheit eines Beichtstuhls, und Psychoanalyse war etwas für Weicheier. Außer meiner Familie waren die einzigen Menschen, die wussten, dass ich Hilfe dieser Art erhielt, die anonymen Patienten, an denen ich in Rosalinds Wartezimmer, vor und nach meinen Sitzungen, vorbeikam. Aber wir kannten die Regeln und mieden jeden Blickkontakt.

Ich versuchte nicht wie eine gebrochene Seele auszusehen und trug ein gestreiftes Anzugshemd und Wide-Wale-Cordhosen. Nach ein paar Minuten des Gesprächs war klar, dass Rosalind, wie meine Kaplanin Georgia, auf die Welt gekommen war, um anderen Menschen zu helfen. Ich hatte solche Leute vor Katherines Tod gar nicht gekannt. Meine Familie hatte mir ungewöhnliche Güte und Liebe entgegengebracht, aber das war hauptsächlich eine Casa-Luzzi-Angelegenheit, die in unseren vier Wänden bleiben sollte. Mit meinem tyrannischen Vater zusammenzuleben, mit sehr wenig auskommen zu müssen, die kalabrischen Vorräte von *la miseria* ausgiebig beerbend – all das hatte die Luzzi-Frauen stark und pragmatisch gemacht. Sie betrachteten das Leben als einen Kampf und verhielten sich entsprechend.

Wie Georgia war auch Rosalind geschult in der Liebe zur Menschheit. Sie war früh Mutter geworden, hatte gut integrierte und leistungsorientierte Kinder und ihre Laufbahn des Karmas und nicht des Profits wegen ausgewählt. Bei jener ersten Sitzung sagte sie mir, dass es zu früh war, um den Versuch zu machen, mich zusammenzureißen und mit dem, was passiert war, ins Reine zu kommen. Zu früh für alles. Sie war eine robuste und fähige blonde Frau, jemand, die einen großen Garten mit starken Händen pflegen konnte. Sie war nicht sentimental, aber emotional. Meine Geschichte berührte sie. Ich sagte ihr, inwieweit und warum ich mich so schuldig fühlte, dass es mich fertigmachte, dass ich Isabel nicht selbst aufzog – und dass ich unter dem Gewicht familiärer Fürsorge zusammenbrach.

»Warum schaffe ich das bloß nicht selbst?«, fragte ich.

»Nein, das stimmt so nicht«, entgegnete Rosalind. »Isabel bekommt die starke Liebe einer starken Familie, genau das, was sie braucht. Und Sie tun Ihr Bestes, unter diesen Umständen.«

Das war der Refrain, auf den wir immer wieder zurückkamen, ihr am meisten gehüteter Glaubenssatz: Die Menschen tun ihr Bestes an dem Ort und in der Zeit, die ihnen gegeben sind, das ist alles, zu dem sie fähig sind, selbst wenn man im Rückblick oder durch eine abgehobene Analyse einen anderen Eindruck erhält. Dies waren Rosalinds Glaubenssätze: Die Menschen sind im Kern gute und liebenswerte Kreaturen. Manchmal werden diese Güte und Liebe fehlgeleitet, aber sie sind immer da und treiben die Mühlen des Universums voran. Ihr Credo war auch das Dantes, wie ich herausfand – aber das geschah erst später. Viel später.

In Rosalinds Augen war ich nicht das, was ich geworden zu sein befürchtete: ein egoistischer Karrierist und berechnender Überlebender, unfähig, sich der Situation gewachsen zu zeigen und meine eigenen Bedürfnisse hintanzusetzen, um meine Tochter großzuziehen. Stattdessen war ich jemand, der darum kämpfte, sich wieder selbst lieben zu können. Bis mir das gelang, würde ich, so glaubte sie, keinen anderen Menschen mehr lieben können – oder mich um einen anderen Menschen kümmern können.

Sie saß da und hörte zu und sagte mir, dass es zu früh war – Worte, die eine ungeduldige und ehrgeizige Person wie ich nicht akzeptieren konnte.

Ich konnte meinen Schmerz weder so schnell in Trauer verwandeln, noch konnte ich den Mittelweg finden zwischen der völligen Preisgabe an die Familie und einem Alleingang mit Isabel und mir. In der ganzen Zeit tappte Rosalind mit ihren Clogs auf die gepolsterte Fußbank und musterte mich unsere fünfundfünfzig Minuten lang mit ihren verständnisvollen blauen Augen, während meine eigenen braunen Augen über alles in Sichtweite ihr Urteil fällten, insbesondere über mich selbst.

Wieder in Westerly, war ich dabei, meinen Anteil an Wohlwollen von Seiten meiner Familie allmählich aufzubrauchen. Ich war das goldene Kind gewesen, von Geburt an und so durch und durch verwöhnt, dass ich erwartete, dass meine Mutter und meine Schwestern die anspruchsvolleren Aufgaben der Kindererziehung übernahmen. Das gab mir Gelegenheit für Ausflüge zum Spielplatz mit Isabel, Vanille-Eis mit ihr am Strand, und Vater-Tochter-Mitsingen beim örtlichen Musikkurs für Kleinkinder. Beruflich habe ich vielleicht ultraliberales Gebiet betreten, aber aufgewachsen war ich mit den uralten Geschlechterrollen-Vorschriften des alten Kalabrien. Ich wuchs auf mit dem Anblick, wie meine Mutter meinen Vater umsorgte wie ein Adjutant; ich hätte es zwar nie zugegeben, aber für mich war es selbstverständlich, dass meine Mutter Isabels Windeln wechselte, während ich tief und fest schlief.

Mit jedem mitternächtlichen Windelwechsel, den ich durchschlief, jedem Nachmittagsschlaf, den ich mied, indem ich aus dem Haus floh, um Tennis zu spielen oder an meinem Buch zu arbeiten, rann mir Isabels Kindheit durch die Finger. Meine Mutter widmete sich Isabel hingebungsvoll, aber sie war alt und müde, und ihr Ernährungsplan für meine Tochter bestand aus Lebensmitteln, die man an der Tankstelle bekam: Lipton-Suppe, Nabisco-Cracker, Makkaroni mit Käse von Kraft und

Jell-O-Pudding, alles Überbleibsel aus meiner, was die Ernährung anbelangt, minderbemittelten Kindheit. Ich bestand auf gesunder Ernährung und Vollwertkost, aber meine Mutter und Schwestern mussten die Einkäufe machen. Ich kaufte das Lebensnotwendige, die Windeln und das Milchpulver; aber in meiner Abwesenheit überließ ich die Entscheidungen für Isabels tagtägliche Versorgung ihnen.

Isabels Ernährung waren nicht die einzigen Zügel, die ich schleifen ließ. An den meisten Tagen ließ ich sie, anstatt Isabel mit mir in den Park oder in die Bibliothek zu nehmen, von meiner Schwester Margaret warm einpacken und zusammen mit ihren kleinen Cousinen Michaela und Rosie einladen und zur Crystal Mall nach Waterford, Connecticut, abschleppen, wo Isabel einen Frühlingsnachmittag damit verbrachte, auf einem Automatenpferd neben einem Food Court zu reiten oder bei einem nahe gelegenen Chuck E. Cheese's Münzen in einen Flipperautomaten zu stecken. Um diese Ausflüge zu unterbinden, hätte ich aufhören müssen, mich in meiner Lehre und meinem Schreiben zu vergraben, und hinter dem schützenden Wall von Fußnoten hervorkommen müssen, den ich zwischen der Welt und mir errichtet hatte. Oder ich hätte meine kümmerlichen Ersparnisse auflösen und eine Kinderfrau engagieren müssen, die mir half, Isabel nach meinen eigenen Vorstellungen aufzuziehen. Aber ich schreckte davor zurück und ging den Weg des geringsten Widerstandes.

Meine Familie war verzückt von Isabel und sie von ihr. Wenn ich sie mal mit mir mitnahm, zum Mittagessen mit einem Freund vom Bard College oder zum lokalen Music Together mit dem anderen Yuppie-Nachwuchs, klammerte sich Isabel in verzweifelter und gehemmter Schüchternheit an mich. Sie war nicht in ihrem Element und sehnte sich nach der Wärme und dem Chaos der Luzzi-Bande, wo lauter Cousinen und Cousins übereinanderkletterten bei der wahnwitzigen Jagd nach Kartoffelchips und Muffins, während der Soundtrack vom Mickey Mouse Clubhouse in Endlosschleife erklang. Angesichts der unerschütterlichen Rotation zwischen meiner Mutter und den vier Schwestern gab es für Isabel eine ewige, unerschöpfliche Runde von immer neuen Spieltreffen und Spaß, vom Softeis an einem Dusty's am Meer zu den knallenden Kegeln im Alley Katz Bowling Center. Ich hatte alle diese Orte auch gekannt und geliebt, als ich aufwuchs, aber jetzt war das *ihre* Welt, nicht meine, und ich hatte jedes Mal, wenn ich sie abholte, das Gefühl, als wandere ich in ein fremdes Land ohne das erforderliche Visum. Zuerst lächelte sie, wenn sie mich sah, aber dann fing sie an zu jammern und schließlich zu weinen. Westerly war kein Exilland für meine Tochter. Es war der erste Ort, wo sie die Liebe und Kameradschaft kennenlernte, die ihre Kindheit so glücklich machten und ihr die Tragödie, die ihre Geburt überlagerte, fremd werden ließ. Westerly war ihr Zuhause.

Die Hilfe meiner Familie hatte mir die Freiheit gegeben, meine Interessen und meine Karriere zu verfolgen – dennoch, sagte ich zu Rosalind, litt ich unter schweren Schuldgefühlen wegen dieser alten italienischen Arbeitsteilung. Rosalind bestand darauf, dass ich einen Fehler machte.

»So einfach ist das nicht«, antwortete sie. »Es ist nicht: *Entweder* Sie lassen Isabel von ihrer Familie aufziehen, *oder* Sie machen es selbst.«

Ich mache einen Denkfehler, meinte sie damit, ganz zu schweigen von dem moralischen Fehler. *Sie tun Ihr Bestes, unter diesen Umständen*, sagte sie immer wieder, aber ihre Worte trösteten mich nicht. Wenn ich die Situation wirklich ändern wollte, sagte sie mir, würde ich auch einen Weg finden, das zu tun.

Ich lebte unter dem Bann dessen, was eine Autorin, Joan Didion, das magische Denken nannte: den kühlen Wahn jener, die jeden Moment damit rechnen, dass ihre Lieben wieder hereinplatzen und sich ihre vertrauten alten Schuhe anziehen. Ich wusste, dass Katherine nicht wegen dieser umwerfenden Schuhe mit dem Leoparden-Muster zurückkehren würde, die sie an dem Abend getragen hatte, an dem ich sie in Williamsburg kennengelernt hatte. Ich hatte eine andere Art des magischen Denkens: das Gefühl, dass die Welt mit meinem eigenen Leiden begann und endete. Mein Schmerz wurde zu einem luftdichten Panzer, und im Gegensatz zu dem ruhigen Anschein, den ich kultivierte, definierte mich jetzt meine Trauer. Das Leid erstickte meine Vorstellungskraft und machte mich unfähig, mir ein anderes Leben vorzustellen.

Das Schlimmste war, dass meine Trauer mich davon abhielt eine emotionale Bindung zu Isabel zu entwickeln. Ich liebte sie, aber ich hatte nicht diesen Beschützer-Instinkt, der mein Zaudern darüber, wie ich sie am besten aufziehen sollte, sofort beendet hätte. Dies war das größte Exil des Kummers: die Trennung, die ich von meinem Fleisch und Blut verspürte. Die kleinsten Aufgaben, die mit ihrer Betreuung verbunden waren, verwirrten mich. Die Aussicht, ihre Sachen für einen unserer Ausflüge zusammenzusuchen – das Geflecht von Fläschchen, Windeln und Lätzchen – konnte mich vor lauter Angst in eine Art Krampf versetzen, so wie ihr kleinster Tränenausbruch oder ein Zeichen von Unbehagen. Jedes Mal, wenn ich mit der Aussicht auf lange Stunden ohne Unterbrechung zusammen mit meiner Tochter konfrontiert war, rannte ich davon – buchstäblich. Ich fuhr zum Strand, zu demselben Weekapaug Cove, wo ich als Highschool-Schüler Tennis gespielt hatte und jetzt stundenlang als Witwer dasaß und zuhörte, wie Ian McKellen Homers *Odyssee* erzählte, und ich nahm mein altes Highschool-Training wieder auf. Ich begann meine Lauftour an dem Aussichtspunkt, an dem man nach Block Island hinübersah. Dort hatte ich 2006 an einem Sommertag vor zwei Jahren mit Katherines Familie am Tag vor unserer Hochzeit einen Spaziergang gemacht, wir haben Krabben gesucht und sind mit bloßen Füßen am Ufer entlanggelaufen. Ich beendete den Lauf an dem grün geschindelten Weekapaug Inn und den prächtigen grauen Villen an der Küste mit üppigen Rosengärten vor den Häusern, die mein Vater als Landschaftsgärtner zurechtgestutzt hatte. Erst hinterher war ich, aus reiner Erschöpfung nach dem langen Lauf, ruhig genug, um zu meiner Tochter und der Familie auf der anderen Seite der Stadt zurückzukehren, ein ganzes Universum von der Einsamkeit und dem Frieden entfernt, die ich nur im Training und in der Isolation fand, zwei der wenigen Aspekte vom Leben in der Unterwelt, bei denen ich das Gefühl hatte, alles unter Kontrolle zu haben.

Eines Morgens, einen Monat, nachdem ich nach Rhode Island zurückgekehrt war, nahm ich die Küstenstraße nach Weekapaug, um laufen zu gehen. Ich hielt vor einer Ampel, als mein Wagen von einem plötzlichen Aufprall durchgeschüttelt und ein paar Meter nach vorne geschoben wurde. Ich sah in den Rückspiegel und erblickte ein graues SUV, das mir die Sicht versperrte. Ich stürmte aus dem Wagen und rannte zur Fahrerin herüber, einer jungen blonden Frau in schäbiger Kleidung, die das Lenkrad verzweifelt umklammert hielt. Ein Polizist, der an einer Tankstelle in der Nähe gehalten hatte, kam sofort herbeigefahren, um zu sehen, was passiert war.

»Es tut mir so leid«, weinte das Mädchen. »Es tut mir so leid! Sind Sie verletzt?«

Sie zitterte, während sie sprach, als wolle sie ihre Schuld zu erkennen geben und in der Hoffnung, dass sie nichts allzu

Schlimmes verursacht hatte. Ich nahm an, dass sie eine SMS geschrieben oder mit dem Handy telefoniert hatte.

»*Wissen Sie, was Sie da gerade angerichtet haben!*«, schrie ich und rannte zu dem Wagen. »*Wussten Sie, dass meine Frau gerade bei einem Autounfall ums Leben gekommen ist!*«

Dem Mädchen liefen inzwischen die Tränen herunter. Der Polizist kam schnurstracks auf mich zu.

»Sie müssen sich beruhigen«, sagte er, stellte sich zwischen den Wagen des Mädchens und mich und starrte mich drohend an.

Aber ich konnte mich nicht beruhigen. Seit Katherine gestorben war, war die Realität jeden Tag aufs Neue schwierig genug für mich, und so kurz nach ihrem Umfall von hinten angefahren zu werden, zerstörte das bisschen an Fassung, das ich noch hatte bewahren können. Selbst ich, ein Meisterschüler des Überichs und eingeschworener Kontrolleur des Es, musste all meine Zurückhaltung aufbringen, um ruhig von der Frau weg und wieder zu meinem Wagen zurückzugehen.

Ich fuhr ins Krankenhaus und ging in die Notaufnahme, wo die Krankenschwester, eine Freundin meiner Schwester Mary, mich aufnahm. Mary arbeitete in dem Krankenhaus in der Verwaltung und kam sofort herüber, um nach mir zu sehen.

»Alles in Ordnung?«, fragte sie mit einem sanften Lächeln.

»Sie hätte mich umbringen können«, spuckte ich, immer noch mitgenommen, aus. »So wird es auch für mich enden.«

Sie war es nicht gewohnt, mich in einer solchen Verfassung zu erblicken, ein zusammengeknülltes Stück Papier. Ich war der Einzige von uns sechs Geschwistern gewesen, der die Stadt verlassen und sich woanders ein Leben aufgebaut hatte. Aber ich war aus dem Tritt geraten und hatte mein Selbstvertrauen verloren, und ein kleiner Auffahrunfall konnte mich vor Angst zum Zittern bringen. Der Mann, der immer das

Richtige zu den richtigen Leuten sagte, hatte gerade die Nerven vor einem Polizisten und einem Teenager verloren, der eine rote Ampel übersehen hatte.

Einmal die Woche fuhr ich die Route 1 von Westerly aus hoch, um Rosalind zu sehen. Ich erzählte niemandem außer meiner Mutter und meiner Schwester Mary davon, dass ich Hilfe suchte, und ich nahm ihnen den Schwur ab, es nicht weiterzusagen. Ich wusste, dass es absurd war, sich dafür zu schämen, dass man unter diesen Umständen mit einer Trauerbegleiterin sprach, aber es war alles Teil meiner Unfähigkeit, loszulassen und die Kontrolle abzugeben und vor der Welt zuzugeben, dass der Tod meiner Frau mich auf die Knie gezwungen hatte. Die Leute staunten immer: *Donnerwetter, der macht so weiter wie zuvor, so mutig, so stark!* Aber genau das war das Problem. Katherines Tod hatte mir nahegelegt, den Gang zu wechseln, aber ich weigerte mich runterzuschalten. Ich schaltete sogar noch höher und versuchte, mit dem Leben weiter auf dem Highway zu rasen, der eigentlich schon seit ihrem Tod umgeleitet worden war.

Das Bard College hatte mir großzügig angeboten, bezahlten Urlaub zu nehmen, aber ich bestand darauf, wieder in die Seminarräume zurückzukehren. Ich stürzte mich wieder darauf, mein Buch zu redigieren. Und ich spielte Tennismatches, als hinge mein Leben davon ab, spielte in der lokalen Liga, als stünde ich im Wimbledon-Finale. Ich hätte doch einen Schritt zurücktreten und die Dinge etwas einfacher gestalten, einige Monate allein mit Isabel in unserer Wohnung in Tivoli verbringen, ihren Lebensrhythmus verstehen lernen und ihn mir zu eigen machen können. Stattdessen steckte ich meine ganze Energie in meine Karriere, weil ich Angst hatte, dass ich, wenn ich einen Augenblick nachließ, verlieren würde, was von meiner Identität noch übrig war. Die gleiche Benommenheit, die mich daran hinderte, mich ganz mit Isabel zu verbinden, hielt mich auch davon ab, den Verlust Katherines wirklich zur Kenntnis zur nehmen. Und so, koste es, was es wolle, pflügte ich mich weiter durch die Welt der Bücher, Tagungsvorträge und wissenschaftlichen Aufsätze, für die ich Blut schwitzte, obwohl niemand sie las, als ob sie Briefe wären, die ich an mich selbst schrieb, um zu beweisen, dass ich immer noch unter meiner alten Adresse zu erreichen war.

Ich weiß nicht, wie viel davon Rosalind sah, weil ich selbst ihr gegenüber nicht in meiner Wachsamkeit nachließ. Ich war so offen, wie es mir menschenmöglich war, was aber zu der Zeit begrenzt war. Ich log niemals – aber was die Wahrheiten anbelangte, die ich tatsächlich erzählte, war ich wählerisch. Besonders beschämend dabei war, dass Rosalind mir gegenüber, während ich emotionales Schach mit ihr spielte, gänzlich offen war, ihre eigenen Zweifel als Tochter und Mutter, die Erfahrungen, die sie zur Therapeutin hatten werden lassen, freimütig bekundete. Ich konnte spüren, dass mich diese Frau, aus Rhode Island wie ich, in der tiefen, unpersönlichen Weise liebte, wie sie es in ihrer Ausbildung gelernt hatte. Sie hatte in Hospizen gearbeitet, sich um Todkranke gekümmert. Hätte ich die Wände eingerissen und ihr etwas von den hässlichen, ja abscheulichen Dingen erzählt, die in mir schwärten – wie sehr ich es meinen Freunden übel nahm, dass sie so sichere verheiratete Leben führten, während ich nachts allein schlief, wie mein Blut kochte, wenn ich an den Fahrer dachte, der Katherines Auto gerammt hatte, wie sehr es mich beschämte, dass ich so abhängig von meiner Mutter und meinen Schwestern war – hätte sie nicht mit der Wimper gezuckt. Aber sie war weise und gütig genug, mich so anzunehmen, wie ich gerade sein konnte, selbst wenn sie wusste, dass meine Geständnisse nur die halbe Miete waren.

Es war nicht alles heulendes Elend, was es so schwierig machte, den Schmerz wirklich zu begreifen. Eine Menge von meinem täglichen Leben ging so weiter wie zuvor. Ich aß immer noch gerne und trank gelegentlich ein Glas Wein und hatte sogar angefangen, kleine Reisen zu unternehmen, um Freunde zu besuchen. Ich unterrichtete weiterhin Dante, schrieb gelehrte Aufsätze und spielte Tennis. Bald nach dem Unfall traf ich einen College-Kollegen und seine Frau zu einem Abendessen im Madalin, einem Hotel an der Ecke meiner Straße in Tivoli. Ich war gerade mitten in der ersten, heftigsten Phase der Trauer, in der ich bloß durch die gefrorenen Straßen meines Dorfes wandern und zusammengekrümmt hatte schlafen wollen, so wie Isabel es immer tat – aber dann war an jenem Abend plötzlich, unerwartet, die Ente so köstlich gewesen, der Sancerre herrlich. Das sanfte Licht des Speisesaals verbreitete einen warmen Schimmer, umschloss glückliche Pärchen und Gruppen von Freunden an Tischen und an der Bar, alle lachten, tranken, aßen, prosteten einander zu, tranken auf die Feiertage. Die mit Portwein angemachte Sauce auf der schimmernden Entenhaut schmeckte so köstlich, es war, als könnte ich mein früheres Leben schmecken, seine Balance aus süß und sauer. Diese Atempause von meinem Elend setzte edelmütige Gedanken frei: Ich sagte meinen Freunden, dass ich alles tun würde, um Katherines Geist am Leben zu erhalten, obwohl ich keine Ahnung hatte, was das wirklich bedeutete.

»Das ist unglaublich, Joe«, sagten sie dazu, die Augen leuchtend vor Bewunderung, bevor einer von ihnen beschrieb, wie eine Freundin zur Erinnerung an einen verstorbenen Lieben einen Fünf-Kilometer-Lauf veranstaltet hatte.

Der Gedanke war gutgemeint, aber er ernüchterte mich. Das Fünf-Kilometer-Rennen – als ob es gegen das Schicksal selbst ginge – wirkte wie eine sinnlose und unbedeutende Geste im Angesicht der Tragödie und ließ meine eigenen Versprechungen, Katherine zu einer lebendigen Gegenwart zu machen, ebenso naiv erscheinen. Und doch genoss ich weiter meine Ente, die Gesellschaft meiner Freunde, unser Gespräch. Überall um uns herum war die Atmosphäre gesättigt von den Scherzen und Unterhaltungen fröhlicher Menschen, von denen einige erst vor wenigen Tagen bei Katherines Trauergottesdienst haltlos geweint hatten. Die Welt drehte sich weiter, das wusste ich. Ich rechnete nur nicht damit, dass ein Teil von mir eben auch weitermachte und das so schnell nach Katherines Tod – dass ein köstliches Mahl und angenehme Gesellschaft unmittelbar nach dem Unfall so ansprechend sein konnten, genauso wie zuvor. Der Schmerz war erbarmungslos, aber auch unberechenbar und seine turbulenten Wasser waren auch manchmal ruhig und entspannend.

Und ich hatte auch immer noch meine Bedürfnisse. Aber es stand außer Frage, ihnen nachzugeben. Eine Affäre wollte ich nicht, und ich hatte beschlossen, dass ich warten würde. Worauf, das wusste ich nicht so recht, aber mein Gefühl war, dass ich an irgendeinem Punkt nahtlos und vollständig eine neue Beziehung – ein nicht ganz so schrecklicher Ausdruck wie »Faktizität« und »früheres Leben«, aber nah dran – eingehen würde, ohne die peinlichen Zwischenstadien wie Datings, Missverständnisse, Beinahe-Verliebtheiten und völlige Katastrophen. Dieser romantische Wunschtraum war noch so ein Element meines magischen Denkens.

Da gab es jemanden, die ich nicht aus den Gedanken verlor – jemand, die genau die Freunde, mit denen ich jetzt Ente aß, bei einer Party vor einigen Monaten Katherine und mir vorgestellt hatten. Diese Frau hatte selbst eine Tragödie erlitten, ihren Bräutigam verloren und unter extremen Umständen ihr Kind geboren, und nicht lang nach Katherines Tod hatte sie mir eine liebenswerte Beileidskarte geschickt. Ich bewahrte ihren Brief an einem besonderen Ort auf meinem Schreibtisch in Westerly auf und nahm ihn mir von Zeit zu Zeit wieder vor, fast wie zum Gebet. Es war ein Stück salzfreies Brot, das irgendwie auf dem Tisch meiner Exilstadt aufgetaucht war. Dieser Brief fasste mein Problem mit Rosalind, mit meiner Familie und meiner Tochter sehr gut zusammen: Ich wollte einfach keine Veränderung. Ich wollte mein altes Leben zurück. *Mein früheres Leben.* Wenn nicht mit Katherine, dann mit einer anderen Frau, die zurückgeben konnte, was der Tod mir gestohlen hatte. Ich konnte mit Rosalind reden, bis ich blau im Gesicht war, ihr all meine Hoffnungen und Ängste mitteilen, Zweifel und Dramen, aber was mich eigentlich bewegte und mehr alles andere interessierte, war mein persönliches Leben wieder aufzubauen. Natürlich vermisste ich den Duft, die Berührung und die Stimme einer Frau neben mir, manchmal so sehr, dass ich anfing zu zittern. Aber was ich am meisten vermisste, war, von einer Frau geliebt zu werden – der Mittelpunkt der Welt für einen anderen Menschen zu sein, mit all dem Vertrauen, der Unterstützung und Kameradschaft, die damit einhergingen. Ich liebte Katherine weiterhin, aber ich hatte ihre Liebe für mich verloren, eine Liebe, die mein Zuhause gewesen war. Es war alles so unglaublich einfach und gleichzeitig unaussprechlich – »Es tut mir leid, Rosalind, alles, was Sie darüber sagen, dass ich mir selbst vergeben, die Hilfe meiner Familie akzeptieren und stolz auf all die Fortschritte, die ich mit Isabel gemacht habe, sein muss, ergeben einen Sinn, aber was ich wirklich brauche, ist eine *Freundin.* Ich meine, eine Frau. Und wenn wir schon dabei sind, ich brauche auch eine Mutter für meine Tochter ...« Ich konnte diese Dinge nicht sagen, weil sie in diesem frühen und rohen Stadium meiner Trauer so verzweifelt und unrealistisch gewirkt hätten, was sie ja tatsächlich auch waren. Es war besser, wenn ich den Mund hielt und Rosalinds Worte beherzigte, dass es zu früh für alles und jedes war.

Besser, wie Dante Ulysses sagen lässt, dass diese Flammenzunge aufhört zu flackern.

Jede Nacht ging ich voller Angst zu Bett, dass ich von Katherine träumen könnte. In dem Zimmer neben meinem war ein Geräusch zu hören, ein rhythmisches Atmen, so regelmäßig, wie der Zeiger vorrückt. Meine Tochter schlief. Sie war am Leben. Sie hatte es auf die andere Seite geschafft. Mein College-Präsident hatte meinen Plan, wieder nach Rhode Island zu ziehen, bekloppt genannt, aber er hätte auch Dantes Worte über Ulysses' Schiffbruch nehmen können: Es war eine *folle volo*, eine verrückte Reise. Weder die Liebe zu seiner Frau noch die Freude über seinen Sohn konnten Ulysses in Ithaka halten. Aber der Atem meiner Tochter hielt mich festgebunden an das Land der Lebenden. Ich sehnte mich nach der einen Sache, der Dantes Ulysses den Rücken zugekehrt hatte: *Dolcezza per mia foglia*, süße Hingabe an meine Tochter.

Ulysses' Worte trafen mich immer wegen ihrer rhetorischen Wucht und Dramatik: Er ist eine flackernde Flammenzunge, die mit tödlicher Eloquenz zischt. Aber Katherines Tod veränderte mein Verständnis davon. Ulysses kehrte nach einer lebenslangen Wanderung als Erwachsener nach Ithaka zurück, und ich war jetzt in meine Heimatstadt zurückgekehrt, zu dem Ort, an dem ich geboren und aufgewachsen war, nach Jahren eindeutig weniger dramatischer Wanderungen. Dennoch wurde mir, als ich die Laken meiner Kindheit in den Armen hielt, übel vom Geruch wie Ulysses. Manchmal kann man nicht wieder nach Hause gehen. Wie der griechische Held musste ich Dantes bitterste Lektion verarbeiten: Das schlimmste Exil ist das innere, wenn man für immer von dem, was das eigene Leben gewesen war, fortgetrieben wird – *com' altrui piacque,* wie einer es wollte oder das Schicksal es verfügte. Das Geniale von Dantes Ulysses ist, dass er zeigt, dass das intensivste Gefühl der Deplatzierung an den vertrautesten Orten eintreten kann. Ich kehrte nach Westerly zurück, weil ich eine Atempause von meiner Trauer suchte, einen Ort, an dem ich in Frieden und Sicherheit um Katherine trauern konnte. Stattdessen war ich dort so ruhelos und ängstlich wie Ulysses in Ithaka in *Inferno, Canto 26.* Wie Ulysses lernte ich, dass selbst der Ort der eigenen Kindheit so fremd und wenig einladend wirken kann wie Kalypsos Höhle, wenn das Exil erst einmal ein Geisteszustand geworden ist.

In jenen ersten Monaten in Westerly nahm ich Isabel mit an die Küste und schob ihren Kinderwagen am Strand entlang. Die Meereswinde schnappten und bissen, während ich sie in eine Decke einwickelte und sie die gleiche, drei Kilometer lange Strecke entlangführte, die ich gelaufen war, als ich für die Tennismannschaft der Highschool trainiert hatte. Weekapaugs prächtige, strenge Häuser waren im Winter immer am schönsten, wenn keine Leute, kein Verkehr da war, um das Auge von dem harten Kontrast zwischen den grauen Schindeln und dem blauen Ozean abzulenken. Ich sah mich selbst in Isabels pechschwarzen Haaren und vollen Lippen, aber ihre leibliche Mutter konnte ich nur in ihren blauen Augen erblicken. Mit jedem verstreichenden Tag nahmen diese blauen Augen ein bisschen mehr von der braunen Farbe meiner eigenen an, was mich zu der Frage führte, was von Katherine, wenn überhaupt, in Isabel bleiben würde. Wir beendeten unseren Spaziergang an exakt der gleichen Stelle, an der ich

McKellen gelauscht hatte, wie er Odysseus' Reise erzählte. Ich wickelte die Decke fest um Isabel, hob sie aus dem Kinderwagen und blickte in Richtung von Block Island, das man an klaren Tagen ausmachen konnte. Wenn der Wind nicht zu kräftig blies, konnte ich Isabels Atem hören, wie er auf meine Schultern traf, während ich sie festhielt, um sie warm zu halten.

Katherine war auf die andere Seite gegangen, aber sie hatte jemanden dagelassen. Mein Herz raste, während ich über dieses *Vita Nuova* nachdachte – ein Leben ohne Katherine – von dem ich gar nichts wollte. Dann spürte ich Isabels Atem. Es war mehr als Zeit: Es war Leben, Hoffnung.

Vielleicht eine Karte, die aus dem dunklen Wald herausführte.

Wir waren weit von dort entfernt, wo wir hätten sein sollen, und ich hatte nie vorgehabt, die Küstenlinie meiner Kindheit so intensiv mit ihr zu teilen. Aber in jenen wenigen Augenblicken, in denen ich sie hielt, verstand ich, dass die Felsen und Häuser und das Wasser bloß Dinge waren, Orte und Räume auf einer Karte wie beliebige andere. Sie waren nicht mehr mein Zuhause.

Mein Zuhause war der Atem meiner Tochter an meiner Schulter.

Bald nach meiner Rückkehr nach Rhode Island erhielt ich eine Einladung von der Westerly Dante Society, in der ich gebeten wurde, über meine Arbeit über Italien und die italienische Kultur zu sprechen, die beiden Italien der gewaltsamen Einwanderer-Welt meiner Eltern, die aus dem Süden Italiens kamen, und der kulturellen Schätze des italienischen Nordens, denen ich meine wissenschaftliche Karriere gewidmet hatte.

Die Westerly Dante Society wurde 1975 von italienischen

Amerikanern der zweiten Generation gegründet, deren Eltern und Großeltern die alte Heimat und ihre Armut für ein besseres Leben in den Vereinigten Staaten hinter sich gelassen hatten. Männer und Frauen wie meine Nachbarin, Concetta McGuire, geborene DeSantis, und mein Highschool-Vertrauenslehrer, Edward Gradilone, füllten ihre Reihen und trugen ihre Aufgabe weiter: die Reichtümer der italienischen Kultur zu feiern, einschließlich des Genius, nach dem die Gesellschaft ihren Namen trug, Dante Alighieri.

Ich sprach in einer umgebauten Bank im Zentrum von Westerly vor einem Publikum von ungefähr fünfzig Leuten, bei den meisten waren die Eltern oder Großeltern in Italien geboren. Sie waren alle fasziniert zu hören, wie meine kalabrische Herkunft mich dazu inspiriert hatte, Italienisch-Professor zu werden, und wollten mehr darüber erfahren, wie ihre Einwanderer-Welt und Italiens gefeierte Kultur zusammenhingen. Ich zeigte ihnen ein Dia von einem 1967er Chevy Impala, der *macchina*, die mein Vater in seinem kalabrischen Dialekt fälschlicherweise einen *carro* (Karren) genannt hatte, damit es wie das amerikanische *car* klang. Er hatte ihn in dem Jahr gekauft, in dem ich, sein erstes amerikanisches Kind, geboren worden war. Jeder im Publikum hatte seine oder ihre eigene Version des Chevy Impala: dem Emblem des Übergangs einer Familie in die Neue Welt. Fast alle von uns in dieser umgewandelten Bank waren verbunden durch das gemeinsame süditalienische Blut.

»Joey, Ihre Familie muss so stolz auf Sie sein«, sagte die Großmutter meines besten Freundes, eine Matriarchin kalabrischer Herkunft in ihren Achtzigern, zu mir nach meinem Vortrag. »Wenn Sie auf diese Weise über ihren Hintergrund sprechen.«

Da war ich nun, sang von den kalabrischen Wurzeln meiner Familie, während ich in Wirklichkeit vor ihrer kalabrischen Methode der Kindererziehung zurückschreckte.

»Danke schön«, sagte ich und umarmte sie. »Das hoffe ich.«

Das Motto der Westerly Dante Society, eine Hommage an die Einwandererfamilien, die unsere Stadt erbaut hatten, stammt aus dem Canto von Ulysses: »Ihr seid nicht geschaffen, zu leben wie die Tiere, sondern für richtige Tat und Erkenntnis.« Diesen honigsüßen Worten, die Ulysses' Mannschaft dazu inspiriert hatten, ihre Familien zu verlassen und seinem Traum bis in den Tod zu folgen, geht ein Satz voraus:

Considerate la vostra semenza.

Der Satz kann als »erinnert euch an euren Ursprung« übersetzt werden, aber die wörtliche Bedeutung – besonders für einen Vater, der verzweifelt versucht, in dem ganzen Schiffbruch seiner Trauer Kontakt zu seiner Tochter zu bekommen – traf es viel krasser:

Schaut auf euren Ursprung.

3. KAPITEL

LOVE – 40

Es gibt da ein schmutziges Geheimnis, das jeder, der eine
geliebte Person verloren hat, kennt, niemand wagt es jedoch mitzuteilen. Täte man es, würde es verkehrt und unnatürlich klingen, ja sogar abstoßend. Mit einem plötzlichen
Todesfall konfrontiert, gerät man in einen Zustand, der, wenn
er auch schrecklich ist, zugleich die Empfindungen und Gefühle verfeinert und verstärkt. Alles wird intensiver. Man verliert jedes Gefühl für Verhältnismäßigkeit, wie ein Kind, das
ein Gesicht zu zeichnen versucht, sich dabei ganz auf die Nase
konzentriert und alle anderen Züge verzerrt malt.

Aber das ist noch nicht das schmutzige Geheimnis.

Die Sache ist, dass man den Leuten nicht sagen kann, dass
Trauer elektrisierend ist. Das Leben verwandelt sich von der
Alltagsroutine, den kleinen Scharmützeln und größeren Ge-
fechten zum totalen Krieg. Wenn der Tod seine schreckliche
Schwerkraft entfaltet, ist plötzlich alles von Bedeutung. Trauer
mag vielleicht das Schwierigste sein, durch das man jemals
durchmusste, aber ihre Intensität besitzt eine besondere Auf-
ladung, ganz gleich, wie schmerzhaft sie ist. Ich wusste, dass
Katherines Tod und seine Verbindung mit Isabels Geburt das
folgenreichste Ereignis waren, das mir je widerfahren würde,

und dass es mein Leben in zwei Hälften teilen würde, in Vorher und Nachher. Ich verstand auch, dass es mich für immer definieren würde, wie ich mit ihrem Tod umging. Es war alles Teil der Einsamkeit, die mit der Trauer einherging: die Illusion, dass alles irgendwie eine persönliche Herausforderung war. Trauer tendiert dazu, solch eine Manie auszubrüten. Wenn jemand stirbt, den man liebt, wird die Luft um einen herum elektrisch.

Niemand wusste dies besser als der Mann, der Dante beigebracht hatte, wie man Poesie hervorbringt: Guido Cavalcanti. Guido, der 1255 oder 1256 in eine der wohlhabendsten Familien von Florenz hineingeboren worden war, hatte einfach alles. Er war gutaussehend und brillant und der raffinierteste Dichter seiner Generation – er war sogar so raffiniert, dass er das inoffizielle Oberhaupt einer ganzen poetischen Bewegung wurde: des *Dolce Stil Novo*, der die wortreiche Francesca dem schweigenden Paolo in die Arme trieb.

In Guidos Händen wurde der *Dolce Stil Novo* zum chirurgischen Skalpell, das eine einzige Frage untersuchte: Was ist Liebe?

Für Guido war es ein körperliches Phänomen, das die Luft elektrisch auflud, wie wir es in einem seiner gefeiertsten Gedichte lesen können:

Wer ist sie, die da kommt, die uns bezwingt
vor deren Glanz die Luft erzittert, und
die jeden sich verlieben läßt, den
Mund ihm schließt, dem nur ein Seufzer sich entringt?

Guidos Dame beeindruckt wie ein stiller Blitz, ihre Schönheit verwirrt alle, die versuchen, sie in Augenschein zu nehmen. 1293 widmete der achtundzwanzig Jahre alte Dante seine

Vita Nuova Guido und nannte ihn seinen *primo amico,* seinen besten Freund. Guidos Poesie bot dem jungen Dante ein Modell an, wie man sich verliebt und über den weiblichen Körper schreibt. Für mich selbst drückte Guidos Lyrik, nach fast einem Jahr der Trauer über Katherines Tod, die verwirrende Situation aus, in der ich mich selbst befand. Ich liebte Katherine immer noch, aber sie existierte nicht mehr. Ich konnte sie im Geiste weiterlieben – das war in der Tat ein Gefühl, von dem ich glaubte, dass ich es bis ins Grab mitnehmen würde. Aber ihren Körper konnte ich nicht mehr lieben. Die irdische Verbindung, die uns zu einem Paar gemacht hatte, war für immer abgeschnitten. Genau an diesem Punkt befand sich Dante in der *Vita Nuova,* als Beatrice jung und auf tragische Weise starb – nur dass Dante ihren Körper nie hatte lieben können. Ihr Geist war alles, was er je gekannt und begehrt hatte – das und ihren Anblick, einmal, als er neun, und dann wieder, als er achtzehn gewesen war. Guido andererseits liebte seine Frauen wegen ihrer Körper und er wusste sogar besser als Dante, wie körperliche Liebe – sowohl in ihrer Abwesenheit als auch ihrer Anwesenheit – die Luft elektrisch aufladen kann.

Weniger als eine Woche nach Katherines Tod begann ich ein Tagebuch zu schreiben und rubrizierte jede meiner Eintragungen unter einer anderen Überschrift. Einige waren literarisch, auf eine selbstmitleidige Art (*Eine Saison in der Hölle),* andere ebenso anspielungsreich, aber mit einem Selbsthilfe-Aspekt (›*Only connect‹*), manche waren bloß rührselig (*Das Wunderbaby).* Keine animierte zum Schreiben. Es waren eher stumme Schreie als aussagekräftige Äußerungen, Worte, die ich aufschrieb, um zu beweisen, dass ich immer noch funktionierte. Ich hatte die Regeln von Satzbau und Grammatik nicht vergessen, und die Sätze in meinen Aufzeichnungen ergaben alle einen Sinn! Manchmal machte mir meine Detailversessenheit zu schaffen: *Wenn ich Katherine wirklich geliebt hätte*, fragte ich mich, *wäre ich dann nicht absolut arbeitsunfähig?*

Nachdem der Neurochirurg verkündet hatte, dass es ihm nicht gelungen war, Katherine zu retten, kam ich ins Wartezimmer, und augenblicklich wussten meine Lieben dort Bescheid. Ich weinte, sie weinten, aber ich war immer noch an einem Stück. Meine kalabrischen Vorfahren klagten und heulten, wenn jemand starb, den sie geliebt hatten, manche *shalangavano la casa*, »legten das Haus in Trümmer.« Ich warf nichts durch den Raum, ja ich stöhnte nicht einmal laut auf. Warum war ich nicht in der Lage gewesen, meine Empörung zum Ausdruck zu bringen? In Homers *Ilias* wälzt sich der trojanische König Priamos im Staub und reibt sich Kuhdung in den Bart, als er vom Tod seines Sohnes Hektor erfährt. Ich war genauso ausradiert und doch, hier war ich, umarmte meine Familie, schüttelte Hände.

Ein paar Tage später begann ich mein Tagebuch und dachte dabei an eine ostdeutsche Stadt, die ich einmal besucht hatte, vor mehr als zwanzig Jahren und für weniger als zwei Stunden.

1989 zog ich nach meinem College-Abschluss nach Paris und nur ein paar Monate später durfte ich miterleben, wie sich direkt vor meinen Augen europäische Geschichte ereignete. Nach meiner Nachtschicht als Barkeeper in der Nähe der Champs-Élysées, holte ich mir *Le Monde* oder *Libération* und nahm sie mit in einen Park in der Nähe meiner Wohnung. Mitten in der Nacht saß ich unter einer Straßenlaterne und las vom Fall der Berliner Mauer, über Václav Havel, der das Gefängnis verließ und tschechoslowakischer Präsident wurde, über Gorbatschow mit seinem markanten Muttermal, der den

Kalten Krieg bis ins Mark erschütterte. Aber ich wollte das alles nicht nur in der Zeitung lesen.

Also nahmen ein Freund und ich im Mai jenes Jahres einen Zug von Paris nach Prag, wobei wir durch Berlin fuhren. Als wir die tschechische Grenze erreichten, begann der Grenzbeamte, der unsere Pässe kontrollierte, auf sie zu zeigen. Keiner von uns beiden verstand ein Wort Tschechisch, aber wir begriffen, dass irgendetwas nicht stimmte.

»*Vizum, Vizum*«, sagte der Grenzsoldat und bohrte seinen Finger in unsere Pässe. Er war ein bulliger blonder Bär mit einem Babyface und einem Maschinengewehr, und er lächelte nicht.

»*Vizum!*«, sagte er immer wieder, und inzwischen hatten wir begriffen, dass wir vergessen hatten, uns die nötigen Visa zu besorgen. In einer Mischung aus Englisch, Französisch (was ich ganz gut sprach) und Deutsch (ich konnte ein paar Wörter sprechen), versuchte ich zu erklären, dass in der neuen Tschechoslowakei nach dem Fall der Berliner Mauer keine Visa erforderlich wären – das hatte ich jedenfalls angenommen oder so gelesen. Schnell hatte er genug von uns zwei Möchtegern-Bohemiens aus Amerika (ich mit meinem Pferdeschwanz, mein Freund mit seinem Ohrstecker) und gab uns das Zeichen, ihm den langen verrosteten Gang des Eisernen-Vorhang-Zuges entlang zu folgen, wo er sich mit anderen bulligen und säuerlichen blonden Männern in Uniform beriet. Innerhalb von zehn Minuten wurden wir in Ostdeutschland aus dem Zug geleitet, in Dresden, mit der Anweisung den nächsten Zug zurück nach Berlin zu nehmen, damit wir uns unsere Visa besorgen konnten.

Ich hatte in Kurt Vonneguts *Schlachthof 5* über Dresden gelesen: Elbflorenz, eine prächtige Ansammlung von Kirchtürmen, die die Alliierten 1945 nonstop bombardierten. Hunderte von britischen und amerikanischen Fliegern warfen tausende Tonnen von Bomben auf das Stadtzentrum und ließen davon nur noch verkohlte Trümmer übrig. Vergeltung für die Luftangriffe auf London. Mindestens fünfundzwanzigtausend Dresdner starben, meistens Frauen und Kinder.

Mein Freund und ich erreichten Dresden mit einem Hungergefühl, wie ich es so noch nie erfahren hatte, vor allem weil wir nicht wussten, wann wir das nächste Mal etwas zu essen bekommen würden. Wir hatten schon vor Stunden die letzten Krümel unseres Reiseproviants verzehrt und unsere Wasserflaschen leer getrunken. Wir verließen den Bahnhof in der Hoffnung, einen Ort zu finden, an dem man unsere amerikanischen Kreditkarten akzeptierte, aber es war fünf Uhr morgens und außerdem Ostdeutschland. Wir stießen auf eine dicke, finstere Frau, die Äpfel und Würstchen verkaufte. Der Duft war die reinste Tortur. Mein Freund sah mit weit aufgerissenen Augen zu, wie ich schnurstracks auf sie los eilte.

»*Apfel. Würstel*«, sagte ich und zeigte auf die saftige rote Frucht und die Wurst.

Sie spuckte den Preis aus, ohne aufzusehen. Ich öffnete mein Portemonnaie.

»*Keine ostdeutschen Mark*«, sagte ich.

Sie musterte mich. Ich sah offensichtlich nicht wie einer der Obdachlosen, Herumtreiber, Junkies und anderen verlorenen Seelen aus, die auftauchten und um Gratis-Essen baten. Sie registrierte die Angst auf meinem Gesicht. Aber sie rührte sich nicht.

»*Apfel! Würstel!*«, wiederholte ich nachdrücklich und zeigte darauf.

Mein Freund versuchte, mich wegzuziehen. »Lass uns gehen, Mann«, sagte er und zerrte an meiner Jacke.

Ich ließ mich nicht davon abbringen. Ich überlegte kurz,

die Sachen zu stehlen, aber ich zögerte. Vielleicht gab die Frau deswegen schließlich nach. Vielleicht spürte sie, dass ich nicht der Typ Mensch war, der etwas Ungesetzliches tat, dass dies ein Ausnahmemoment echter Verzweiflung war. Mit einem ausdruckslosen Gesicht und ohne Zeichen von Güte oder Verachtung gab sie mir Äpfel und Würstchen.

Nachdem mein Freund und ich sie verschlungen hatten, warf er mir einen Blick zu. Wir waren seit Jahren eng befreundet und er dachte, er würde mich kennen. Aber er hatte mich gerade betteln gesehen. Er schien zu verarbeiten, wovon er gerade Zeuge geworden war und was das über mich aussagte. Er begriff, dass ich alles getan hätte, um jenen Apfel und die Wurst zu bekommen, selbst wenn es dabei unschön geworden wäre. Unter der Oberfläche unseres leichten, privilegierten Lebensstils hatte er etwas Animalisches in mir entdeckt, den nackten Überlebenshunger, und es war ihm unheimlich.

Als ich mein Tagebuch nach Katherines Tod begann, waren meine ersten Worte: *Nenne mich Dresden.*

Zwischen den Einträgen standen eine Reihe von Listen – schlichte To-do-Listen, die dazu dienten, mich zu beschäftigen, wenn ich eigentlich nur in meinem Viertel herumspazieren oder durch die Gänge bei Barnes & Noble laufen wollte. Ich erinnerte mich selbst daran, Dinge wie »waschen und rasieren« zu erledigen und »zur Post zu gehen«, denn wenn ich die Aufgabe erledigt hatte, konnte ich einen fetten Haken dahintersetzen. Von Anfang an behandelte ich den Tod – den plötzlichen Tod – als eine Herausforderung, etwas, von dem ich mir schwor, dass ich es überleben würde. Nicht einmal während jener gesamten Trauerzeit versäumte ich es, morgens aus dem Bett zu steigen und meinen täglichen Pflichten nachzukommen.

Und doch war ich bei der wichtigsten Person und der wichtigsten Aufgabe abwesend. Bei Isabel und meiner Vaterschaft. Ich belog mich selbst darüber, dass ich so viel Zeit mit Isabel verbringen würde, wie meine Arbeit und das Pendeln es eben zuließen. In Wahrheit war ich weniger als zwei Monate nach Katherines Tod wieder in den Seminarraum zurückgeeilt, ebenso wie ich mich wieder auf mein Arbeitsstipendium gestürzt hatte, während ich noch in der tiefsten Trauerphase steckte. Meine Familie konnte nicht verstehen, warum ich Stunden mit meiner Forschungsarbeit zubrachte, wenn ich nicht unterrichtete (also ihrer Meinung nach nicht arbeitete, was im Umkehrschluss hieß, dass ich bei Isabel sein sollte). Sie rechtfertigten das damit, dass ich mich, selbst wenn ich nicht lehrte und schrieb, durch den Gedanken an den nächsten Vortrag, den nächsten Aufsatz, die nächste Verwaltungsaufgabe ablenken konnte. Und wenn ich keine akademische Arbeit machte, war ich auf dem Tennisplatz oder am Strand, lief und schwitzte bis zur völligen Erschöpfung. Ich war immer schon sehr diszipliniert gewesen; die Trauer hatte das bis zur Obsession gesteigert. Ich musste einfach entweder bei der Arbeit sein oder auf dem Tennisplatz, oder wo auch immer, Hauptsache nicht bei meiner Familie, weil sie mich an meine Scham darüber erinnerte, dass ich Isabel an sie abgetreten hatte.

Schlimmer noch, ich fand, dass ich wenig gemein hatte mit den Menschen, die ich am meisten liebte, mit meiner Mutter und meinen Geschwistern. In ihren Häusern gab es keine *New York Times*, nur wenige oder gar keine Bücher, kein Bedürfnis, über die politischen Ereignisse in der Welt zu sprechen – all die Dinge, die ein Teil meines Lebens geworden waren, seit ich mit achtzehn Jahren Rhode Island verlassen hatte. Nach Katherines Tod war ich in eine Zeitmaschine gestiegen, zurück in eine Welt meiner Kindheit, in der jeder – auch wenn sie jetzt älter und dicker waren – immer noch die gleichen

Interessen und Vorlieben hatte, wie zu der Zeit, als ich sie verlassen hatte. Aber *ich* hatte mich verändert, und mein neues Ich hatte keinen Trost in dem gefunden, was ich für mein Allerheiligstes gehalten hatte, das kleine weiße Haus mit den grünen Fensterläden und dem abschüssigen Garten an der Batterson Avenue in Westerly.

Also suchte ich Zuflucht auf dem Tennisplatz und im Seminarraum, wo ich zumindest den äußeren Anschein aufrechterhalten konnte, ein normales Leben zu führen. Ich bin immer der Typ von Mensch gewesen, der den Schein wahrt – wie meine Trauerbegleiterin Rosalind gerade lernen musste. Katherines Unfall hatte mich in meiner Überzeugung bestärkt, dass die Welt ein Ort des Chaos und der Unordnung war, also war ich entschlossen, in meinem Leben zumindest das zu kontrollieren, was ich konnte. Ich überwachte meine täglichen Aufgaben wie ein Börsenmakler sein Portfolio. Ich tat alles, um zu demonstrieren, dass ich immer noch aufrecht stand, dass der Tod mich nicht hatte besiegen können. In meinem Inneren war ich König Priamos, der seine Haut mit Dung beschmierte und sich im Staub wälzte, die explodierte Schale eines menschlichen Wesens, das mit einem gewaltigen Verlust zu kämpfen hatte. Niemand erkannte das. Das Bild der Gesundheit, das ich der Welt entgegenhielt, war zugleich eine Maske und eine Schranke – ein schmiedeeisernes Gehäuse, das nicht einmal jenen, die mich am meisten liebten, ein Blick ins Innere auf dieses Chaos schierer Trauer gestattete.

Ich hatte die Frau, die ich liebte, verloren. Jetzt war ich, wie Paolo und Francesca, dazu verdammt, eine Frau ohne einen Körper zu lieben. Denn in Wahrheit beruhte unsere Beziehung in ganz hohem Maße eben darauf: ihrem Körper, unseren Körpern. Wir redeten über kulturelle Themen, wir besuchten gemeinsam Museen. Aber was mich zu ihr hingezogen hatte, waren nicht ihre Ansichten über impressionistische Gemälde oder existenzialistische Philosophie. Mit ihr hatte ich das Gefühl, die Person sein zu können, als die ich aufgewachsen war, ein Luzzi mit weichem z. Katherine und ich hatten die gleichen Werte, und sie bewegte sich anmutig durchs Leben, ohne die Unsicherheit und Selbstverleugnung, die mich mein ganzes Leben vorangetrieben hatten. Ich lebte, lehrte und arbeitete in einer Welt der Ideen; Katherine erdete mich. Unsere Liebe war sehr irdisch.

Mit der grausamen Ironie des Todes begann ich, während ich mich nach ihrem verlorenen schönen Körper verzehrte, mich zwanghaft mit meinem eigenen Körper zu beschäftigen. So etwas kann passieren, wenn man in die Unterwelt stürzt. Umgeben von so vielen körperlosen Erinnerungen und schwerelosen Seelen sehnt man sich verzweifelt nach *cose salde*, etwas Stabilem.

Während sich die Wochen nach ihrem Tod zu Monaten dehnten, machte ich weiterhin lange Spaziergänge, lange Läufe, alles Erdenkliche, um mich von den Mails, auf die ich antworten musste, zu befreien, von den Anrufen, die ich erwidern musste. Ich dokumentierte alles in meinem Dresden-Tagebuch, besonders die körperlichen Aufgaben, die ich erledigt und mit einem Haken dahinter gewürdigt hatte. Ich wusste, dass ich körperlich fit sein musste, um Katherines Tod zu überleben, und ich hatte Trainieren und Sport immer genossen. Eine Sportart mehr als alle anderen – meine erste und älteste Liebe.

Meine Heimatstadt Westerly liegt nur eine kurze Fahrstrecke von dem Herzstück Rhode Islands, von Newport, entfernt. Ich war als Kind viele Male dort gewesen, bei Schulausflügen zu den Villen an der Bellevue Avenue, wo ich voller Bewunderung die Marmorfassade von Rosecliff betrachtete und die ausgedehnten Rasenflächen von The Breakers. In meinen College-Jahren wurde Newport zu einem Synonym für Hedonismus und Bacchanale – mein bester Freund studierte an der Salve Regina, wo daher viele hirnzellenvernichtende Touren stattfanden. Aber nie, weder als Kind noch als Erwachsener, hatte ich einen Fuß auf den Rasen des eindrucksvollsten Denkmals der Stadt gesetzt, der Tennis Hall of Fame, einem Gebäude, das ich von weitem verehrt hatte, seit ich ein Junge gewesen war. Der Ort, an dem die Hall liegt, das Newport Casino, war ursprünglich 1880 als Ferienanlage für Wohlhabende erbaut worden. Als Newports Status als der Country Club Amerikas nach der Großen Depression dahinschwand, kamen harte Zeiten auf das Casino zu, es wurde beinahe zerstört und verwandelte sich schließlich in eine Shopping Mall inmitten unzähliger anderer Einkaufsmöglichkeiten. Aber wenn man sich die Hall und die umgebenden Straßen genau anschaut, kann man das alte Newport immer noch erkennen. Die frisch gestrichenen Stadthäuser im Kolonialstil an der Spring Street erinnern an die Kolonialarchitektur der Stadt aus dem achtzehnten Jahrhundert, und die Fahrt an der kurvenreichen Ocean Avenue entlang scheint wie gemacht für die eleganten Karossen und schimmernden Chromautomobile aus Amerikas Goldenem Zeitalter und den Roaring Twenties.

Newport und seine Hall repräsentierten ein vornehmes New England, das für mich, einen italo-amerikanischen Jungen aus einer Einwandererfamilie, unerreichbar war. Hier lag der Tempel der Sportart, die ich liebte, jedoch war sie lange der weißen Mittel- und Oberschicht vorbehalten, deren Flanellhemden nur von der öligen Tomatensauce meiner Familie rot verfärbt werden würde.

Tennis trat nur durch einen Zufall in mein Leben. An der

Southern Methodist University wohnte mein älterer Bruder Angelo mit einem Junior zusammen, Woody Blocher, der auf der nationalen Rangliste geführt wurde und der Sohn eines der Geschäftsführer von DuPont war und später Trainer von Tim Wilkinson wurde, der ins Viertelfinale der US Open kam. Angelo, der sehr viel sportliches Talent besaß und schnell lernte, schaute sich Tennis von Blocher und seinem goldenen Zirkel ab. Eines Tages, als ich zehn war, nahm er mich mit zu den Asphaltplätzen der Tower Street School in Westerly. Er spielte mit einem Wilson T-2000, einem barbarischen Trampolin aus rostfreiem Stahlrohrgestell und Saiten, mit dem selbst Jimmy Connors spielte, der dies irgendwie mit übernatürlicher Präzision tat. Mein Bruder schlug mich 6-0, nachdem er eine beschämende Anzahl von Assen abgefeuert hatte. Ich wollte unbedingt eine Revanche; aber ich verspürte auch etwas anderes in meinem Inneren, das sichere Gefühl, dass dieses Spiel immer ein Teil von mir sein würde.

Ich begann rund um die Uhr zu spielen, das ganze Jahr über. Selbst wenn es schneite, schippten mein bester Freund und ich den abschüssigen Tower Street Platz frei, wo mein Bruder mich zu null geschlagen hatte, und spielten neben Schneehügeln und -wehen, die so groß waren wie wir. Ich musste all die Freuden und Leiden des Tennisautodidakten durchleiden: Ich habe nie gelernt, einen Volley zu schlagen und konnte ums Verrecken keinen Ball in das Mittelfeld schlagen. Aber ich hatte ein anständiges Ballgefühl und den eisernen Willen zu gewinnen. Gäbe es eine ausgleichende Gerechtigkeit, hätte ich zum Junior-Abschlussball meinen Donnay Borg Pro mitbringen müssen an Stelle der grünäugigen Anne Steele.

Teure Tennisstunden kamen für meine Familie nicht in Frage. In meiner ganzen Kindheit hatte ich nur eine einzige Tennisstunde, bei einem Profi mit kantigem Kinn, dessen flache Vorhandbälle so hart auf mich zuschossen, dass ich dachte, sie würden mir das Handgelenk brechen. Ich konnte auch nicht drinnen in unserem örtlichen Ocean Vista Racquet Club spielen, in diesem stillen Teil der Stadt an der Küste mit seinen wettergegerbten Schindeln. Für die Luzzis mit ihren Kunststoffpaneelen war Ocean Vista genauso außer Reichweite wie das Newport Casino.

Viele tennisbegeisterte Jugendliche meiner Generation hatten Björn Borg zum Idol. So auch ich. Ich imitierte ihn von seinem Donnay-Schläger über seine bunten Stirnbänder bis hin zu der Angewohnheit, sich in die Hände zu pusten, um den Schweiß zu trocknen. »Er verdient *fünf Millionen* im Jahr«, sagte ich zu meiner Mutter, wenn ich fasziniert einem dieser epischen Matches zwischen Björn Borg und John McEnroe zuschaute, einem Spieler, den ich für alles verachtete, was er repräsentierte: einen tropfenden Slice als Return auf einen bogenförmigen Topspin Borgs zu schlagen, McEnroes unübersehbare Selbstquälerei im Kontrast zu der stoischen Heiterkeit des Schweden, einen linkshändig ausholenden Aufschlag im Kontrast zu dem klassischen rechtshändigen Aufschlag Borgs mit ausgestrecktem, erhobenem Arm.

Meine frühe Liebesaffäre mit Tennis erreichte ihren vorläufigen Höhepunkt am 4. Juli 1980, als ich als zwölfjähriger Junge zusah, wie Borg und McEnroe das Wimbledon-Finale spielten. Man findet Ausschnitte vom Spiel leicht online und, verglichen mit den bösartig geschlagenen Ballwechseln und den Space-Age-Schlägern von heute, wirken die weißen Bälle, die mit kleinen holzgerahmten Schlägern gespielt werden, wie in Zeitlupe aufgenommen. Ausgedehnte Ballwechsel waren selten, und viele der Punkte endeten mit Fehlern, besonders bei McEnroes lässigen Rückhand-Returns und Borgs unorthodoxen Vorhand-Volleys. Aber sich auf diese Fehler zu konzentrieren, ist wie vor einem Velázquez zu stehen und bloß die Ablagerungen zu registrieren, die die einst leuchtenden Farben verdunkeln. Denn in einem atemberaubenden vierunddreißig Minuten langen Tiebreak im vierten Satz hoben Borg und McEnroe das Spiel auf eine neue Ebene.

Nach den routinierten ersten Sätzen eskalierte das Spiel plötzlich im Tiebreak, und beide Spieler lieferten einen Treffer nach dem anderen ab, während das Match und die Tennisgeschichte auf Messers Schneide standen – Borg strebte seinen fünften Titel in Folge an. Die Atmosphäre auf dem Centre Court (dem Hauptplatz bei der Wimbledon Championship), die immer so vertraut war, wurde jetzt von einer Spannung abgelöst, die zum Zerreißen gespannt war und sich vom Spielfeld bis ins Publikum fortsetzte. Wieder und wieder musste der Schiedsrichter das Publikum zur Ordnung rufen (»Ruhe bitte!«), während sich die Spieler auf den nächsten Aufschlag konzentrierten oder versuchten, sich von einem eng umkämpften Ballwechsel zu erholen. Bei 15-15 trieb Borg McEnroe mit Hilfe eines angeschnittenen Rückhand-Volleys weit an den Spielfeldrand. In vollem Sprint hob McEnroe seinen Schlägerkopf bei seinem Vorhand-Return und schlug den Ball an der Seitenlinie entlang, mit genau dem richtigen Topspin und an dem ungläubigen Borg vorbei. Die subtile Bewegung aus dem Handgelenk und das unendlich feine Timing demonstrierten die geniale Essenz von McEnroes Spiel. Er überstand im Tiebreak fünf Matchpunkte, Borg sechs Satzpunkte. Schließlich endete das, was sich zu einem dröhnenden athletischen Gewaltakt entwickelt hatte, in einem Wimmern: bei einem Stand von 16-17 folgte Borg seinem Aufschlag und versenkte – jeder, der spielt, wird wissen, dass es keinen besseren Ausdruck dafür gibt – einen Vorhand-Volley im Netz, da der Ball viel zu weit vom Sweet Spot entfernt lediglich von den Saiten ab-

tropfte. Irgendwie hatte McEnroe all diese Matchpunkte ab-
gewehrt und es geschafft, sich in den fünften Satz hinein-
zukämpfen. Irgendwie, und das ist das Ungewöhnlichste an
diesem ungewöhnlichen Match, fand Borg wieder zu seiner
Haltung und Entschlossenheit zurück und spielte einen makellosen fünften Satz, den er bei 8-6 mit einem Rückhand-Pas-
sierschlag gewann, den er an seinem sich danach reckenden
Opponenten vorbeischlug. »Das war's!«, schrie der normalerweise reservierte BBC-Reporter Dan Maskell, als Borg auf die
Knie fiel. »Er hat es getan!« Spiel, Satz, Sieg.

Nachdem Katherine gestorben war, fühlte sich jeder Augenblick in meinem Leben wie ein Tiebreak an – was man ja auch
»sudden death« nennt.

Wenige Augenblicke nach seiner grandiosen Rückhand
wurde Borg von der Fernsehkamera in einer unangenehmen
Nahaufnahme festgehalten. Er wirkte fassungslos. McEnroe
und er hatten nicht bloß unvergessliches Tennis gespielt; sie
hatten die Luft elektrisiert. Weniger als zwei Jahre später, im
Alter von sechsundzwanzig Jahren, verließ er die Tennisbühne
für immer.

Am Beginn ihres Wimbledon-Finales waren Borg und
McEnroe durch eine Tür getreten, über der diese beiden Zeilen als Inschrift standen:

Wenn dich Triumph und Sturz nicht mehr gefährden,
Weil beide du als Schwindler kennst, als Schein

Ich schrieb diese Zeilen aus Kiplings Gedicht »If« (»Wenn«)
einige Tage nach Katherines Tod in mein Dresden-Tagebuch.
Wenn ich einfach weitermachen könnte, sagte ich mir selbst,
»den Aufschlag halten«, wie man im Tennis sagt, also die eige-

nen Aufschlagspiele gewinnen könnte – dann würden sich die Dinge vielleicht wenden. Es gibt ein Dilemma, dem sich jeder Tennisspieler ausgesetzt sieht, wenn er 0-40 zurückliegt, also wenn der Gegner einem die ersten drei Punkte bei eigenem Aufschlag abgenommen hat und nur noch einen braucht, um das Spiel zu gewinnen: Gibst du bei einem Spiel, das du wahrscheinlich sowieso verlierst, deinen Widerstand auf und hebst dir deine Energie lieber für das nächste auf? Andre Agassi ging einmal beim 0-40 so weit, den Aufschlagball seines Gegners zu fangen und vom Platz zu rennen. Er wurde heftig ausgebuht, und es ist ihm nie mehr gestattet worden, seine Possen zu vergessen. Aber war er wirklich solch ein Narr? Schließlich gewann er das Match dann doch noch.

Aber würde mir irgendjemand Vorwürfe machen, wenn ich es an diesem schrecklichen Punkt in meinem Leben aufgab, weiterzukämpfen und mich der Trauer ergab?

Wieder in Westerly und zurück bei meiner Obsession mit Tennis, begann ich, pausenlos über Borgs und McEnroes episches Match nachzudenken. Teilweise kam ich auch deshalb darauf zurück, weil ich in mein Elternhaus zurückgekehrt war und damit in eine meiner lebhaftesten Erinnerungen: wie ich am 04. Juli 1980 auf dem roten Flauschteppich in unserem Wohnzimmer im ersten Stock sitze und am Fernseher klebe, während Borg und McEnroe es auf dem Centre Court ausfechten. Als ich nach Westerly zurückkehrte, kehrte ich zu diesem Match und dem magischen Zauber zurück, den es immer auf mich ausgeübt hatte – einem Zauber, von dem ich jetzt glaubte, dass er mir helfen würde, meine Trauer zu bekämpfen, ein mächtiger Gegner, den ich als Feind sah und der mich übers Netz hinweg anstarrte. Trauer war ein elektrischer Zustand – und der elektrischste Zustand, den ich bis dahin gekannt hatte, war jener zwanzigminütige Tiebreak in Wimbledon, als die Bälle durch die anscheinend statisch aufgeladene Luft flogen. *Wenn dich Triumph und Sturz nicht mehr gefährden, weil beide du als Schwindler kennst, als Schein,* lauteten Kiplings Verse. In der makellosen Architektur dieses lange vergangenen Matches auf dem Centre Court entdeckte ich ein Inbild des mächtigen Kampfes gegen den »sudden death«, den plötzlichen Tod, der mein eigenes Leben befallen hatte.

Sechstausendfünfhundert Kilometer von der Inschrift mit Kiplings Zeilen am Centre Court entfernt, erinnert eine Plakette in der Umkleidekabine des Ocean Vista Racquet Club an Borgs und McEnroes historisches Wimbledon-Match. »Borg gewinnt stürmisches Finale« steht in fetten Lettern über einem Foto von ihm auf den Knien, der seinen schwarzorangen Donnay-Schläger mit dem langen Ledergriff erhoben hält, neben einem Bild von McEnroe, hingestreckt nach einem Ballwechsel ihres Tiebreaks.

Unter der Überschrift, die Borgs Sieg verkündet, befindet sich eine Mitteilung in viel kleinerer Schriftgröße in der Sparte des Blattes für Nischensport. Die kleine Überschrift besagt: »Newman, Villeneuve gewinnen Lime-Rock-Rennen; Anfänger kommt ums Leben.« Während ich aufwuchs, war ich unzählige Male auf meinem Weg zu den Plätzen an jenem gerahmten Ausschnitt vorbeigegangen, ohne einen Gedanken daran zu verschwenden. Aber jetzt wurde der Tod des Anfänger-Rennfahrers untrennbar von der Wimbledon-Schlagzeile, die darüber prangte. Der Tod durch ein Auto von jemanden, der wie dieser Fahrer der Welt unbekannt bleiben würde, war der von nun an mein Leben definierende Moment geworden.

Ein Jahr nach Katherines Tod und zu einem Zeitpunkt, als mein Rhode-Island-Exil zu einer neuen Lebensform geworden war, war der Ocean Vista Racquet Club zu meinem Zufluchtsort geworden. Kurz nachdem ich nach Westerly zurückgekehrt war, begann ich wieder, dort zu spielen. So konnte ich meine *Vita Nuova* in Rhode Island mit den lebenslangen Passionen sowohl meiner Kindheit als auch meines Erwachsenendaseins verbinden. Bei meinem ersten Besuch buchte ich eine halbstündige Trainingseinheit; der Trainer tauchte mit zehnminütiger Verspätung auf. Er tapste auf dem Platz herum und verteilte Vorhandbälle mit einem Continentalschläger von 1930. Nach zwanzig freudlosen Minuten ging er zu seinem nächsten Termin. Eine Woche später erhielt ich eine Rechnung über eine volle Unterrichtseinheit, ohne Rabatt wegen der Verspätung des Trainers. Ich hatte von dem Club mehr als eine Rechnung erwartet, besonders da ich ein potenzielles Mitglied war. Aber ihre Botschaft war klar: Wir sind hier, wenn du mit uns ein Geschäft machen willst, aber wir wollen doch nicht so tun, als wäre es mehr als das.

Das war mein Leben in Westerly kurz zusammengefasst. Die Person, die ich woanders geworden war, ließ sich nicht mehr mit den lokalen Gegebenheiten übereinbringen. In dieser Gemeinschaft aus eng verbundenen Familien und Freundschaften, die seit der Grundschule bestanden, musste man Referenzen an der Tür vorweisen und ein Team-Player sein. Ich wollte das aber nicht. In meinem wahnsinnigen Ehrgeiz nach Auszeichnungen glaubte ich, tief in meinem Inneren, dass ich besser war als all diese Lokalmatadoren, die in ihrem metaphysischen Dorf zurückgeblieben waren, während ich in die Welt hinausgegangen war und den Elfenbeinturm erklommen hatte. Es war ein hässliches, eitles, fehlgeleitetes Gefühl, das mir, wenn es mir bewusst wurde, peinlich war; aber unbewusst befeuerte es jeden meiner Schritte. In Westerly sah ich bloß meine Familie, traf niemanden außerhalb des Tennisplatzes. Meine Cousins und Cousinen, meine Doppel-Partner – sie hätten sich alle um mich gekümmert, wenn ich es ihnen nur gestattet hätte. Aber ich war mir meines Doktortitels, meiner wissenschaftlichen Bibliographie, meiner berühmten Freunde zu bewusst, um mich einfach zu entspannen und ein Luzzi aus Westerly zu sein. Ich rannte immer noch vor der Scham davon, die ich empfunden hatte, wenn ich in der Highschool meine Lunchbox geöffnet und das Gelächter der anderen gehört hatte, wenn mir das Öl von meinem Pepperoni-und-Ei-Sandwich, dessen kräftiger Geruch einen scharfen Kontrast zu ihren antiseptischen und, wie ich dachte, typisch amerikanischen Erdnussbutter-und-Marmelade-Sandwiches bildete, auf meinen Ärmel tropfte.

In jenem ersten Sommer in Rhode Island stand ich eines Tages in der Abenddämmerung in der warmen Sonne der Ocean-Vista-Tennisplätze und spürte die feuchte Luft auf meiner Haut. Mehrere Monate waren seit der Beerdigung vergangen, und ich stand immer noch aufrecht. Aber damit mir das gelang, war ich in meine Highschool-Zeit zurückgefallen, als das Leben nur eine Serie langer Trainingsläufe am Strand gewesen war, um mich auf meine Tennismatches vorzubereiten. Die einzige Ordnung, die ich jetzt im Leben fand, befand sich in den Grenzen der grünen Lehmplätze von Ocean Vista, einem Ort perfekter Symmetrie, wo man der Spur des Balles nachgehen konnte, um zu sehen, ob ein scharf angeschnittener Ball noch drinnen oder schon draußen war. Die Situation war grotesk für jemanden wie mich, der seinen Weg aus Dresden ohne Visum oder deutsche Mark gefunden hatte. Aber um es noch mal zu sagen, ich war einfach nicht bei mir. Die Luft war elektrisch aufgeladen, und selbst ich, ein Hyper-Kontrollfreak, konnte den Strom nicht umleiten.

Inzwischen schaute ich mir den Borg-McEnroe-Tiebreak immer und immer wieder an. Während Isabel in dem Zimmer neben mir entweder bei meiner Mutter oder sehr selten in ihrem Zimmer in meiner Mietwohnung in Westerly schlief, ließ ich das körnige Video laufen und stellte es auf Pause, um den Ausdruck der Sportler zu erhaschen, während ich gewöhnlich auf demselben roten Flauschteppich im Wohnzimmer saß, wo ich das Spiel live als Zwölfjähriger im Fernsehen verfolgt hatte. Die beiden Spieler waren in einen Kampf verstrickt, genau wie ich, und ich sehnte mich danach, mir McEnroes Intuition und Kreativität und Borgs Ruhe und Stärke anzueignen. Ihre gegensätzlichen Spielweisen zeigten mir zwei unterschiedliche Formen der Trauer, die eine voller dionysischer Wut, die andere eine coole apollinische Maske.

Oft hielt ich die DVD bei dem Stand von 5-6 im Tiebreak an, McEnroe hatte zwei Matchpunkte gegen sich und würde gleich zum zweiten Aufschlag ausholen. Jeder, der Tennis spielt, versteht die besondere Herausforderung des zweiten Aufschlags: es ist eine undankbare Aufgabe. Der zweite Aufschlag ist selten ein Ass und dient primär dazu, den Aufschlagenden im Spiel zu halten. Er fällt normalerweise nur auf, wenn man ihn verbockt und einen Doppelfehler macht, ein Punkt für den Gegner also. Es gibt ein Sprichwort: »Man ist nur so gut wie der zweite Aufschlag«, und wenn der Druck zu groß wird, geraten selbst die Asse ins Stolpern: bei 5-2 im Tiebreak des dritten Satzes seines grandiosen Wimbledon-Finales von 2008 gegen Roger Federer war Rafael Nadal nur zwei Punkte vom Sieg entfernt, als er einen Doppelfehler machte und Federer mit einem zweiten Aufschlag wieder zurück ins Spiel kommen ließ, der so schwach war (133 km/h) dass man im Flug beinahe den Markennamen auf dem Ball lesen konnte. Die Franzosen nennen das »avoir le petit bras«, den geschrumpften Arm haben; auf Englisch sagen wir »abgewürgt«.

Bei 5-6 im Tiebreak lehnte sich McEnroe zurück, stieß vor und kam mit seinem zweiten Aufschlag. Er landete im Feld und zwang Borg weit genug an die Seite, so dass McEnroe angreifen und Borgs Return erfolgreich mit einem Volley beantworten konnte. Der Matchpunkt war gerettet.

Neben dem Seminarraum und der Bibliothek war der Tennisplatz noch ein abgeschiedener Ort, an dem ich meiner Familie entkommen und mich von der Last ihrer Erwartungen, wie ich Isabel zu erziehen hätte, befreien konnte. »Hast du sie je mehr als *vier Stunden am Stück* alleine gehabt, ohne unsere Hilfe?«, fragte mich einmal eine meiner Schwestern. Isabel selbst kam nie mit mir auf den Tennisplatz, einer von mehreren Orten, wo ich um den Verlust von Katherine trauern konnte, manchmal ganz offen und manchmal indirekt. Mein Hunger nach Einsamkeit war unersättlich: Die Wohnung auf der anderen Seite Westerlys, entfernt vom Haus meiner Mutter, das Loft in Tivoli, das ich nun allein bewohnte, meine Seite des Netzes auf dem Har-Tru-Platz von Ocean Vista – das alles waren Stationen auf dem Kreuzweg meiner Trauer, wo ich arbeiten oder schwitzen oder darum kämpfen konnte, mich von der wilden psychischen Energie zu befreien, die mich sonst vielleicht verschlingen würde.

Monate nach Katherines Tod schloss ich meinen Frieden mit dem schwierigsten Aspekt ihres Verlustes. Das war nicht der anfängliche Schock und der anschließende Schmerz. Es war die neue düstere Realität, die damit einherging. Die Mühe, sich an ein neues Leben gewöhnen zu müssen, eine *Vita Nuova*, von der ich gar nichts wissen wollte, als ich mich an meinen neuen Rhode-Island-Alltag gewöhnte.

Jeden Donnerstag fuhr ich von Bard nach Westerly, nachdem meine wöchentliche Arbeit getan war, und bog ungefähr um die Zeit in die Auffahrt des Hauses meiner Mutter, wenn es Zeit zum Abendessen war und sie meiner Tochter Lipton-Suppe oder Velveeta-Makkaroni mit Käse in den Mund löffelte, die ihn vertrauensvoll wie ein Rotkehlchen-Küken öffnete, das gerade einen Wurm von seiner Rotkehlchen-Mama in Empfang nimmt. Isabels braune Augen – sie hatten, als Isabel größer wurde, tatsächlich ihre Farbe verändert – leuchteten auf, als sie mich sah, den Mann, der neben ihrer *Nonna* der andere Anker ihres Lebens war und immer für ein paar Tage verschwand, aber auch jedes Mal wiederkam. Nachdem ich mit ihr auf dem roten Flauschteppich im Wohnzimmer gespielt hatte, indem ich mal einen Ball zwischen uns hin- und herrollte, ihr mal aus einem der vielen italienischen Bilderbücher, die ich ihr gekauft hatte, vorlas, brachte meine Mutter Isabel zu Bett. Ich fuhr dann noch für ein paar Stunden in meine Wohnung, um zu schreiben oder zu lesen, bevor ich zu meiner Mutter zurückkehrte, um in meinem Zimmer gegenüber dem meiner Tochter schlafen zu gehen.

Am nächsten Morgen, einem Freitag, gingen wir dann ins Aquarium. Wir starteten immer bei den tropischen Fischen und arbeiteten uns bis zum Haibecken vor. Isabel schob ihr Gesicht bis auf wenige Zentimeter an seine rasiermesserscharfen Zähne heran, während der Hai apathisch um die Robben und Schildkröten herumschwamm. Wie die kleinen Fische, die vor den Haien geschützt waren, waren wir in einer Luzzi-Blase aus lauter Matronen verstaut, gut abgepuffert gegen das wilde Meer und seine furchterregenden Kreaturen. Isabel war dem Leib ihrer Mutter gewaltsam entrissen worden, und nun waren wir wieder in Yolanda Luzzis abgeschiedener Welt gelandet, deren undurchdringliche Schranken mir erlaubten zu funktionieren, während die Trauer mich von innen auffraß.

Ich starrte auf unser Spiegelbild im Glas des Fischbeckens und sah einen Vater und seine Tochter, die zurückstarrten – das Bild, nach dem ich mich so verzweifelt sehnte, das ich aber anscheinend nicht dauerhaft umsetzen konnte. Um die

Mittagszeit, nachdem wir die vertrauten Korridore mit ihren Becken besichtigt hatten, fuhr ich mit Isabel zurück zu meiner Mutter und setzte sie dort ab, fuhr dann weiter durch die Stadt, um mein Manuskript zu korrigieren, schloss mich für ein paar Stunden in meinem einsamen Zimmer ein und brütete schweigend über Büchern und Artikeln – nirgends kam ich einem echten Gebet so nah wie hier.

Diese Besuche im Aquarium als eine Art heiliges Ritual, das mir die Hoffnung gab, einmal ein echtes Vater-Tochter-Team bilden zu können, dehnten sich von Isabels Babyphase bis in ihre Kleinkindzeit. Sie waren auch ein brutales Register meiner Jahre im Exil. Anfangs schob ich Isabel in ihrem Kinderwagen die dunklen Korridore entlang an den Aquarien vorbei. Aber in den späteren Jahren unserer Zeit in Rhode Island – als Isabel alt genug war, um mit mir die Tribünen des Auditoriums hochzuklettern – nahm ich sie oft mit zur Delphin-Show. Sie zappelte herum, weil sie noch zu klein war, um den graziösen Sprüngen der prächtigen stromlinienförmigen Waltiere zu folgen, und viel glücklicher bei dem gemütlichen Kugelfisch, dessen Flossen sie mit ihrem Finger an der Glaswand des Beckens entlang folgte. Während die Delphine durch die Luft schwebten, starrte ich sie an und fragte mich, warum ich nicht alles stehen und liegen gelassen, sie in die Arme genommen und zurück nach Bard gezogen war, um nur für uns beide ein gemeinsames, ruhiges Leben aufzubauen. Das ist das Problem mit der Trauer: Man ist krank, aber man hat kein Fieber oder entzündeten Rachen, und auch die Glieder arbeiten wie gewünscht. Niemand kann den Schutt und die Trümmer im Innern sehen, dein inneres Dresden.

In jenen paar Stunden jeden Freitagmorgen sahen Isabel und ich wie Vater und Tochter aus. Dann war die Delphin-Show vorüber, und es war Zeit für unseren Lunch und das übliche Gerangel darum, dass es keine Pommes gab und nur *einen* Keks.

Meine Tochter hatte von Anfang an ein geradezu glühendes und streitbares Rechtsgefühl. Alles, von der Zuteilung des Nachtischs bis zur Passform ihres Autositzes, konnte zu einem leidenschaftlichen Plädoyer führen, das die kleinste Unstimmigkeit in meinem väterlichen Verhalten sofort aufdeckte. Sie verschlang ein Chicken McNugget, lehnte aber kurzerhand ein hausgemachtes Hähnchen mit viel zarterem und besserem Fleisch ab, indem sie auf ein verheerendes Fleckchen schwarzen Pfeffer zeigte, das mir aus Versehen in die Semmelbröselkruste geraten war. Und sie schüttelte Decken aus bester Wolle ab, wenn sie nicht mit dem Motiv gemustert waren, das in dem besonderen Augenblick gerade ihr Interesse erregte – ein Interesse, das sie flugs als völlig abgestanden ablehnen würde, wenn sie zum nächsten Objekt ihres Enthusiasmus übergegangen war, wenn Zhu Zhu Pets Thomas, der kleinen Lokomotive weichen musste, die dann wiederum zugunsten der Genies der Star-Wars-Vermarktung abdanken musste. Meine Tochter, das entdeckte ich jetzt, war kein bisschen anders als der liebe alte Papa in ihrer Anhänglichkeit an unerschütterliche Gewohnheiten und Routine, und ich konnte spüren, dass sie genauso von diesen freitäglichen Besuchen bei den Delphinen abhängig war wie ich. Sie lernte genauso viel über mich, wie ich über sie, während sie herausfand, wie weit sie für diesen Keks oder jene Cola gehen konnte, bevor sie aufgab, und wie nahe ich bei ihr stand, ihre Hand in meiner, wenn der Hai drohend um die Ecke kam und mit ausdruckslosen Augen finster auf sie zuschwamm. Hier waren wir also, endlich allein, was selten genug geschah, bei einem unserer flüchtigen Versuche, Gemeinsamkeit herzustellen, die wir jeden Freitag anstrebten und schnell wieder beendeten und einpackten, als wäre Elternschaft so etwas wie ein zusammenklappbarer Kinderwagen.

Wenn wir vom Aquarium zurück nach Westerly fuhren, guckte ich in den Rückspiegel, bewunderte Isabels lockigen schwarzen Haarschopf und dachte an die tausend Dinge, die ich ihr über ihre Mutter erzählen wollte. Ich wollte die Art beschreiben, wie Katherine Salz auf ihr Essen streute und das ungesalzene Brot von Florenz zu etwas Fremdem in ihrem Mund machte. Ich dachte daran, ihr zu erzählen, dass Katherines geschmeidiger Körper perfekte Proportionen besaß, aber seltsamerweise nicht fürs Laufen gemacht war, als wäre ihr Schritt zu leicht für das Stampfen der Glieder, das zum Sprinten und Joggen nötig war. Ich hätte gern mit Isabel darüber gescherzt, dass ihre Mutter, nachdem sie schon jahrelang Zeit mit mir in Italien verbracht und versucht hatte die Sprache zu lernen, immer noch Paradiso als *Para-dee-zee-oh* aussprach, ein Teil ihrer kuriosen linguistischen Angewohnheit zusätzliche Vokale anzufügen, als wolle sie sie noch italienischer klingen lassen, als sie ohnehin schon klangen. Während die Meeresarme an unserem Fenster vorbeizogen, wünschte ich vor allem Isabel zu sagen, wie leid es mir tat, dass diese, die Seele formenden Prägungen von Katherine zu einer gestaltlosen, grauen Elegie verblassten, während ich immer tiefer in der Unterwelt aus Geistern und Erinnerungen versank. Und dann erwiderte Isabel ganz unerwartet meinen Blick im Spiegel, und ihre haselnussbraunen Augen waren aufmerksam und offen für die Welt. Nichts Engelhaftes oder Ätherisches lag im Blick meiner Tochter, nichts als das gelegentliche Aufblitzen von Katherines Ausdruck, was eine körperliche Verbindung zu der Frau schuf, die nicht länger neben mir saß.

Und doch war ich immer noch verliebt in diese Frau, die nicht mehr an meiner Seite war. Katherines Geist schien lebendiger und gegenwärtiger als die lebendigen, atmenden Frauen, die ich von Zeit zu Zeit traf. Guido Cavalcanti schrieb einmal ein Gedicht darüber, dass er sich so sehr in eine Frau verliebt hatte, dass der Dichter selbst davon zerstört wurde und nur noch seine Hände und Schreibinstrumente übrig blieben, um davon zu sprechen:

Wir sind die Federn, traurig und zerschlissen,
die Scheren, Messerchen, von Leid geplagt,
die unter Schmerzen das Gedicht gewagt,
das Ihr gehört.

Als Beatrice in der *Vita Nuova* starb, war der junge Dante genauso aufgelöst wie das zerstörte lyrische Ich in Guidos Gedicht. Alle Liebe ist körperlich, versuchte Guido Dante beizubringen – man kann niemanden ohne einen Körper lieben. Zunächst akzeptierte Dante die Weisheit von Guidos Worten und versuchte neue Liebe mit der *donna gentile* zu finden, der lieblichen Frau am Fenster, die für das Versprechen erotischer Liebe stand. Aber am Ende der *Vita Nuova* verstand er, dass Liebe mehr war als schöne Körper und die erzitternde Luft, die sie in ihrem Schlepptau hinterlassen – eine Erkenntnis, die ihn von Guido wegführte.

Guidos politische Bestrebungen waren so radikal wie seine Poesie. Er war Mitglied der Schwarzen Guelfen (pro-päpstliche Rivalen von Dantes anti-päpstlichen Weißen Guelfen), eine gewalttätige Gruppierung, die sich 1300 an Attentaten gegen ghibellinische Familien beteiligte. In seiner Eigenschaft als Prior, als ein führender Beamter in Florenz, unterzeichnete Dante sogar das Dekret, dass Guido wegen seiner Angriffe aus der Stadt verbannte. Er wurde dazu verurteilt, im malariaver-seuchten Sarzana ins Exil zu gehen, wo er ernsthaft erkrankte. Nach Florenz zurückgerufen, starb Guido nur ein paar Monate später, im Juni 1300. In *Inferno* trifft Dante Guidos Vater in der Hölle, wo er für dieselbe epikureische Sünde brennt (»jene, die die Seele mit dem Körper sterben lassen«), die auch mit seinem Sohn Guido in Verbindung gebracht wird. Genau genommen kann Guido noch nicht in der Hölle sein, weil ihn sein tatsächlicher Tod erst zwei Monate nach dem fiktionalen Datum der *Göttlichen Komödie*, im April 1300, ereilte. Aber Guidos Geist sucht Dante stellvertretend, durch die verwüstete und traurige Gestalt von Guidos verdammtem Vater, heim.

Schon vor ihrem politischen Zerwürfnis hatte sich bei Dante eine Skepsis Guido gegenüber entwickelt. Denn in Wahrheit war Guido mehr ein Dichter des Todes als einer der Liebe. Alles, worüber Guido schrieb, von wunderbaren Frauen, die die Männer zur bloßen Benommenheit verurteilten, bis hin zu Schreibfedern, die gezwungen waren, an Stelle eines liebeskranken lyrischen Ichs zu sprechen, enthüllte, wie sehr die Leidenschaft alle in ihrem Gefolge zerstörte. Während ich um Katherines verlorene Liebe trauerte, verstand ich nur allzu gut, wie die Empfindungen der Sehnsucht und des unerwiderten Begehrens jemanden auf die Knie zwingen können. Aber ich begann auch zu verstehen, wie es Dante ohne Zweifel auch getan hatte, dass Liebe mehr ist als eine irdische Verbindung – selbst wenn diese Verbindung so intensiv war wie die zwischen Katherine und mir.

Das erste Mal war ich in meinen Zwanzigern mit dem Tod konfrontiert, als mein Vater, Pasquale Luzzi, starb. Danach hatte ich monatelang damit gerungen, war unfähig, die Zeit und den Raum dafür zu finden, um ihn zu trauern. Ich war auf der Hochschule und lernte intensiv für mein Doktorat, was mir jede Menge Arbeit – und lauter gute Ausreden – bescherte, derer ich bedurfte, um mich nicht mit seinem Verlust zu beschäftigen. Dann, im Sommer nach seinem Tod, nahm ich eine Arbeit in der Bretagne, in Frankreich, an einer amerikanischen Kunstschule an, wo meine wenigen Pflichten mir eine Menge Freizeit ließen, um mich mit seinem Tod in einem stillen, wunderschönen Umfeld auseinanderzusetzen. Es war ein langer und einsamer Sommer, aber die Trauerarbeit war nötig und auf ihre schmerzhafte Weise auch erfüllend.

In jenem Sommer flog ich wegen der Hochzeit eines Freundes zwischendurch nach San Francisco. Auf dem Rückweg hatte ich einen Zwischenstopp am JFK Airport in New York und rief zu Hause an, ich hatte das dringende Bedürfnis, die Stimmen meiner Familie zu hören. Mein einziger echter Gefährte in jenem Sommer waren Erinnerungen an meinen Vater und die üppigen Pfade außerhalb des bretonischen Dorfes Pont-Aven gewesen, wo ich mich auf endlose Spaziergänge und Joggingtouren begab und darauf achtete, die Heuballen zu meiden, die überall auf dem Land, mit Stacheldraht gebunden, herumstanden. Nachdem ich mit meiner Familie gesprochen hatte, ging ich zu TCBY und kaufte mir einen Frozen Yoghurt. Ich fühlte mich gepeinigt, einsam, begraben unter dem Gefühl des Verlustes eines Menschen, den ich verehrt, aber kaum gekannt hatte. Ich ging den langen Linoleum-Korridor des hässlichen Flughafen-Terminals hinunter, wappnete mich für den Rückflug und weitere Kasteiungen in den Wiesen und Feldern der Bretagne, als mir plötzlich das Herz in die Kehle sprang. Meine Augen verschleierten sich, und ich spürte einen Ton, einen Ton der Stille – einen Refrain, den ich gleichzeitig sehen und hören konnte. Ich habe niemals zuvor und niemals danach etwas auch nur annähernd Ähnliches erlebt, auch nicht nach Katherines Tod. Ich weiß nicht, wer mir das geschickt hat – mein Vater, mein Schöpfer, meine Einbildungskraft, meine Trauer –, aber ich glaube, ebenso inbrünstig jetzt wie vor zwanzig Jahren, dass es bedeutete, dass der Geist meines Vaters weiterlebte, dass unser Band nie reißen würde und dass unsere Liebe, die Liebe überhaupt, ewig war.

Selbst nach einem Jahr der Trauer um Katherine war ich immer noch nicht an den Punkt gelangt, an dem ich fühlen konnte, dass unsere Liebe über den Körper hinausging und sich vergeistigte, wie es mit meinem Vater geschehen war. Aber wie Dante mit Beatrice hielt ich die Hoffnung und den Glauben fest, dass das einmal geschehen würde und könnte.

Ich wies – wie Dante vor siebenhundert Jahren – Guidos Glauben zurück, dass die Seele mit dem Körper stirbt.

Am 21. September 2008 schaffte ich es durch den »Draw« (ein Freilos in der ersten Runde und dann ein Halbfinal-Match gegen jemanden, der zehn Kilo Übergewicht hatte) des jährlichen Ocean-Vista-Tennis-Turniers, um im Finale auf Kyle zu stoßen, einen Handelsreisenden, der nicht weit von der Newport Hall of Fame wohnte. Zu sagen, dass Kyle und ich gleich stark waren, war, als würde man sagen, dass zwei geklonte Schafe mit bloßem Auge nicht voneinander zu unterscheiden sind. Wir hatten schon hunderte von Sätzen gegeneinander gespielt und alles in allem hatten wir ungefähr gleich viele Punkte gegeneinander gewonnen. Unser erster Satz endete jedes einzelne Mal in einem Tiebreak. Dennoch war unsere Gleichwertigkeit aus ganz unterschiedlichem Holz geschnitzt: Er war ein kompakter, bescheidener, typisch amerikanischer Mensch des Mittleren Westens, ein Mann mit einem Abschluss von einer der Big-Ten-Universitäten, glücklich verheiratet und Vater eines kleinen Jungen. Am Ocean Vista Club war er der nette Kerl von nebenan, den wirklich alle mochten; ich war der Besucher, wieder in meiner Heimatstadt, aber für alle ein Fremder. Es war ziemlich klar, dass die Leute den Lokalmatador anfeuern würden.

Am Tag des Finales wachte ich wahnsinnig nervös auf. Um mich zu beruhigen, ging ich am Nachmittag eine Stunde vor dem Match ein kurzes Stück laufen und dachte mir einen Plan für das Spiel aus: Kyle war ein ausgezeichneter Grundlinien-Spieler, mit kurzen, gut getimten Schlägen und guten Bewegungen an der Seitenlinie entlang. Aber er fühlte sich nicht wohl beim Umschaltspiel, wenn man von der Grundlinie ans Netz kam, um einen Volley zu schlagen oder abzuwehren. Also beschloss ich, ihm kurze Bälle und weiche tiefe Topspin-Bälle zu servieren, um ihn aus seiner bevorzugten Zone herauszulocken und ihn zu ermüden.

Dann geschah etwas vollkommen Unerwartetes: Mein Spielplan ging voll auf. Ein paar sehr enge Spiele, die so oder so hätten ausgehen können, gingen tatsächlich an mich, und schon im ersten Satz lag ich ein Break vor ihm. Normalerweise würde dann die Erdanziehungskraft zugunsten von Kyle ihre Wirkung entfalten und für den Ausgleich sorgen. Aber ich konnte stattdessen meine Führung noch weiter ausbauen, weil Kyle die kurzen Bälle, die er normalerweise lässig nahm, verschlug, die weichen Topspins vermasselte und Drop Shots, die ich ihm gab, ins Netz schlug. Ehe ich michs versah, hatte ich den ersten Satz schon 6-2 gewonnen.

Ich bereitete mich auf die ausgleichende Gerechtigkeit vor. Aber Kyle begann noch schlechter zu spielen. Ich machte nur wenige nicht erzwungene Fehler, besonders bei meinen Aufschlag-Returns, die ungewöhnlich weit hinten landeten und Kyle davon abhielten, in den Angriffsmodus umschalten zu können. Jeder Tennisspieler auf der Welt fürchtet sich vor einem Zusammenbruch, wenn er eine komfortable Führung hat, und ich erlebte den Luxus dieser Sorge, als ich im zweiten Satz mit 5-1 in Führung lag. *Bleib konzentriert. Konzentriere dich auf den Augenblick. Ein Punkt nach dem anderen.* Ich wiederholte im Bemühen, mich auf die vor mir liegenden Punkte zu konzentrieren all die Klischees, von denen ein wettkampferprobter Athlet lebt. Bei 5-2 und 40-0 sah ich ungläubig, wie Kyle einen letzten Ball ins Netz schlug – genau wie Borg, als sein episches Tiebreak mit McEnroe 1980 endete –, das seinen harmlosen Schlag abfing und mir den Sieg schenkte.

Nachdem wir uns die Hände geschüttelt hatten, sank ich auf eine Holzbank neben dem Platz. Ich konnte mich nicht bewegen, weil die Euphorie meinen lehmbedeckten Körper überflutete. Dies war das erste Mal in einem ganzen Jahr, dass ich Ekstase empfand, das Glück, dem eigenen Körper enthoben zu sein. Das erste Mal, seit Katherine gestorben war, erlebte ich echte Freude, die Art, die den Körper überflutet. Und indem sie meinen Körper überflutete, weckte sie ihn. Der Teil von mir, der offen war, Liebe zu teilen, Körperkontakt, Genuss, erwachte auf dem grünen Lehm wieder zum Leben, nach einem Jahr des Schlafes. Das Match beendete endlose Stunden auf dem Tennisplatz, vordergründig dazu gedacht, mein Spiel und meine Fitness zu verbessern. Stunden, die ich damit hätte verbringen können, mit meiner Tochter zu spielen, ihr Italienisch beizubringen, meinetwegen übergroße Tennisbälle gegen ihren kleinen Schläger zu werfen. Aber stattdessen hatte ich mich von Isabel und meiner Familie entfernt, mich abgesondert zwischen diesen geraden Grenzlinien des Tennisplatzes, wo ich all meine aufgestaute Wut, Angst und den Schmerz rauslassen konnte, da mein angeborener Hang, Dinge zu verbergen, und mein Wunsch zu gefallen, mich sonst daran hinderten, diese Gefühle in der Öffentlichkeit zu zeigen.

Manche Leute beginnen zu trinken, andere gucken Pornos, wieder andere wenden sich der Religion zu; ich hatte ein Lehm-Rechteck am Meer gewählt.

Meine Zeit in der Unterwelt ging zu Ende. Es war kein Abstieg in die Hölle gewesen, wo die Sande brannten und man von verlorener Erlösung sprach; es war eher wie ein Gang über einen Friedhof in einer Vorstadt von Detroit gewesen, während ein anhaltender, kalter Nieselregen niederging. Kyle fuhr weg, und ich saß allein auf dem Platz. Es war niemand da, mit dem ich diesen Sieg hätte teilen können, was auch angemessen war, denn meine Zeit in der elektrischen Luft der Trauer war die einsamste, die verlassenste gewesen, die ich je erlebt hatte. Alles, um das ich mich in jenem Jahr hatte kümmern können, war mein Körper gewesen – nicht der Isabels. Ich habe vielleicht gesund ausgesehen und hatte auf dem Platz einen Sieg errungen, aber ich spielte auch, um mich von einer Situation abzulenken, die ich unerträglich fand. Ich hatte in Westerly eigentlich nichts verloren, wirklich nicht, da ich doch die Möglichkeiten hatte, Isabel selbst aufzuziehen. Ich wollte doch sichergehen, dass Isabel die Mall-freie, Junkfood-freie Erziehung bekam, die ich für sie bevorzugt hätte. Aber ich sehnte mich nach meiner Frau. Ich hätte das nie jemandem gesagt, aber ich war immer noch nicht darüber hinweggekommen, dass ich ihren Körper verloren hatte, die Wärme ihrer Berührung, meine Sehnsucht, mit ihr zu verschmelzen. Ihr Geist war nicht genug – Dantes Beatrice konnte mir in diesem Fall nicht helfen. Ich war nicht bereit für eine Liebe christlicher Reinheit, weshalb Guidos Poesie, die davon spricht, dass schöne Frauen die Luft erzittern lassen, für mich mehr Sinn ergab als Dantes wunderbar sublimierte Verse über eine perfekte, reine Beatrice, die er nie berührt hatte. Ich war es leid, Katherines Geist anzubeten. Ich wollte einen echten Körper berühren.

Es war ein prächtiger Tag Ende September, als ich am Nachmittag Kyle besiegte, und das Licht warf dicke schwarze Schatten auf den Lehm, als sich die Dämmerung herabsenkte. Ich konnte fühlen, wie ich in eine neue Phase des Leidens eintrat. Die Zeit eigentlicher, bewusster Trauer. Sie wäre weniger furchterregend als die letzten Monate, aber vielleicht auch schwieriger. In dem Jahr nach Katherines Tod hatte ich mich die meiste Zeit wie betäubt gefühlt und war nur auf mein eigenes Überleben bedacht gewesen. Nun müsste ich mich wieder den Lebenden zuwenden. Der Sommer ging zu Ende. Es war Zeit, meine Schläger einzupacken und den weichen Lehm zu verlassen.

Zeit, dahin zu gehen, wo die Luft nicht mehr elektrisch war.

II

Läuterungsberg

TRATTANDO L'OMBRE COME COSA SALDA.
SCHATTEN WIE ETWAS FESTES BEHANDELND.

4. KAPITEL

Astrid und Anja

M ein Herz rast.

Es ist November 2008, ein Monat nach meinem einsamen Sieg in der Unterwelt, als ich Kyle im Finale von Ocean Vista geschlagen hatte. Ich liege nackt im Bett mit der Frau, die mir die Beileidskarte geschickt hatte, die ich an einer bestimmten Stelle auf meinem Schreibtisch aufbewahrt habe – die Frau, über die ich mit Rosalind nicht zu sprechen gewagt hatte. Ein Jahr in der elektrischen Luft, die Katherines Tod gefolgt war, ist vergangen. Die Frau und ich haben beide einen Doktortitel, haben beide schreckliche Geschichten hinter sich. Für einen Außenstehenden könnte nichts verdienter oder heilender sein als diese Umarmung. Aber mein Herz klopft an ihrer Brust, als ob es aus meiner Brust bersten wollte.

»Was ist los?«, sagt sie.

»Es hat nichts mit dir zu tun«, sage ich. »Ich fühle mich bloß überwältigt.«

Vor dieser Nacht hatten Astrid und ich stundenlang telefoniert, uns detailliert über unser Leben mit unseren Ehepartnern unterhalten und über die Wunden, die ihr plötzlicher Tod gerissen hatte, gefolgt von dem Wunder, dass unsere Töchter lebten. Ihre Tochter Anja war jetzt sieben Monate alt.

Sie wurde ein Jahr nach dem Tod ihres Vaters Jorge geboren, aus einem eingefrorenen Ei Astrids, das er noch befruchtet hatte, bevor er den Kampf gegen seinen Krebs verloren hatte. Und nun besuchten Astrid und Anja Isabel und mich, aus Brooklyn kommend, und wir vier wurden in einem Leben-nach-dem-Tod-Experiment zusammengewürfelt.

Wir hatten uns das erste Mal im Oktober verabredet. Wir hatten vereinbart, uns am Elften zu treffen, einen Tag nach Katherines Geburtstag und dem Jahrestag unseres Kennenlernens in Brooklyn. Ich konnte den Gedanken nicht ertragen, Astrid an jenem folgenreichen Tag, dem 10. Oktober, zu treffen, und konnte erst wieder ausatmen, nachdem wir uns für den Tag danach verabredet hatten. An Katherines Geburtstag beantwortete ich ernste Briefe und Nachrichten von ihrer und meiner Familie, die ihr Mitgefühl und trauervolles Erinnern zum Ausdruck brachten. Ich verspürte ebenfalls Schmerz, aber ein Teil von mir platzte gleichzeitig auch fast vor spannungsvoller Erwartung. Ich war drauf und dran, mich zum ersten Mal in meinem zweiten Leben wieder mit einer Frau zu treffen.

Der elfte Oktober stellte sich als spektakulärer Herbsttag heraus. Ich zog meinen schicksten blauen Blazer und eine gebügelte schwarze Anzughose an, wobei ich mich nach einem Jahr zum ersten Mal wieder in Gedanken an den prüfenden Blick einer Frau ankleidete. Während ich meine Manschetten unter dem Jackett, vor dem Spiegel stehend, herauszupfte, dachte ich an all die ewig trauernden, kalabrischen Frauen, die ich gekannt hatte und die jahrelang aus Zuneigung zu ihren verstorbenen Ehemännern schwarze zeltähnliche Kleider trugen. Auch ich hatte einen unsichtbaren schwarzen Mantel angelegt, aber jetzt zog ich wieder etwas Farbiges an. Ich erzählte meiner Familie nichts von dem Rendezvous mit Astrid am

Tag nach Katherines Geburtstag – mein Schuldgefühl war zu groß, und so kam ich mit der Erklärung, dass ich mit einem Freund eine Ausstellung im Metropolitan Museum of Art besuchen wollte. Ein Freund sagte einmal zu mir, dass Schuldgefühle die Maske für etwas anderes sind: dem selbstsüchtigen Wunsch, auf zwei Hochzeiten gleichzeitig zu tanzen, also sein Pflichtgefühl mit seinem Verlangen unter einen Hut zu bekommen. Ich hatte mittlerweile so viele Isolationsschichten zwischen dem, was ich fühlte, und dem, wie ich handelte, angebracht, dass ich nicht mehr wusste, ob ich mich für das, was ich tat, schämte oder ob andere es so sahen, dass ich mich schämen sollte. Vielleicht war das sogar ein Teil der Aufregung: das Gefühl, dass mein Begehren aufs Neue die feststehende Alltagsroutine meines Lebens außer Kraft setzte.

Astrid kam in die Bar Boulud an der Upper West Side, trug Anja auf dem Arm und lächelte. Selbst in ihren Jeans und dem weiten Hemd sah sie prächtig aus. Monatelang war ich um meine Mutter und meine Schwestern gekreist, ein Fremder in ihrer Welt. Früher an jenem Tag hatte ich Isabel in ihrer Obhut zurückgelassen, damit ich Zeit mit einer Frau aus meinem intellektuellen Dorf verbringen konnte – jemand, der nicht irritiert blinzeln würde, wenn man Defoe oder Derrida erwähnte, der in Kafkas Ironie und den langen inneren Monologen von *Middlemarch* schwelgen konnte.

Untypisch für mich bestellte ich ein Glas Wein zum Mittagessen und beschrieb Astrid Isabels pingelige Essgewohnheiten. Astrid sang ein Loblied auf Vitamin-angereicherten Haferbrei, und beide bewunderten wir Anjas dicke, rote Bäckchen. Eine alte, warme Empfindung kehrte zurück und überflutete meinen Körper. Begierde, Lust, die Energie, die mich als Mann vorangetrieben hatte, die Katherines Duft und Geschmack so genossen hatte. Ich ließ den Grünen Veltliner auf meiner Zunge verweilen und sog Astrids Duft ein. Ein paar Stunden später saßen wir auf einer Decke im Central Park.

»Ich erinnere mich daran, dass ich Katherine einmal getroffen habe«, so begann Astrid.

Sie sprach in einem nachdenklichen und respektvollen Ton – eher solidarisch, wie mit einer anderen Mutter als mit einem trauenden Ehepartner.

Astrid hatte Jorge nur wenige Monate, bevor Katherine starb, durch Krebs verloren. Gemeinsame Freunde – jene, mit denen ich im Madalin Hotel in Tivoli kurz nach Katherines Tod zusammen Ente verspeist und Sancerre getrunken hatte – hatten mir einige Zeit vor ihrem Unfall von diesem Paar erzählt, das sich wie wahnsinnig liebte und jetzt mit dem Unaussprechlichen konfrontiert war. Jorge, bei dem ein tödlicher Krankheitsverlauf diagnostiziert worden war, hatte nur noch kurze Zeit zu leben. Ich war vor Trauer wie gelähmt. Der Gedanke, dass jemand, besonders jemand, der noch so jung war, mit dem Wissen um den unmittelbar bevorstehenden Tod seines geliebten Partners leben musste, dass jemand so etwas durchleiden musste, kam mir unerträglich grausam vor. Bald nach Jorges Tod erschien die hochschwangere Astrid bei einer Party, die unsere gemeinsamen Freunde gaben. Nachdem ich mit Katherine, die damals im vierten Monat war, auf der Party eingetroffen war, fanden die beiden werdenden Mütter sofort zueinander und redeten, in wunderbarem Gleichklang, von Babys und Geburt.

So glücklich und ganz auf Katherine bezogen, wie ich war, konnte ich doch nicht umhin, die außerordentliche Schönheit und die gelassene Selbstsicherheit der deutschen Frau zu bemerken, die eine fast überirdische Haltung bewies und weder einen Funken von Selbstmitleid noch Schmerz erkennen ließ. Wir wechselten ein paar höfliche Worte, und ich versuchte, sie nicht anzustarren. Ich war alt genug, um zu wissen, dass die gewöhnliche Alltagsroutine schnell genug jede noch so kleine Regung der Begierde tilgen würde, die ich für Astrid empfinden mochte, jemand, den ich ganz gewiss nie wieder sehen würde. Ein flüchtiges Bild von ihr konnte mich vielleicht auf seltsame Gedanken bringen, doch dann würden unsere Leben wieder ihre getrennten Wege gehen. Aber nachdem wir auseinandergingen, bewahrte ich ein Bild von ihr in meinem Inneren.

Später gab Astrid zu, dass auch sie mich bei jener Party bemerkt und eine Gefühlsaufwallung und flüchtige Attraktion verspürt hatte. Aber auf der Decke im Central Park, bei unserem ersten Rendezvous als Witwer und Witwe, führte die leichte, glückliche Chemie zwischen uns nicht zu Geständnissen, weil Anja zwischen uns herumkrabbelte und mich angriente. Ich nahm sie hoch und hielt das Kind einer anderen Frau in meinen Armen, während meine eigene Tochter über hundertsechzig Kilometer entfernt war.

Wir entdeckten eine gemeinsame Leidenschaft. Astrid hatte, wie sich herausstellte, genauso lange im Banne von Tennis gestanden wie ich.

»Hast du deine Rückhand mit einer Hand oder beidhändig gespielt?«, fragte ich.

»Natürlich beidhändig.«

»Wir müssen mal zusammen spielen.«

Als wir uns zwei Stunden später voneinander verabschiedeten, gab ich ihr einen ungeschickten Kuss auf die Lippen, den sie annahm, indem sie mir direkt in die Augen sah.

Wenn nur alles an diesem Punkt hätte enden können. Aber natürlich konnte es das nicht.

Bevor Dante ihn in den Ulysses verwandelte, der sein Kind vernachlässigt, reist Homers Odysseus in die Unterwelt, um den großen Kämpfer Achilles aufzusuchen.

»Doch keiner, Achilleus«, sagt Odysseus, »glich an Seligkeit dir, und keiner wird jemals dir gleichen/Vormals im Leben ehrten wir dich wie einen der Götter,/Wir Achäer, und nun da du hier bist, herrschest du mächtig/Unter den Geistern: drum laß dich den Tod nicht reuen, Achilleus!«

Verstehst du, sagt Odysseus faktisch, *so schlecht hast du es gar nicht hier in der Unterwelt. Du bist der König der Toten. Und auch wenn die Leute hier keine Körper haben, ist die Luft um dich herum elektrisch aufgeladen.*

Der große Krieger, ein Mann, der eher für seine Körperkräfte bekannt ist als für seinen scharfen Verstand, gibt eine erstaunliche Antwort:

»Preise mir jetzt nicht tröstend den Tod, ruhmvoller Odysseus./Lieber möchte ich fürwahr dem unbegüterten Meier,/der nur kümmerlich lebt, als Tagelöhner das Feld baun,/Als die ganze Schar vermoderter Toten beherrschen.«

Die Seelen in der Unterwelt sind nicht nur tot für Achilles: Sie sind »vermoderte« Tote. Doppelt Tote. Eine Welt ohne Körper bedeutet ihm nichts. Achilles versteht, dass die Unterwelt, auch wenn man sich dort erhoben fühlen mag, kein Ort zum Leben ist. Schließlich braucht man Luft, echte Luft. Und mit der Luft kommt der Atem. Mit dem Atem kommt der Rhythmus der Zeit, mit dem Rhythmus der Zeit kommt die Hoffnung.

Als Isabel und ich bei meiner Mutter wohnten, lagen unsere Zimmer sich im gleichen Flur gegenüber, zwei gedrungene Schachteln von gleicher Größe, die ich zu verschiedenen Zeiten in meiner Kindheit und Jugend bewohnt hatte, abhängig davon, welches meiner Geschwister gerade heiratete und auszog. Jetzt wohnte ich wieder in dem Zimmer, in dem ich während meiner Zeit auf der Highschool geschlafen hatte, und es war im Großen und Ganzen noch so, wie ich es damals verlassen hatte, wo immer dieselben Sportpokale um den Platz mit immer denselben Familienfotos wetteiferten. In diesem Kinderzimmer hing auch meine gerahmte Promotionsurkunde, die einzige ernsthafte Ergänzung, die seit meiner Jugend zur Einrichtung hinzugekommen war. Isabel schlief einstweilen in einem Zimmer, das in Rosa gehalten und sorgfältig von meinen Schwestern eingerichtet worden war, die die Wände mit Bildern verspielter Tiere und lächelnder Verwandter gepflastert hatten.

Nachts ließ ich die Türen offen, damit ich sie atmen hören konnte.

In der tiefen Einsamkeit meiner Trauer fand ich meinen Seelenfrieden allein darin, dem Atem meiner Tochter zu lauschen. Ich war völlig fehl am Platz, besonders wenn ich in dem Zimmer schlief, in dem ich aufgewachsen war, in meinem Kinderbett, dass jetzt meinen erwachsenen Kummer beherbergte. Aber da war ihr Atem, der langsame, leise Rhythmus, wie die saphirblaue Luft des Fegefeuers. Ich blieb bei meiner Mutter und nicht in meiner Mietwohnung, um Isabels Atem hören zu können – und um meiner Familie zu zeigen, dass ich mich um sie kümmerte, so gut ich konnte.

E quindi uscimmo a riveder le stelle.

Von dort traten wir hinaus und sahen wieder die Sterne – dies sind Dantes letzte Worte in *Inferno*, während er die letzten Züge der elektrischen Luft der Hölle einatmet.

Als er im nächsten Gesang, *Purgatorio*, eintrifft, verändert sich die Atmosphäre:

Die Zauberfarbe orientalischen Saphirs
verdichtete sich beim heiteren Anblick
reiner Luft bis hin zum Horizont
und erneuerte meinen Augen die Sehlust.

Diese Zeilen gehören zu den schönsten Versen, die Dante je geschrieben hat. Sie sind nicht besonders tiefsinnig oder gar gedankenreich: Sie sind, was sie zu sein scheinen, Verse reiner musikalischer Verzückung, die eine Stimmung der Erleichterung beschwören sollen. Das Geniale an ihnen kommt von ihrem Nebeneinander.

Nach der Sprache der Hölle – ganz steinerner Rhythmus und zischende Flüche (*Hätte ich die rauen und schrillen Reime, die zu diesem Elendsloch passen...*) – schenkt uns das *Purgatorio* Wörter über den süßen orientalischen Saphir. Jeder Büßer muss sich selbst von der Sünde reinigen und auf dem Weg zum Paradies den Gipfel des Läuterungsberges erklimmen. Mit diesen Zeilen macht Dante etwas viel Mächtigeres, als uns bloß zu erzählen, dass wir nicht länger in der Hölle sind: Er *zeigt* es uns, indem er beschreibt, wie sich die Luft verändert hat. Sie ist sanft, ruhig, die Art von Luft, wie sie Menschen in der realen Welt atmen. Die Art von Luft, für die Achilles auf seine höllische Krone verzichtet hätte.

Am Anfang von *Purgatorio* schreibt Dante:
Ma qui la morte poesi resurga...
Und hier erstehe sie neu, die Dichtung der Alten...

Ja, die Luft hier oben ist wunderbar, scheint Dante zu sagen, *viel besser als in der Unterwelt – aber es wird schwierig sein, wieder atmen zu lernen.* Denn die Poesie des Lebens ist ganz anders als die Poesie des Todes. Denn jetzt bist du wieder zurück im Reich aufsteigender, sich reinigender Körper.

Das ist der Schlüssel, um sich von dumpfem Schmerz zu

Trauer hinzubewegen: sich von der elektrischen Luft zu verabschieden.

Bevor er sich von der Unterwelt verabschieden konnte, musste Dante eine Frage beantworten, die er von Guido geerbt hatte: Was ist Liebe?

In der *Vita Nuova*, als die Frauen mit dem verwirrten Haar ihn erschreckten, glaubte Dante, jemanden zu lieben bedeute, von ihrer Schönheit gebannt zu sein. Dann starb Beatrice. Sie hatte ihm als Muse gedient, als die Frau, die ihn dazu inspiriert hatte, um *ragionar di amore*, von Liebe zu sprechen. Nach ihrem Tod lernte er, dass es leicht ist, jemanden mit einem Körper zu lieben; jemanden ohne einen Körper ist allerdings etwas ganz anderes. Etwas Großartiges, so sollte es sich erweisen – aber das würde Zeit brauchen. Sehr viel Zeit.

Die Antworten änderten sich, aber für Dante blieb die entscheidende Frage bestehen: Was ist Liebe? In der Hölle versuchte Francesca da Rimini ihm die Antwort zu geben, aber sie redete zu viel und sagte zu wenig, und ihr ewiger Geliebter Paolo sagte kein einziges Wort. Niemand in der Unterwelt konnte seine Frage beantworten, nicht einmal der größte Schriftsteller in der Geschichte der römischen Literatur, Vergil, noch einer der größten Helden in der Geschichte der antiken Literatur, Ulysses.

Dies war einfach nicht die Art von Frage, die irgendjemand in der Hölle beantworten konnte, denn dazu musste er das Gefängnis seiner eigenen erbarmungslosen Selbstbetrachtung verlassen können.

Was ist Liebe? Der Begründer der modernen Psychoanalyse, Sigmund Freud – der sein Leben damit verbrachte, die Art von psychischen Problemen zu erforschen, die einen in Dantes Hölle brachten –, hatte ebenfalls Mühe, die Frage zu beantworten. Einer seiner Freunde, der französische Schriftsteller Romain Rolland, erzählte Freud einmal, er glaube an Gott wegen des »ozeanischen Gefühls«, das ihm die Empfindung, lebendig zu sein, vermittle. Rolland verspürte die Grenzenlosigkeit der Schöpfung in seinen Knochen, was er als ein Zeichen des Göttlichen verstand. Er hätte auch sagen können: Es ist, wie sich zu verlieben und nicht in der Lage zu sein, Worte dafür zu finden.

Freud entgegnete, dass dieses sogenannte »ozeanische Gefühl« nichts anderes sei als die nackte Angst, die ein Kind verspürt, das vom Schoß seiner Mutter getrennt und in die Welt geworfen wird. Für ihn war das ozeanische Gefühl die psychische Energie, die entsteht, wenn wir ein Bewusstsein entwickeln und uns von der nicht-menschlichen Welt abheben. Er hätte auch sagen können: Es ist, wie sich zu verlieben und zu *versuchen*, es in Worte zu fassen. Freud war Guido Cavalcanti in vielem ähnlich – zum Beispiel dachte er auch, er könnte die Frage »Was ist Liebe?« mit einer wissenschaftlichen Analyse beantworten. Freud machte daraus eine Frage für den Verstand, nicht für das Herz.

Freud glaubte, dass man, wenn man seinen Geliebten verlor, sehr viel Zeit in der Unterwelt mit ihrem oder seinem Geist verbringen, sie allmählich ihren Körper verlieren und zu reiner Erinnerung verblassen lassen musste. Die Trauer kann nur enden, wenn man seine Leidenschaft und das körperliche Begehren von dem Geliebten abgelöst hat. Freud gebraucht einen hässlichen Begriff für die leidenschaftliche Liebe: *Libido*. Nur wenn man seine Libido ablöst, schrieb er, kann man sich weiterentwickeln und sich wieder verlieben. Wieder versieht er diesen Prozess mit einer hässlichen Beschreibung: *Die Libido mit einem neuen Objekt der Begierde verknüpfen*. So kommt man, nach Freud, über den Tod seiner Geliebten hinweg.

Es ist eine Schande, dass sich Freud und Guido Cavalcanti nie begegnet sind. Sie hätten sich eine Menge zu sagen gehabt.

Als Dante seine Vorstellung von Liebe in der Saphirluft des *Purgatorio* neu definierte, tat er das in einer poetischen Sprache, die Guido und Freud niemals verstanden hätten.

In der ersten Nacht, die Astrid und ich miteinander verbrachten, raste mein Herz; ihres schlug gleichmäßig.

Als jüngste Tochter zweier Lehrer war ihr von klein auf beigebracht worden, sich selbst zu mögen, von ihren Fähigkeiten und ihren Aussichten überzeugt zu sein. Wir kamen beide aus europäischen Familien, auch wenn die Ähnlichkeit hier gleich wieder aufhörte. Meine Kindheit war durchdrungen von der Furcht erregenden und abergläubischen Geschichte Kalabriens. Unser Zuhause war ein liebesvolles, aber chaotisches Durcheinander. Selbst ein kurzer Weg zum Supermarkt, um Milch zu holen, oder zur Drogerie, um Aspirin zu kaufen, wurde begleitet von den religiösen Ermahnungen meiner Mutter: »*A madonna ti guardasse*« – »Möge die Jungfrau Maria dich beschützen«. Schon das kleinste Kompliment, sei es für ein gesundes Baby oder die Beförderung bei der Arbeit, wurde von meiner Familie mit Furcht aufgenommen. Sie hatten Angst, ein neidischer Gott könnte zum Ausgleich für menschliche Hybris lauter Unglück auf uns niederregnen lassen. Und meine Mutter würde noch auf den gutartigsten Tagtraum und harmlosesten Wunsch – dass man eine Gehaltserhöhung bekam oder das Badezimmer gefliest wurde – mit einer allgemeinen Redewendung reagieren, die einen daran erinnerte, dass man in dieser unwirtlichen Welt alles Vergängliche und Flüchtige nicht allzu ernst nehmen sollte: »*Stissima buoni, figlio mio, stissima buoni*«, sagte sie (»Hauptsache, wir bleiben gesund, mein Junge, Hauptsache, wir bleiben gesund«), wobei Jahrhunderte kalabrischer Not und Schmerzen in ihren braunen Augen schimmerten.

In einem grandiosen Kontrast dazu war Astrid in einem geordneten Zuhause aufgewachsen. Mein Vater schlief in einem Dunst von Zigarettenrauch und Wein ein, und sein Gesicht war nach einem sechzehnstündigen Arbeitstag verzerrt wie von einem Alptraum; Astrids Vater döste in seinem Arbeitszimmer ein, während er Mathearbeiten korrigierte und dabei ein Haydn-Quartett oder eine Händel-Arie hörte, irgendein Werk der klassischen Musik, das ihn fast immer, wenn er wach war, begleitete. Meine Mutter betrachtete körperliche Arbeit lediglich als eine Notwendigkeit für die Armen dieser Welt und bestand daher darauf, auch kürzeste Strecken gefahren zu werden, eine Sache des Stolzes; Astrids Mutter war, wie Astrid sagte, *sportlich*, eine begeisterte Tennisspielerin, die ihre Besorgungen immer mit ihrem altmodischen Fahrrad erledigte. Besonders aussagekräftig war, dass Astrid ermutigt worden war, ihren Interessen und Neigungen zu folgen, selbst wenn sie sie aus ihrem Heimatland und ihrer Heimatstadt fortführten. Ich dagegen war das einzige von sechs Geschwistern, das sich aus einem Zehn-Minuten-Radius von dem Haus, in dem es aufgewachsen war, entfernt hatte.

Diese widerstreitenden kalabrischen und deutschen Kindheiten setzten sich in unseren Töchtern fort. Meine Mutter nannte Isabella immer *poverella*, »die arme Kleine«, als wäre sie ein zerbrechliches Ding, das umfassender mütterlicher Fürsorge bedurfte, um vor dem Schicksal oder dem Zufall bewahrt zu werden. Astrid wusste, dass Kinder widerstandsfähig waren, dass man sie biegen, aber nicht brechen konnte. Also entdeckte sie die Welt, mit Anja in einer Kiepe auf dem Rücken flogen die beiden von Kontinent zu Kontinent und von einem Abenteuer zum nächsten.

Isabel blieb derweil in Rhode Island und wurde auf die einzige Art von meiner Familie versorgt, die wir verstanden: nach dem Prinzip Routine. Das hieß an immer demselben Ort und zur selben Zeit ins Bett zu gehen, nachdem man immer dasselbe gegessen hatte. Isabel musste vor der Promiskuität von Keimen, verspäteten Flügen und lauten Hotels beschützt werden. Während ich mich als modernen Menschen sah, akzeptierte ich doch, dass meine Tochter nach den kalabrischen Regeln der alten Welt aufgezogen wurde, bei denen die Frauen die schwere Arbeit taten und meine kleine zartbesaitete Isabel – nahm ich jedenfalls an – vor den Gefahren des Lebens außerhalb des häuslichen Herdes beschützt wurde.

Ich traute mich nicht, Rosalind zu erzählen, dass ich bald nach Katherines Tod wieder angefangen hatte an Astrid zu denken. Ich hielt den Mund, weil ich nicht an Astrid als Leidensgenossin dachte, mit der mich der vorzeitige Tod des Partners und sofortige Elternschaft verband, ich dachte an sie, weil ich sie so unbedingt begehrte wie schon in dem Augenblick, als ich sie das erste Mal erblickt hatte. Als ich sie das erste Mal sah, war dieses Gefühl bloß eine kurze Aufwallung gewesen, die leicht und schnell von den ruhigen Gewässern ehelicher Treue absorbiert wurde. Aber nachdem ich nun schon seit Monaten Witwer war, war es gar nicht so sehr Astrids Körper, nach dem ich mich sehnte, sondern vielmehr – es klang grotesk, aber ich konnte es nicht anders ausdrücken – ihr *Leben*. Ich wollte wissen, was sie dachte und fühlte, nun da sie sich einer Zukunft ohne die Person, mit der sie sie hatte teilen wollen, stellen musste, und was ihre kleine Tochter ihr in dem schwarzen Loch der Trauer bedeutete. Die selbstverständliche Anziehungskraft körperlicher Attraktivität, die sie in meine Umlaufbahn gebracht hatte, schien unvergleichlich leichter, als mein Versuch, mehr von Astrids Gedanken und Träumen zu verstehen.

Arme Astrid: Sie würde einen Mann kennenlernen, der, wie Dante sagen würde, darauf bestand, Schatten wie etwas Festes zu behandeln.

Am Fuß des Läuterungsberges hört Dante Gesang, der ihn gebannt stehen bleiben lässt: »Amor, der in meinem Herzen redet.« Er dreht sich um und sieht, dass der Gesang von seinem Florentiner Freund Casella kommt, einem gefeierten Musiker, der nun den Berg der Büßer erklimmt. Dante bleibt stehen, bezaubert von der Melodie und gebannt von dem Rhythmus.

Eine donnernde Stimme unterbricht seine Träumereien: »Was ist denn das, ihr faulen Geister? Was für eine Nachlässigkeit! Was ist das für ein Zögern?« Der Torwächter vom Purgatorio, der alte Cato, weißbärtiger Verteidiger des Rechts aus dem antiken Rom, ist gekommen, um Dantes Verzauberung zu durchbrechen und ihn an den vor ihm liegenden Aufstieg zu erinnern.

Einer von Dantes größten Lesern, T. S. Eliot, hielt ebenfalls fest, wie es sich anfühlt, wenn wir auf ein Kunstwerk stoßen, das wir lieben. In einem Gedicht, das dank Dante entstanden ist, »The Love Song of J. Alfred Prufrock« (»J. Alfred Prufrocks Liebesgesang«), schreibt Eliot:

In Meergewölben ward uns Aufenthalt
bei Nixen in rotbraunen Seetangs Winken
bis Menschenlaut uns weckt, und wir ertrinken.

In meinem Schmerz identifizierte ich mich noch stärker mit Dante als je zuvor, besonders mit seiner Exilgeschichte, dem Gefühl, ein Pilger zu sein, der sich plötzlich in einem dunklen Wald verirrt. Aber *Die Göttliche Komödie* war kein Selbsthilfe-Ratgeber, kein Mittel zu dem praktischen Zweck, Ziele zu erreichen, die ich mir mit Hilfe von Dantes Ratschlägen zu setzen vermochte. So etwas auch nur anzunehmen, würde der Art von Poem, das Dante zu schreiben versuchte, Gewalt antun. In meinem Schmerz wirkten seine Worte wie ein Zauberbann, genauso wie Dante selbst von Casellas Lied verzaubert war. Wenn wir die *Göttliche Komödie* lesen, halten wir inne auf der Reise, die wir selbst machen sollen. Wir verweilen bei den wunderschönen Nixen der Dichtung, die in Rotbraun gewandet sind. Das Gedicht lenkt uns ebenso sehr ab, wie es uns instruiert. Aber in dieser Ablenkung – dieser Pause auf dem Anstieg zur Läuterung, welche auch immer das sein mag – finden wir vielleicht zu uns selbst.

Amor che ne la mente mi ragiona. Amor, der in meinem Herzen redet. Casellas Lied hält fest, wie es ist, wenn man um jemanden trauert, den man liebt. Das Gespräch findet nicht zwischen einem selbst und jemand anderem statt; es findet statt zwischen dir und deinem Selbst, ein Gespräch, das um Erinnerungen kreist. Vielleicht hatte Freud recht. Um seine Libido wiederzuerlangen, um sie mit einem lebendigen Körper zu verknüpfen, muss man zunächst einmal damit aufhören, Schatten wie etwas Festes zu behandeln.

Ein paar Tage vor Weihnachten 2008 und drei Monate nach unserem ersten Rendezvous trafen Astrid und ich uns im Tennisclub ihrer Heimatstadt Edelweiß im Südwesten Deutschlands, in Schwaben. Ich war dorthin geflogen, um die Ferien mit ihr und ihrer Familie zu verbringen, während Isabel bei meiner Mutter und den Schwestern in Rhode Island geblieben war. Unsere Beziehung war, seit wir uns in der Bar Boulud getroffen hatten, auf dieses Match hinausgelaufen. An jenem Tag in New York war sie zum Mittagessen erschienen, ihre Tochter im Tragetuch um ihren Hals geschlungen, über das ganze Gesicht strahlend, bevor sie die schicksalhafte Frage stellte, die unsere Beziehung schließlich untergrub: »Hast du Isabel dabei?«

Sie hatte Isabel bei verschiedenen Gelegenheiten getroffen und erwartet, dass sie mit mir nach Deutschland komme, wie es wohl eigentlich hätte sein sollen. Aber Astrid machte sich nicht klar, wie fest etabliert meine Situation in Westerly inzwischen war. Nach mehr als einem Jahr auf unserer Reise in Sachen Kindererziehung waren die Abläufe und Verantwortlichkeiten in Stein gemeißelt, und meine Familie und ich ein ganz ungewöhnliches Team geworden: meine Mutter Yolanda, die nach fünfzig Jahren Ehe mit vierundsechzig Witwe geworden war; ihre älteste Tochter Margaret, die dreihundert Meter von meiner Mutter entfernt wohnte und sie jeden Tag besuchte und die mir, als ich aufwuchs, eine zweite Mutter gewesen war; die mittleren Töchter Mary und Rose, die mir in Temperament und Geschmack am ähnlichsten waren, Frauen, die selbst Künstlerinnen, Schriftstellerinnen oder Lehrerinnen geworden wären, wenn mein Vater, ein kalabrischer Zuchtmeister der ganz alten Schule, ihnen gestattet hätte, eine angemessene Ausbildung zu erhalten; und meine jüngste Schwester Tina, deren zwei Kinder Isabels beste Freunde geworden waren und die gegenüber meiner Mutter in einem Haus wohnten, das auf einem der Grundstücke errichtet worden war, die mein Vater mit fünfundzwanzig Jahren knochenharter Fabrikarbeit abgezahlt hatte. Das älteste Kind, mein Bruder Angelo, wegen gesundheitlicher Probleme vorzeitig in Rente gegangen, spielte den Boten Hermes für meine Mutter Hera, Königin der kalabrischen Götter, und kam jeden Tag vorbei, um zu schauen, ob Windeln vom CVS oder Kaffee von Dunkin' Donuts gebraucht wurden. Schon der Anblick seines wei-

ßen Mazda genügte, um mich aufzuheitern; er war die einzige
männliche Gestalt in einem ansonsten durch und durch *villaggio femminile.*

Die Welt, die ich mir für immer zu verlassen geschworen
hatte, als ich mit achtzehn mein Zuhause verließ, um aufs
College zu gehen, war nun genau das Leben, in dem ich nun
meine kleine Tochter untergebracht hatte. Meine Schwestern
irritierte zunehmend meine Unfähigkeit, alles und jedes stehen zu lassen, um mich um mein Baby zu kümmern. Sie entdeckten, dass ihr scheinbar gutmütiger und unbeschwerter
jüngerer Bruder tatsächlich ein kalabrischer *testa dura* war,
ein »Sturkopf«, und dass er es sich in seinen dicken Schädel
gesetzt hatte, dass er sein altes Leben wiederhaben wollte, mit
einer neuen Liebe, einer neuer Partnerin. Sie waren zu dem
Schluss gekommen, dass ich unfähig war, mich den Strapazen
der Kindererziehung zu unterziehen.

Und da ich es auch so sah, konnte ich mich diesen Strapazen
auch nicht stellen. Dieser alles zermahlende Rhythmus, sich
ganz auf ein Kind zu konzentrieren. Mein Kind. *Unser* Kind.
Das hätte eigentlich Katherines Aufgabe sein sollen. Ich empfand sowohl, dass ich dafür nicht geeignet war, als auch einen
Widerwillen dagegen. Auch eine Art von Sturheit. So sollte es
wirklich nicht sein. Ich fragte mich kein einziges Mal, welches
denn mein Anteil bei der Erziehung und Betreuung Isabels
gewesen wäre, wenn Katherine am Leben geblieben wäre. So
weit kam ich in meinen Überlegungen einfach gar nicht. Stattdessen verschwand ich drei Tage in der Woche nach Bard, um
zu unterrichten, und wenn ich für lange Wochenenden mit
Isabel zurück in Rhode Island war, ließ ich meine Mutter ihre
Windeln wechseln, mitten in der Nacht mit ihr aufstehen und
ihr die Tränen und den Schweiß vom Körper waschen. Immer
wenn ich wegfuhr, um einen Freund zu besuchen oder einen

Vortrag zu halten, tat ich das ohne Isabel. Meine Mutter und meine Schwestern machte die Vorstellung nervös, ich könnte mit ihr allein verreisen, was wiederum meine Nervosität bei der Aussicht, sie vielleicht mitzunehmen, noch verstärkte.

Für die Luzzi-Frauen war Kindererziehung keine normale männliche Domäne. Sie hatten keinerlei Erwartung, dass ich eine Babytrage anlegen und mich dem Rhythmus eines Klein-kindes anpassen könnte; sie hofften bloß, dass ich, wenn ich auf Isabel aufpasste, sie so lange am Leben erhalten könnte, bis sie wiederkamen. Wenn ich meine eigenen Ideen darüber zum Besten gab, was für ihre Erziehung richtig wäre – dass sie gesundes Essen haben sollte, dass man ihr vorlas, dass sie in eine Musikschule für Vorschulkinder ging –, dann spöttelten sie bloß über meine Yuppie-Ideen. Das Jahr, in dem ich den schwachen männlichen Co-Piloten dieser kalabrischen Pilo-tinnen spielte, zerstörte den ohnehin schwachen Willen, den ich hegte, sie selbst aufzuziehen.

Dann geschah das Wunder von Astrid. Eine Frau, die ihre Liebe verloren hatte, die wie ich ein Geschenk erhalten hatte, das ihre große Verzweiflung abmilderte – noch dazu ein Mäd-chen, Isabels Zwilling in einer ohnehin überaus seltenen Paral-lele. Bei dem Tod eines geliebten Ehepartners wird kein Zeug-nis ausgestellt, doch ich hatte sofort das Gefühl, dass Astrid sich weitaus besser hielt als ich. Anja und sie ließen Isabel und mich an sich heran, aber nur bis zu einem gewissen Punkt. Astrid wusste, dass es zu früh für sie war, für uns beide – sie hätte genauso gut Rosalind, meine Trauerbegleiterin, in die-sem Punkt als Zeugin aufrufen können –, etwas Gemeinsames aufzubauen. Wir befanden uns beide im Keller der Trauer, und sie war weise genug, die kühle Luft zu genießen.

An jenem Wintertag in Edelweiß trug Astrid weiße Tennis-Shorts und rote Turnschuhe, und vom ersten Ballwechsel an konnte ich sehen, dass sie spielte, um zu gewinnen. Wir spielten gegen ihre Schwester und ihren Schwager aus Hamburg, die gekommen waren, um ein prächtiges deutsches Weihnachten zu feiern, inklusive einer Aufführung von Bachs *Weihnachtsoratorium* in der Kirche und einem Familientreffen mit *Kaffee und Kuchen,* wobei die Wohnung der Familie nach dick mit Butter bestrichenem Strudel und Stollen duftete. Für mich wurde dadurch alles offiziell: Astrid und ich spielten zusammen im Doppel und waren auf dem Weg, auch sonst ein Paar zu werden. Es war schwer zu glauben, es war erst ein Jahr nach Katherines Tod, und mir wurde in der Liebe eine zweite Chance gegeben, so bald nach dem Ende der ersten. Hier war der Beweis: Astrids Schwager, ein Banker, schlug einen perfekten europäischen Aufschlag in mein Feld, ich spielte einen Slice zurück zu Astrids Schwester, die eine Vorhand cross zu Astrid spielte, die wiederum für einen Vorhand-Return zu ihrem Schwager in die Knie ging, der sich reckte, um einen klassischen Rückhand-Topspin zu schlagen. Wir spielten alle das gleiche Spiel, aber ich sah es ganz anders als die anderen. Sie sahen ein respektables, erholsames Match, aber ich beobachtete, wie mich der Flug des Tennisballes mit einer neuen Familie in Verbindung brachte, während er in der Luft die Koordinaten einer *Vita Nuova* bildete.

Dies waren Koordinaten, im magischen Denken meines vom Schmerz vernebelten Hirns, von denen ich annahm, dass sie schon vor langer Zeit bestimmt worden waren, im Zweiten Weltkrieg und in einer Episode aus der Vergangenheit, an die ich mich jetzt klammerte, und sei es nur, um mich selbst davon zu überzeugen, dass Astrid und ich vom Schicksal füreinander bestimmt waren.

1946 heiratete mein Vater, nicht allzu weit von Astrids Heimatstadt entfernt, eine Deutsche, die ihn mehr liebte als er sie. Er tat das, um seine eigene Haut zu retten. Sie war die Nichte von *il maresciallo*, dem Marschall, einem städtischen Beamten, der den Bauernhof führte, wohin mein Vater zur Zwangsarbeit eingeteilt worden war, nachdem seine italienische Armee 1943 die Seiten gewechselt und Hitlers Nazi-Achse verlassen hatte. Er verließ seine deutsche Frau schließlich, als sie schwanger war, und flüchtete zurück in sein heimatliches Kalabrien, wo er nach einigen Monaten meine Mutter kennenlernte – eine Frau, die er wirklich liebte.

Jetzt waren die Rollen verkehrt. Sein Sohn hatte sich in eine Deutsche verliebt, die ihn weniger brauchte als er sie. Eine Frau, die einen Gefährten suchte, während er einen menschlichen Druckverband suchte.

Weil ich so viel Tennis gespielt hatte, schlugen Astrid und ich ihre Schwester und ihren Schwager, aber nicht ohne Widerstand. Es war einer der wenigen Siege und sicher der denkwürdigste in meiner Zeit mit Astrid.

Wenn es nur einfach dabei geblieben wäre.

Vergil, Dantes Führer in den ersten beiden Gesängen des Jenseits, wusste ein oder zwei Dinge über Liebesaffären, die bald nach dem Auftakt wieder beendet waren. Unzufrieden mit der *Aeneis*, dem Buch, das ihn in den letzten zehn Jahren seines Lebens beschäftigt hatte, hinterließ er in seinem Testament die Anweisung, dass es bei seinem Tod verbrannt werden solle. Hätte man seinem Wunsch entsprochen, so hätte diese Tat die Nachwelt um das vermutlich größte Einzelgedicht gebracht, das vor der *Göttlichen Komödie* geschrieben worden war. Dankenswerterweise gab es einen Leser Vergils, der über dem Gesetz stand – weil er das Gesetz *war*: Kaiser Augustus, der die *Aeneis* vor den Flammen rettete und ihre Veröffentlichung anordnete. Dieser Herrscher der nicht so freien Welt hatte Vergils episches Gedicht über die mythische Gründung Roms in Auftrag gegeben. Er hatte Vergil Teile daraus rezitieren gehört und ihm behagten die Anspielungen auf ihn und sein Volk als Abkömmlinge der Götter. Aber er verstand nicht, dass große Teile der *Aeneis* in Wahrheit die Dinge, für die er als oberster Herrscher Roms und seines ausgedehnten Reiches stand, unterminierten. Denn Vergil begriff, dass sich der Ruhm Roms in einer Blutlache spiegelte. Francesca da Rimini war bereit, für die Liebe zu sterben; Vergils Held Aeneas war bereit, die Liebe für die Politik sterben zu lassen.

Nachdem die Griechen Troja bis auf die Grundmauern niedergebrannt haben, lässt Aeneas die Segel setzen, um nach einer neuen Heimat für sein Volk zu suchen. Schließlich erreicht er die Küste in der blühenden nordafrikanischen Stadt Karthago, die voller Arbeiter ist und in der es summt wie in einem Bienenstock. Das ist das Geräusch, das Aeneas am besten kennt und am meisten liebt: dieses Summen der Pflicht. Es nimmt ihn gefangen – so wie Dante am Anfang des *Purgatorio* von der Musik seines alten Freundes Casella gefangen genommen wird. Als er Troja verlor, verlor Aeneas auch seine Frau Kreusa. Sie ging hinter ihm, aber als er sich nach ihr umdrehte, war sie verschwunden. Er stürzte zurück in die brennende Stadt, um sie zu suchen, aber er stieß nur noch auf ihren Schatten: Geh weiter, sagte sie ihm in der Tat, erfülle dein Schicksal, gründe deine Stadt, heirate deine königliche Braut. Jemanden aus deinem Dorf. Und hör auf, Schatten wie etwas Festes zu behandeln. Aeneas flieht aus Troja mit seinem Vater Anchises auf den Schultern und seinem jungen Sohn, neben anderen Überlebenden.

Die afrikanische Königin, auf die er in Karthago trifft, Dido, ist allzu körperlich. Sie verliebt sich auf den ersten Blick in den gut aussehenden, pflichtbewussten Krieger – auch mit Hilfe eines von Cupidos Pfeilen. Sie verlangt danach, seine Geschichte zu hören. »Trauer, unaussprechliche Trauer,/ meine Königin, bittest du mich, wieder zum Leben zu erwecken«, sagt der starke, schweigsame Aeneas zu ihr – eine Formulierung, die uns an Francescas Worte an Dante in *Inferno* erinnern, als sie ihm erzählt, wie bitter es ist, auf ihre Vergangenheit zurückzuschauen aus der Perspektive des Leids. Dante platziert Dido tatsächlich neben Francesca im Kreis der Wollüstigen in der Hölle. Aber er missverstand Didos wahre Liebe, die voller Mitgefühl war und frei von den Trieben, die die Sünder in die Feuer Infernos versetzte. Und Aeneas verliebt sich genauso heftig in Dido, wie sie sich in ihn. Wie hätte er das auch nicht tun können? Sie war wunderschön, brillant, und sie lauschte voller Sehnsucht und Mitgefühl auf jedes seiner Worte.

Er schüttet dieser zartfühlenden Zuhörerin sein Herz aus, schlemmt an ihrem Tisch und genießt eine nachmittägliche Jagd mit ihr. Eines Nachmittags begeben sie sich gemeinsam in eine Höhle. Am Ende des Tages sind sie Mann und Frau.

Nun sind die Götter voller Furcht, besorgt, dass Aeneas in den Wonnen dieses afrikanischen Liebesnests verweilen und sein Streben nach Rom aufgeben könnte – auch noch im Land des Erzfeindes der Stadt. Also schicken sie Merkur hinab, der den Helden zur Vernunft zu bringen versucht:

… Du gründest das hohe Karthago/
Jetzt und erbaust die prächtige Stadt als Knecht eines
Weibes./Aber dein eigenes Reich und deine Bestimmung
vergißt du.

Deine Bestimmung vergißt du. Wenige sind dazu bestimmt, wie Aeneas, ein Reich zu gründen. Aber man kann Merkurs

Worte auch noch anders verstehen. Er sagt: *Mogli e buoi dei paesi tuoi.* Heirate jemanden aus deiner Heimatstadt. So wie es Aeneas seine verstorbene Frau Kreusa geraten hatte, bevor sie in den Flammen von Troja verschwand. *Wenn du in Karthago bleibst, Aeneas,* gibt ihm Merkur zu verstehen, *wird es dir ergehen wie Ulysses in Kalypsos Höhle: wie einem Mann, weit entfernt von seiner wahren Heimat, seinem metaphysischen Dorf.*

Aeneas lässt Merkurs Worte auf sich wirken und bereitet sich darauf vor, heimlich zu fliehen. Aber Dido erwischt ihn am Meeresufer und wirft ihm vor, sie wie einen Dieb in der Nacht zu verlassen.

»*Italiam non sponte sequor*«, antwortet er. »Ziehe ich doch freiwillig nicht ins Italerland.«

Es ist eine schwache Ausrede, aber sie ist wahr. Und doch braucht Dido noch etwas mehr von Aeneas, eine Wut, etwas, das ihr zeigt, dass er, wenn er schon gehen muss, es nur mit gebrochenem Herzen tut. Aber es ist zu spät. Aeneas hat schon alles verloren – so sah er zu, wie seine Stadt bis auf die Grundmauern niederbrannte, und verlor seine Frau Kreusa im Feuer. So wie auch bei Dante und Ulysses ist sein Schicksal ewiges, inneres Exil. Er verstummt. Dido stürmt davon und sagt Aeneas, dass sie ihn und sein zukünftiges Volk der Römer für immer verfluchen wird.

In ihrem Zorn befiehlt Dido ihrer Schwester Anna einen Scheiterhaufen in ihrem Hof zu errichten, so dass sie alle Sachen von Aeneas verbrennen kann, einschließlich des Bettes, in dem sie geschlafen haben. Während Aeneas' Schiff den Hafen verlässt, wirft sich Dido auf den Scheiterhaufen und macht ein Begräbnisfeuer aus dem, was ein reinigendes Feuer hätte sein sollen, und stößt sich Aeneas' Schwert in den Bauch.

Soll ungerächt denn ich sterben?/Ja, ich sterbe auch so…
Schau er dann hoch vom Meere noch dieses Feuer,
der harte Troer, und trage mit sich die Ahnungen
unseres Todes.

Dies sind Didos letzte Worte.

»Du hast ein Problem«, sagt Astrid zu mir in einer von Edelweiß' mittelalterlichen Wirtshäusern nach unserem Tennis-
match. »Ein großes.«

»Oh ja, und was für eins?«

»Du weißt genau, was für eins.«

Ich weiß es, aber ich kann es vor mir selbst nicht zugeben, weil es zu beschämend ist. Selbst als Astrid das Wort mit
ihrem deutschen Akzent ausspricht, *Issa-bel*, das S zischend,
so wie Ulysses seine flammenden Worte Dante in der Hölle
zuzischte, nehme ich die übliche defensive Haltung ein und
lasse die Worte der gütigen und wohlmeinenden Rosalind in
meine Rede einfließen.

Ich versuche mein Bestes, sage ich. *Es ist keine leichte Situation, und ich habe auch nicht auf alles eine Antwort. Isabel kriegt
einen Haufen Liebe. Ich versuche nur, wieder auf die Beine zu
kommen.*

Vielleicht liegt es daran, dass ich in Deutschland bin und
alle anderen eine andere Sprache sprechen, oder vielleicht
auch daran, dass ich vom Bier beschwipst bin, aber meine
Worte klingen wie auswendig gelernt und hohl.

Bald nach unserer Zeit in Deutschland trafen Astrid und ich
uns in San Francisco bei der jährlichen Konferenz der Modern
Language Association wieder. Zum ersten und letzten Mal waren es nur wir beide, da Anja bei Astrids Mutter in Deutschland geblieben war und Isabel wie üblich bei meiner Familie in

Rhode Island. Wir aßen Kaninchen bei Chez Panisse in Berke-
ley. Wir fuhren über die Golden Gate Bridge. Sie lernte meine
Freunde von der Westküste kennen. Wir liebten uns am Nachmittag in dem Konferenzhotel, die Vorhänge waren zugezogen,
und ein Schild BITTE NICHT STÖREN hing an der Tür, zwischen dem Wirbel postkolonialer Paneele und viktorianischer
Bars. Jeden Morgen ging ich runter, um im Hyatt Starbucks,
Kaffee und Joghurt zum Frühstück zu holen. Ich trug eine
Baseballkappe, um mein zerzaustes Haar zu bedecken, und ein
Sakko, um mein zerknittertes T-Shirt zu verbergen. Während
der Fahrstuhl die Betonplatten herabglitt, hatte ich Tagträume
über die Weihnachtszeit in Deutschland, denn ich war sicher,
dass Astrids und mein Sieg im gemischten Doppel in Edelweiß
der Anfang von etwas Neuem gewesen war.

Dann machten wir uns an Silvester gemeinsam mit dem
Auto auf den Weg.

Am 31. Dezember 2008 checkten Astrid und ich aus unserem
Konferenzhotel in San Francisco aus und fuhren nach Sonoma,
um mit Freunden von ihr in einer Hütte in den Bergen Silvester zu feiern, eine Situation, die nicht romantischer hätte sein
können. Auf dem Weg fuhren wir durch kleine ländliche Orte,
die Bio-Backwaren und Fair-Trade-Kaffee verkauften, und wir
hielten häufig an, um uns zu umarmen, in der Sonne zu baden, über Kollegen zu klatschen. Allem Anschein nach waren
wir ein Paar. Alles bestens, unsere Größe, unser Haar, die Lauf-
bahnen und Familienwerte – für einen Außenstehenden sahen
wir vielleicht so aus, als wären wir in unseren Flitterwochen
oder an einem unserer Jahrestage. Diese Fahrt nach Sonoma
kam der Chance, ein Paar zu sein so nah, wie überhaupt nur
möglich – was sein schockierendes Gegenstück – die Fahrt von
Sonoma zurück – nur noch verwirrender machte.

Nach einem beklemmenden Silvester – wann immer wir mit ihren Freunden zusammen waren, zeigten sich Astrids Zweifel an unserer Beziehung in einem peinlich berührt wirkenden Mangel an Zuneigung zu mir – stiegen wir wieder in unseren Leihwagen, das Liebesmobil, das uns von San Francisco hierher gebracht hatte. Aber als sich der Wagen dem Flughafen näherte, änderte sich alles. Astrid war dabei, von New York wegzuziehen, um eine Stelle als außerordentliche Professorin in einem College im Mittleren Westen anzutreten. Sie hatte noch eine Woche Zeit, um ihre Wohnung auszuräumen und in einer Stadt, die für beide völlig neu war, einen Hort zu finden und die Kinderbetreuung für ihre Tochter zu organisieren. Sie bestand darauf, das alles ohne meine Hilfe zu bewerkstelligen. Die Realität dessen, was auf sie zukam, hielt nun Einzug. Die Feiertage, erst in Deutschland, dann in Kalifornien, waren ein wunderbares Intermezzo für Astrid gewesen. Aber jetzt hatte sie Arbeit vor sich, eine Tochter zu beschützen, ein neues Leben aufzubauen. Sie hatte jenes Tennis-Doppel in Edelweiß anders erlebt als ich. Wenn Astrid auch froh gewesen war, mich auf ihrer Seite des Tennisplatzes neben sich zu haben, wäre sie ebenso zufrieden gewesen, Einzel zu spielen. Ich war es, der den Gedanken nicht ertragen konnte, Grundschläge allein auszuführen.

Nachdem wir unseren Leihwagen abgegeben hatten, aßen wir schweigend Burritos am Flughafen von San Francisco und stellten uns darauf ein, unsere verschiedenen Flugzeuge zu besteigen: ich meine Maschine nach Providence auf dem Weg nach Westerly, zu meiner Mutter und meinen Schwestern, meinem Klein-Kalabrien; sie nach La Guardia und dem Loft in Brooklyn, das Jorge und sie sich zusammen eingerichtet hatten. Zu dem Ort, den Anja und sie ihr Zuhause nannten.

Dido und Aeneas werden sich wiedersehen – nach Didos Tod.

Nachdem er die karthagische Königin verlassen hat, besucht Aeneas die Unterwelt, um die Prophezeiung seines Schicksals von seinem verstorbenen Vater Anchises zu erfahren. Auf dem Weg dorthin erblickt er den Geist Didos, »schattenhaft unter den Schatten« – wie ein Geist selbst unter den Geistergefährten. Schließlich gibt Aeneas ihr das eine, worum Dido ihn gebeten hatte: eine ehrliche Erklärung.

»Ich schwör's bei den Sternen«, sagt er zu ihr, »schwer nur Königin, ging ich hinweg von deinem Gestade/Aber der Götter Gebot … das hier durch die Schatten zu wandeln … mich nötigt,/trieb mich fort mit gebietender Macht.«

In der Hölle ist es immer die Schuld der anderen – für Aeneas die der Götter, für Francesca die der Liebe, die des Schicksals für Ulysses. Nachdem Aeneas gesprochen hat, wendet Dido sich ab, die Blicke auf den Boden gerichtet. Ohne ein Wort für den Mann, für den sie gestorben ist, flieht sie zu ihrem verstorbenen Ehemann Sychaeus, dem Mann, den sie vor Aeneas geliebt hatte. Er teilt ihren Gram, »schenkt Liebe um ihre Liebe.«

Schenkt Liebe um ihre Liebe. Das eine, was Aeneas ihr nicht geben konnte, weil er nicht verstand, dass man, um jemanden wirklich zu lieben – und nicht bloß seine Libido an denjenigen zu knüpfen, wie Freud sagen würde – bereit sein muss, Dinge aufzugeben, selbst die Pflichten den Göttern gegenüber.

Am Ende der *Aeneis* bekommt Aeneas schließlich, was er will: Er heiratet eine königliche Frau, jemanden aus seinem metaphysischen Dorf, die sanfte Schönheit Lavinia, und gründet eine herrschaftliche Stadt, indem er an dem Ort, der später Rom werden sollte, die eingeborenen Stämme besiegte. Aber in der letzten Szene des Buches – in einem Schluss, der Dante eifersüchtig gemacht haben muss – werden wir Zeuge der schrecklichen Wirkung, die die Pflichterfüllung auf Aeneas hatte. Kurz bevor er seinen Todfeind Turnus abfertigt, verliert Aeneas den Verstand beim Anblick der Rüstung von seinem Freund Pallas auf Turnus' Schultern, die Turnus als Kriegsbeute an sich genommen hatte, nachdem er Pallas getötet hatte:

… da entbrennt er in Wut und Entrüstung/Fürchterlich wild:
›Du hier, mit dem Raube der Meinen bekleidet,/
Solltest entrinnen mir noch? Es opfert dich Pallas mit dieser/
Wunde, und Pallas nimmt am Blut, dem verruchten,
die Rache!‹

Du siehst, ich bin es nicht, der dies tut, sagt er, *es ist… Pallas.* Wie einer es wollte, um die Worte von Dantes Ulysses zu gebrauchen. Aeneas kann weder die Verantwortung dafür übernehmen, Dido zu verlassen, noch dafür, Turnus abzuschlachten. Deshalb hat Dante Francesca in der Hölle angesiedelt und deshalb hat sich Dido geweigert, auch nur mit Aeneas zu sprechen: Weil sich die Verdammten immer weigern, Verantwortung für ihre Taten zu übernehmen und die größte Gabe von allen, den freien Willen, anzunehmen.

Es ist sehr leicht, mitten in der Trauer und dem Schmerz, zu denken, dass man keinen freien Willen mehr hat. Schließlich ist man ein Opfer des Schicksals – wie Ulysses, der hilflos dabei zusieht, wie ein heftiger Sturm ihn und seine Mannschaft versenkt. Aber ein Teil des Prozesses, wieder auf die Beine zu kommen, besteht darin zu begreifen, dass es tatsächlich Teile des eigenen Lebens gibt, die man sich zurückerobern muss. Ich verstand das sofort, als es um meine berufliche Laufbahn ging, weil ich an meiner Arbeit festhielt, nachdem der Rest meines Lebens zerbrochen war. Für Dante war der freie Wille eine besonders wertvolle Kategorie, weil in seiner Welt Gott alles sah und wusste – und der Einzelne doch, wie Dante glaubte, innerhalb dieser göttlichen Struktur die Freiheit hatte, seinen eigenen Lebensweg zu finden. Der Dialog zwischen dieser individuellen Freiheit und einem wohl geordneten christlichen Kosmos verwandelte den freien Willen in die ultimative Gabe – und Last – für die Menschheit. Für mich hieß freier Wille auch, die neuen Rollen, die der Tod mir auferlegt hatte – alleinerziehender Vater, Witwer – mit der gleichen Energie und Kreativität anzunehmen, mit der ich meine Karriere verfolgte. Aber jene beiden Rollen waren wesentlich schwieriger, ja erschreckender, als die mir vertrauten Bereiche von Lehre und Forschung, und daher hielt ich mich an das, was ich kannte, mit der Entschlossenheit, mit der Francesca Paolos leblosen Körper umarmte, statt mich aus der Komfortzone, in der ich die Kontrolle hatte, einmal fortzuwagen.

Dante muss den freien Willen verstehen, bevor er das Purgatorio verlassen kann – und sein Führer Vergil weiß das. In einem atemberaubenden Garten oben auf dem Läuterungsberg und nach einundsechzig Cantos zusammen, standen Dante und Vergil am Eingang zum Garten Eden, der letzten Station vor dem Himmel. Sie haben die seltsamste literarische Freundschaft geschlossen, eine enge Verbundenheit zwischen einem Christen des Mittelalters und einem antiken Heiden, die durch ein Jahrtausend voneinander getrennt sind. Verzaubert von Beatrices sich näherndem Triumphwagen, hörte Dante kaum, wie sein geliebter Führer sprach:

Das zeitliche Feuer hast du gesehen, mein Sohn,
und auch das ewige. Du bist an dem Ort angelangt,
über den hinaus ich keine Kenntnis habe.

Dann spricht Vergil zum letzten Mal in dem Gedicht und schenkt Dante das eine, das er selbst nie erlangen konnte:

Frei, gerade und gesund ist dein Wille, erklärt Vergil Dante. *Darum verleihe ich dir über dich selbst Krone und Mitra.*

Freier Wille: das eine, was du brauchst, bevor du wieder lieben kannst. Vergil hat Dante, in seinen eigenen Worten, »*lo maggior don*«, das größte Geschenk verliehen.

Ein paar Monate lang tat ich so, als wären die Dinge zwischen Astrid und mir nicht mit der Rückfahrt von Sonoma und den Burritos am San Francisco International Airport zu Ende gegangen. Ich besuchte sie an ihrer neuen Stelle im Mittleren Westen, sie hielt mich weiterhin nachts fest umschlungen, während meine Brust an ihrer schlug; ich erzählte ihr weiterhin, dass ich bis über beide Ohren drinsteckte. Aber ich konnte spüren, wie sie mir entglitt, bereits einem Leben verpflichtet, das mich nicht mit einschloss.

Wir versuchten Pläne zu schmieden, aber am Ende stritten wir uns immer bloß – brachten uns, wie Astrid immer sagte, in eine »Zwangslage«, wobei ihre leicht fehlerhafte Aussprache dem Wort eine grässlich teutonische Autorität verlieh.

»Wir können diesen Traum träumen«, sagte sie zu mir, »mit meiner Wohnung in Brooklyn als Basis, während wir unsere Karrieren woanders verfolgen. Wir werden uns so oft sehen, wie möglich. Ich weiß, wir kriegen das hin.«

Aber ich wusste, dass dies bedeutete, ein Leben zu ihren Bedingungen zu führen, in dem Loft, in dem sie in Cobble Hill mit Jorge zusammengelebt hatte, einem brillanten Designer, der ihr kleines Schlafzimmer in etwas verwandelt hatte, das sich für eine Fotostrecke in einem Magazin eignete. Dies war ihr amerikanischer Traum, das städtische Leben, weswegen sie aus ihrem gemütlichen deutschen Dorf fortgegangen war. Ich sagte, dass wir näher am Bard und dem Hudson Valley leben sollten: Ich war auf Lebenszeit verbeamtet, ich würde versuchen, eine Stelle für sie auszuhandeln. Wir könnten ein Bauernhaus renovieren, bedrängte ich sie, wir würden mehr Bionahrung haben, als ein Hofladen anbieten konnte – Felder und Wiesen, auf denen unsere Mädchen herumtollen konnten, Sirup vom Feinsten und Honig, der die Götter erfreute. Ich wollte sie zu meinen Bedingungen, so wie sie mich zu ihren wollte. Wir konnten uns nicht auf gemeinsames, neutrales Terrain einigen, weil es das zwischen uns nicht gab. Am Ende teilten wir nur eine Geschichte miteinander – eine so mächtige und bewegende, dass sie uns monatelang zusammenhielt, aber schließlich doch der schweren Last des Alltagslebens gegenüber hoffnungslos unterlegen. Wir hatten beide einen Doktortitel, aber wir mochten nicht dieselben Bücher; wir hatten kleine Töchter, aber wir wollten sie unterschiedlich erziehen; wir hatten unsere Ehepartner verloren, aber was diese Abwesenheit bedeutete, war für uns grundlegend verschieden. Ich wollte die Hälfte meines Lebens, die mir der Tod genommen hatte, unbedingt wiederhaben. Astrid fühlte sich mit sich und ihrem Kind ganz vollständig.

Ein paar Monate nach unserem gemischten Doppel und den Burritos tauchte ich in New York auf, um während der Frühjahrsferien die Woche mit Astrid zu verbringen. Als ich in die Wohnung kam, lächelte sie nicht. Sie nahm mich in der Tür in Empfang, versperrte mir den Eintritt und stellte mir dieselbe Frage, die sie schon vor sechs Monaten in der Bar Boulud gestellt hatte: »Wo ist Isabel?« Statt ihre Frage zu beantworten, errichtete ich meine übliche verbale Maginot-Linie.

»Isabel geht es gut – sie ist zu Hause bei meiner Familie, wo sie hingehört.«

»Nein, Isabel gehört *hierher* – zusammen mit dir, mit uns. Du kannst das einfach nicht sehen.«

»Ich kann das nicht sehen, weil du mich nichts sehen lässt, was dir nicht passt. Du willst uns hier zu *deinen* Bedingungen, nicht zu unseren.«

Und so weiter. Wir verbrachten die nächsten achtundvierzig Stunden damit, darüber zu streiten, dass ich unfähig war, mich von meiner Familie zu lösen und Isabel selbst aufzuziehen, dass sie sich weigerte, Isabel und mich in Anjas und ihr Leben hineinzulassen, und dass ich ebenfalls unfähig war, zu verstehen, warum sie etwas für sich außerhalb von »uns« brauchte (was eine andere Form war zu sagen: dass ich unfähig war zu verstehen, warum sie nicht wie Katherine sein konnte). Anja weinte während meines ganzen Besuchs ununterbrochen, als ob die säuerliche Atmosphäre zwischen Astrid und mir sie krank machte. Nach zwei Tagen von dem, was unsere gemeinsame Woche hätte werden sollen, stieg ich an der Penn Station in einen Zug, um zurück nach Westerly und zu Isabel zu fahren. Die Erschöpfung hatte uns zur beiderseitigen Kapitulation gezwungen: Wir waren uns einig, dass die Dinge zwischen uns schließlich und unwiderruflich vorbei waren. Als der Zug aus New York heraus und die vertraute Küstenlinie von Connecticut entlangfuhr – an der industriellen Tristesse von Bridgeport, den rostigen Brücken von New London, den großartigen Meeresarmen von Mystic vorbei – fühlte ich mich absolut einsam. Aber ich war zu müde, um traurig zu sein, und als der Zug Rhode Island erreichte, pochte mein Herz vor Freude bei dem Gedanken, wieder mit Isabel zusammen zu sein. Astrid hatte recht gehabt: Ich hatte *tatsächlich* ein großes Problem, und das war nicht mein Liebesleben. Ich hatte immer noch nicht den Schlüssel zu der größten Herausforderung meines Lebens gefunden: wie ich meine

Welt mit Hilfe meiner Familie um Isabel herum neu aufbauen könnte. An jenem warmen und wolkenlosen Tag hatte ich die Antwort auf diese Frage immer noch nicht. Aber zumindest machte ich mir nicht mehr vor, dass die magische deutsche Frau, über die ich schon monatelang fantasiert hatte, bevor ich sie dann tatsächlich traf und mich in sie verliebte, ihren Zauberstab über meinem zerbrochenen Leben schwenken und es wieder mit einem Schlag zusammenschmieden könnte, genauso elegant, wie ihr Schwager seine einhändige Rückhand geschlagen hatte. Jetzt war ich allein, das war sicher. Aber zumindest stand ich nicht mehr unter dem Bann des magischen Denkens.

Als ich in Westerly aus dem Zug stieg, wirkte die Luft zum ersten Mal seit Katherines Tod nicht länger elektrisch.

5. KAPITEL

Die Mühlen der Justiz

st dies die Adresse von Joseph Luzzi?«
Ich hatte diesen offiziellen, sanft drohenden Ton schon einmal gehört – als vor einem Jahr, am 29. November 2007, der Wachmann im zweiten Stock der Olin Hall von Bard nach mir gesucht hatte, am Morgen von Katherines Unfall. Der Wachmann hatte mich nur nach meinem Namen gefragt, aber es hatte schon gereicht, mich dazu zu bringen, die Treppe hinunterzurennen, in ein anderes Leben. An diesem Abend konnte ich allerdings nirgendwohin laufen. Ich verbrachte, was selten vorkam, ein Wochenende mit Isabel in Tivoli: Meine Schwestern Mary und Rose hatten sie von Rhode Island hierher gebracht, und ich hatte sie gerade in dem Zimmer schlafen gelegt, das eigentlich ihr Kinderzimmer hatte werden sollen. Der Mann an der Tür hatte Unterlagen dabei. Er sagte in wohl eingeübten Worten zu mir, dass mir etwas »zugestellt werde«, und sein passiver Ton enthob ihn jeglicher Verantwortung. Katherines Testamentsvollstrecker wurde verklagt, und ich, als ihr Bevollmächtigter, wurde ausdrücklich namentlich als Beklagter genannt. War mein Leben immer noch in lauter Einzelteile zerfallen, wurde ich jetzt auch noch in die wahnwitzigen Abgründe eines Rechtsstreites gestürzt –

ausgerechnet von dem Fahrer des Wagens veranlasst, Eddie Knight, der meine Frau getötet hatte und jetzt Schmerzensgeld für die Verletzungen, die er durch den Unfall davongetragen hatte, verlangte. Wenn es ein einzelnes Ereignis in der Folge von Katherines Tod gab, das mich beinahe zerbrochen hätte, dann dieses. Ich hörte jene Stimme sagen: *Mach weiter*, aber sie wurde schwächer und schwächer, als ich auf der Linie unterschrieb und bestätigte, dass ich in der Tat Joseph Luzzi war.

La Bocca Sollevò dal Fiero pasto.

»Den Mund hob er von dem tierischen Fraß« – als mein Onkel Giorgio diese Worte vor dreißig Jahren rezitierte, bedeutete das den Beginn meiner lebenslangen Reise mit Dante Alighieri, Italiens größtem Schriftsteller. Auf der langen Zugfahrt aus Kalabrien zurück nach Florenz wiederholte ich still Giorgios Worte, während ich mir den Pisaner Graf Ugolino vorstellte, wie er am Schädel seines Feindes, des Erzbischofs Ruggieri, nagt, im Kreis der Verräter, im neunten und tiefsten Kreis der Hölle. Im März 1289 und auf Befehl Ruggieris wurden Ugolino und seine Familie in Pisas berüchtigten Hungerturm geworfen. Ein paar Tage später hörten Ugolino und seine Kinder zu der Stunde, in der ihnen gewöhnlich ihr Essen gebracht wurde, ein hallendes Hämmern: das Einschlagen von Nägeln, um den Eingang zum Turm zu verschließen. Kein Essen mehr und auch kein Wasser. Die Kinder konnten es nicht länger ertragen: »Vater, es tut uns viel weniger weh«, baten sie, »wenn du von uns isst. Du hast uns bekleidet/mit diesem elenden Fleisch, nimm es dir wieder.« Innerhalb von sechs Tagen verhungerten alle vier seiner Kinder. Blind vor Kummer und Hunger stolperte und tapste Ugolino über ihre Leichen, rief nach ihnen – aber sie waren bereits tot. Aber am siebten Tag war auch er gebrochen:

Poscia, più che'l dolor, potè'l digiuno.
Dann übermannte mich der Hunger mehr noch als der Schmerz.

Wir werden vielleicht nie ganz genau wissen, ob Ugolino nun seine Kinder aß oder nicht – es ist schwierig, Dantes Vers, dass »ihn der Hunger mehr noch übermannte als der Schmerz« auf eine ganz bestimmte Bedeutung festzulegen. Und genau genommen ist Ugolino wegen Verrats in der Hölle, nicht wegen Kannibalismus. Aber ich glaube, dass er sie tatsächlich gegessen hat. Dantes Poesie mit ihren kannibalistischen Bildern legt das ebenso nahe wie sein System der Gerechtigkeit: Für alle Ewigkeit zu Kannibalismus verdammt, muss Ugolino in seinem Leben ein ähnliches Verbrechen begangen haben. Dante, der in der Blüte seines Lebens wegen eines Handels zwischen seinen politischen Rivalen und Papst Bonifazius VIII. ins Exil verbannt worden war, verstand, dass perfektes, göttliches Recht nur auf den Seiten seiner *Göttlichen Komödie* existieren konnte. Dieser Abstand zwischen menschlichem Recht und absoluter Gerechtigkeit ist das Hauptthema seines *Inferno*.

Ugolinos dunkle Worte enthüllen das Gerechtigkeitsprinzip in Dantes Hölle: Die Sünde bestimmt die Strafe. Als Dante auf Bertran de Born trifft, einen Agitator, der den König von seinen Untertanen trennte, trägt Bertran sein eigenes abgeschlagenes Haupt in seinen Armen und verkündet: »*Così s' osserva in me lo contrapasso*« – »So geschieht an mir die genau angepasste Vergeltung.« Mit dem Prinzip der genau entsprechenden Vergeltung, des *contrapasso*, meinte Dante, dass die gleiche Kraft, die die Sünde erzeugte, nun zurückkehrt, um als ihre Strafe zu dienen. In Gottes Welt ist Gerechtigkeit absolut und mathematisch präzise.

Ich war der Hölle entkommen und nun im Fegefeuer und –

mit jenem Federstrich, mit dem ich feststellte, in der Tat Joseph Luzzi zu sein – war ich drauf und dran, meine eigene Version des ewigen Kampfes zwischen menschlichem Recht und echter Gerechtigkeit zu erleben.

»Die Mühlen der Justiz mahlen sehr langsam.«

In einem Café in der Nähe des Dutchess County Courthouse in Poughkeepsie, nur ein paar Kilometer von dort entfernt, wo Katherine gestorben und Isabel geboren worden war, sagte mein Anwalt Aaron Arweld diese Worte zu mir. Es war jetzt November 2010, zwei Jahre, nachdem ich in dem Prozess gegen Katherine verklagt worden war, und drei Jahre nach ihrem Unfall. Ich hatte bis zum letzten Augenblick gewartet – buchstäblich bis zu den letzten Tagen vor Ablauf der gesetzlichen Frist – um meinerseits Anklage gegen den Fahrer, der sie gerammt hatte, zu erheben. Seit Jahren hatte meine Familie mich schon gedrängt, das zu tun.

Isabel hat alles verloren, sagten sie, *sie verdient eine Entschädigung dafür. Geld bringt Katherine auch nicht zurück, aber...*

Dennoch war ich geradezu gelähmt. Ich konnte mich nicht dazu durchringen, den Kampf mit diesem anonymen Mann aufzunehmen, der den fatalen Lastwagen gefahren hatte. Ich war es Isabel schuldig, so viel wie möglich zu ihren Gunsten herauszuschlagen. Niemand würde leugnen, dass das, was Isabel und mir widerfahren war, eine Tragödie war. Aber es waren ja vor allem praktische Erwägungen, die das Verhalten aller steuerten, die mit dem Unfall zu tun hatten: der Fahrer, der eine Entschädigung wollte; die Versicherungen, die ihre Geldbörsen öffnen wollten; die Anwälte, die entweder Geld verdienen oder andere daran hindern wollten, etwas zu verdienen; und meine Familie, die eine sichere Zukunft für Isabel wollte, zumindest in finanzieller Hinsicht. Alle spielten ihre

Rolle, nur ich nicht. Nach drei Jahren des Zögerns und Zauderns ergab ich mich schließlich dem, was ich als meine logische elterliche Pflicht ansah, und reichte Klage ein. Als ich die Unterlagen in Arwelds Kanzlei mitten in Manhattan unterzeichnete, hatte ich das Gefühl, mich übergeben zu müssen.

Arweld war ein gedrungener, angenehmer Mann, dessen Frau an einem College in der Nähe von Bard Geschichte gelehrt hatte, also verstand er auch meine akademische Welt. Wir waren uns sofort sympathisch, und er verschaffte mir Arbeit. Zu meinen Aufgaben gehörte, ihm Fotos von der Unfallstelle zu schicken, mit seiner Assistentin über den Fall zu sprechen und die endlosen Formulare auszufüllen, die zu einem Gerichtsverfahren gehören. Bald entdeckte ich die quälende und pedantische Langsamkeit von Rechtsstreitigkeiten. Trotz meiner anfänglichen Frustration darüber, wie lange die Mühlen der Justiz brauchten, um zu mahlen, gelang es mir schließlich, Bewunderung für das Schneckentempo des Verfahrens und seine gletscherhafte Geschwindigkeit zu empfinden, die die Möglichkeit unkontrollierter Gefühlsausbrüche erodieren ließen.

»Man weiß einfach nie, was geschehen wird«, Arweld wiederholte seinen Lieblingssatz, während er an seinem Gebäck herumpickte.

Die Jahrzehnte, in denen er Zeuge unerwarteter Entscheidungen durch die Geschworenen und unvorhergesehener Urteile durch die Richter geworden war, hatten ihn dazu gebracht, tiefgründiger über die menschliche Natur nachzudenken als irgendjemand, den ich je an der geisteswissenschaftlichen Fakultät eines Colleges kennengelernt hatte. Er hatte schon alles gesehen – bis auf dieses: eine Frau, die von einem Fahrzeug überfahren wird und dann noch ein Kind zur Welt bringt, bevor sie stirbt. Wir waren auf rechtlich noch nicht kartographiertem Boden. Das Einzige, worüber wir uns sicher sein konnten, war, dass die Versicherungen nicht würden zahlen wollen und die Anwälte der Verteidigung auch alles daransetzen würden, sie davon abzuhalten.

Also setzte ich mich und füllte die Formulare aus.

Auch Dante hatte seinen Teil von gerichtsnotorischen Akten gehabt. Er unterzeichnete 1300 das Dekret, das Guido Cavalcanti verbannte, und entschied sich für Gerechtigkeit statt für Freundschaft. 1302 geriet er in Wut über den Entscheid von Florenz, dass er lebendig verbrannt werden sollte, falls er in die Stadt zurückkehrte. Und als er sich 1305 schließlich hinsetzte, um die *Göttliche Komödie* zu schreiben, war die Frage nach der Gerechtigkeit sein oberstes Interesse – besonders, wenn er an Brunetto Latini dachte.

Ser (oder »Sir«) Brunetto war ein brillanter Gelehrter, der um 1220 geboren worden war, eine Generation vor Dante. Als seine Guelfen-Partei in der historischen Schlacht von Montaperti 1260 den Ghibellinen unterlag, beschloss Brunetto in Frankreich zu bleiben, wo er auf einer diplomatischen Mission gewesen war. Während er dort war, schrieb er ein enzyklopädisches Gedicht, *Der Schatz*, das die Grundlagen des rhetorischen und humanistischen Lernens lehrte. Er gehörte zu den ersten Intellektuellen im Mittelalter, die auf eine Rückkehr zur griechisch-römischen Kultur drängten, eben jener heidnischen Weltsicht, verkörpert von Dantes Führer Vergil, die den Weg zur europäischen Renaissance ebnete. Es ist unklar, ob Dante tatsächlich Brunetto kannte oder nur seine Schriften; ganz gleich, Brunettos Worte lehrten Dante, wie er in *Inferno* schreibt, »*l'uom s'etterna*« – »*wie der Mensch sich verewigt.*«

Brunettos angebliche Homosexualität brachte ihn in Dantes Höllenkreis der Sodomiten. Tatsächlich gibt es keinen Hin-

170

weis auf seine sexuelle Orientierung oder darüber, dass er sich in sexuelle Aktivitäten verstrickt hätte, die Dantes katholische Kirche verdammte, und die Gelehrten streiten auch heute noch darüber, an welche spezielle Abweichung Dante dachte, als er beschloss, Brunetto in den brennenden Sanden zu platzieren. Was immer der Grund gewesen sein mag, es ist nicht Brunettos angebliche Sünde, die Dante Kummer bereitete, als sie sich in der Hölle trafen: Es ist Brunettos Glaube, dass äußere Kräfte, gar der Zufall, ihn in die Hölle versetzt hätten, und dass er selbst schuldlos sei.

Als er Brunetto in den brennenden Sanden der Hölle erblickt, fragt Dante einfühlsam: »*Ihr* seid hier, Herr Brunetto?«, worauf sein Lehrer antwortet: »Oh mein Sohn ... Welches Geschick oder welche Bestimmung führt dich vor dem letzten Tag hier herunter? Und wer ist der Mann, der dir den Weg zeigt?« Und schnell antwortet Dante ihm: »Dort oben im heiteren Leben verirrte ich mich in einem Tal, bevor mein Lebensalter erfüllt war.«

In der Mitte unseres Lebenswegs, sagt Dante im Prinzip, *kam ich zu mir in einem dunklen Wald*. Bewegende Worte, besonders von einem früheren Studenten – aber Brunetto hört nicht zu. Kurz nachdem er auf Dante gestoßen ist, gerät er in einen Wutanfall und wettert gegen die Florentiner – »*quello ingrato popolo maligno*«, »dieses undankbare, bösartige Volk« – und warnt Dante davor, dass auch er unter den Folgen der vergifteten Politik Florenz' leiden wird. Die Menschen in der Hölle lieben den Klang ihrer eigenen Stimmen, und Brunetto ist auch nicht anders. An Stelle von Mitgefühl oder einem gütigen Wort des Rates fährt der verkohlte Brunetto fort, hochtrabende Reden zu halten: »Folgst du deinem Stern«, so seine berühmten Worte an Dante, »kannst du den ruhmreichen Hafen nicht verfehlen.«

Geschick, Sterne, Bestimmung. Brunetto evoziert die Regeln des Zufalls, die Dante gerade mit seinem freien Willen hinter sich zu lassen lernt. Mehr noch, Dante versucht sich von dem Hass zu befreien, der die ersten Jahre seines Exils zum Tiefpunkt seines Lebens hatte werden lassen. Der Anblick seines früheren Lehrers, der die Florentiner verflucht, rührt Dante zu Mitgefühl. Wir fragen uns, ob er wieder in Ohnmacht fallen wird, so wie es ihm bei Paolo und Francesca widerfahren ist. Aber er ist inzwischen auf seiner Reise vorangekommen und hält eine seiner ersten gereiften Reden im Gedicht. »Mein wichtigster Wunsch wäre«, sagt Dante zu Brunetto, »Ihr wäret noch nicht verbannt aus der menschlichen Natur.« Dante hat genug davon, sich um die Launen des Zufalls zu kümmern – er möchte über die menschlichen Gesetze hinauskommen und ein höheres Verständnis von Gut und Böse erreichen. Seine Worte legen nahe, dass er Brunetto immer lieben wird. Aber es ist Zeit, sich von ihm zu verabschieden.

»Es sei dir mein *Tesoro* empfohlen. In ihm lebe ich weiter, mehr verlange ich nicht«, sagt Brunetto zu ihm, als sie voneinander scheiden. Wir haben diese Worte alle auch schon gehört: *Es ist wirklich wunderbar, deine Neuigkeiten zu hören, aber lass mich dir von* mir *erzählen …* Wie so viele Sünder in der Hölle ist Brunetto stolz auf seine eigenen Worte, unfähig auf andere zu hören.

Dann wandte er (Brunetto) sich um und lief weg –
er sah aus wie einer, der in Verona ums grüne Tuch
über das Feld rennt, wie einer von ihnen, der siegt,
nicht wie einer, der verliert.

Jedes Jahr während Dantes Lebenszeit wurde vor den Toren Veronas ein Rennen abgehalten. Alle Teilnehmer waren nackt, und der Gewinner erhielt ein grünes Tuch, der Verlierer einen krähenden Hahn. Ist Brunetto der Sieger oder der Verlierer? Unmöglich, das zu beantworten.

Als die Klage eingereicht wurde, begriff ich, dass ich das Opfer war und nichts Falsches getan hatte, womit ich die schreckliche Realität von Katherines Tod verdient hätte. Aber ich war immer noch von dem Gefühl gelähmt, dass ich Isabel gegenüber versagt hatte, indem ich nicht die Gelegenheit ergriffen hatte, mich ganz und gar und selbst um sie zu kümmern. Und indem ich Isabel gegenüber versagte, hatte ich das Gefühl, auch Katherine gegenüber versagt zu haben, weil ich nicht die Verantwortung für dieses Geschenk übernommen hatte, das sie mir hinterlassen hatte. Ich führte einen Kampf gegen meinen mächtigen Widersacher, den Schmerz, und wie bei Brunetto war es unmöglich zu entscheiden, ob ich vorankam oder nackt in die falsche Richtung rannte.

2011, als ich tief im Sumpf meines Rechtsstreites steckte, schickte mir Arweld ein Formular von einer Firma namens InterAnalytics. Der Fragebogen wollte den finanziellen Wert von Katherines Leben und unserer Beziehung feststellen, was Arweld dann im Prozess einsetzen wollte. Der blasierte, geradezu gelangweilte Tonfall des Dokumentes und sein puritanisches Verständnis von Schicklichkeit zogen mir den Boden unter den Füßen weg. Ich sollte all die Dinge auflisten, die Katherine und ich zusammen unternommen hatten – unsere gemeinsamen Hobbys und Interessen, einen typischen gemeinsamen Tagesablauf – als würde ich eine Steuererklärung ausfüllen oder eine Einkaufsliste zusammenstellen. Mein Herz raste, während ich die Informationen eintrug: Kaffee und Frühstück am Morgen, bevor wir unsere verschiedenen Wege zur Schule oder zur Arbeit antraten; das abendliche Zusammentreffen, um gemeinsam Essen zu kochen und dann spazieren zu gehen oder einen Film zu sehen. Ich hatte das Gefühl, ich sollte meine geliebte Frau auf einer rein quantitativen, statistischen Grundlage ohne jeden geistigen Anteil beschreiben – wodurch sich umgekehrt Katherines Tod noch faktischer und belastender anfühlte, eine leblose Realität ohne jegliche Hoffnung. Indem ich die giftige Präzision des Fragebogens nachahmte, fügte ich hinzu, dass »Wochenend-Aktivitäten lange Spaziergänge, Einkäufe, den Besuch von Orten in der Nachbarschaft, den Besuch von Filmen und von Ausstellungen umfassten.« Aber als ich mit unterdrückter Wut das Dokument unterzeichnete, versuchte ich die toten Buchstaben des Fragebogens zu humanisieren: »Wie aus dem Obigen hervorgeht, war meine geliebte verstorbene Frau meine ständige Gefährtin – und die beste Freundin, mit der ich die sinnerfüllteste Zeit meines Lebens verbracht habe.«

Nirgendwo wurde ich gefragt, wie sehr ich sie geliebt oder was ihr Verlust für mich bedeutet hatte, oder aussagekräftigere Dinge wie, wie oft wir uns gestritten oder Sex gehabt hatten. Aber wie sollte man Liebe auch quantifizieren? Selbst wenn man wusste, wie oft jemand Liebe machte. Vielleicht tat der Fragebogen recht daran, sich an die äußeren Gegebenheiten zu halten.

In der Zwischenzeit begann mein Ekel, dass ich im Zusammenhang mit Katherines Tod um Geld prozessierte, dahinzuschmelzen, so wie auch – schon früher – darüber, dass es mir nicht gelungen war, sie vor dem Tod zu beschützen. Mit jedem Tag wog ihr Verlust schwerer, was es zunehmend schwieriger machte, mich mit hypothetischen Fragen abzulenken. Jene hypothetischen Fragen verloren sich in meiner neuen frustrierenden Realität: meinem aufwühlenden Versuch zu verstehen, wie ich Isabel ein richtiger Vater sein konnte, und der Frustration meiner Familie über meine Abwesenheit in Isabels Leben. Was alles durch die mörderischen, wöchentlichen Pendelfahrten zwischen Rhode Island und New York State und dem Mangel an Freunden in Westerly nur noch anstrengender wurde. Diese »Fakten« – um die Sprache von InterAnalytics zu übernehmen – waren unleugbar: Ich hatte wirklich gelitten und litt immer noch; Isabel hatte ihre Mutter verloren; und wir würden für immer damit leben müssen. Wenn zivilrechtliche Prozesse darauf beruhten, dass eventuelle Schäden finanziell kompensiert wurden – durch Schmerzensgeld –, dann sollte es also so sein, dachte ich: Wir sollten für das kämpfen, was uns rechtmäßig zustand.

Die rationalen Herausforderungen, die der Prozess an mich stellte, halfen mir, mit Katherines Verlust auf andere Weise umzugehen: dass ich allmählich und widerstrebend akzeptierte, Opfer zu sein, ermöglichte mir, den Rechtsweg zu beschreiten, während ich gleichzeitig mit etwas mehr Freundlichkeit und Verständnis auf mich selbst schauen konnte, was die Probleme eines Witwers und alleinerziehenden Vaters anbelangte. Es gibt eine juristische Redewendung, die ich gelernt habe, *res ipsa loquitor*, »die Sache spricht für sich«, oder eigentlich die Fakten sprechen für sich – und die Fakten von Katherines plötzlichem Tod schrien geradezu, dass ich gut daran täte, Rosalinds Worte zu beherzigen und Geduld haben sollte, wenn ich mein Leben wieder in den Griff kriegen wollte.

Aber es gab, rechtlich gesehen, ein Problem – ein *großes* Problem, wie Astrid sagen würde. Der Polizeibericht über den Unfall hielt unmissverständlich fest, dass Katherine auf eine größere Lücke im Verkehr hätte warten sollen, bevor sie die Tankstelle verließ. Sie hatte in Sekundenbruchteilen die Entscheidung getroffen, sich in den Verkehr einzufädeln, und der

Meinung dieses Berichts zufolge hatte sie sich geirrt. Arweld ließ sich davon nicht abschrecken.

»Wenn das bloß eine Frage von Polizeiberichten wäre, bräuchten wir keine Gerichtsverfahren«, sagte er immer wieder. »Der Bericht ist nur eine Meinung unter vielen.«

Da stimmte ich ihm zu. Im Versicherungsrecht des Staates New York wird die Schuld an Autounfällen auf einer prozentuellen Basis bemessen, wobei hundert Prozent bedeutet, dass man volle Verantwortung für den Unfall trägt und null Prozent, dass man gar keine trägt. Ich glaubte nicht, dass meine Frau zu hundert Prozent verantwortlich war – das hieße für mich, dass jemand rücksichtslos und ohne Ermessen handelte, und so jemand war Katherine nicht, sondern eine behutsame und defensive Fahrerin und eine instinktiv vorsichtige und umsichtige Person. Ihre Entscheidung hatte sie ihr Leben gekostet. Aber in meiner Auffassung trug sie deshalb nicht die alleinige Schuld. Es waren zu viele andere Faktoren im Spiel, und aus meiner Sicht gestattete uns jener Anteil am Unfall, der nicht ihre Schuld gewesen war, Schadensersatz zu verlangen.

Es ging nicht nur um Unterlagen und prozentuale Anteile. Als sich das zweite Jahr ins dritte schleppte und alle Prozessunterlagen eingereicht worden waren, begannen sich die unangenehmeren Aspekte des Rechtsstreites zuzuspitzen. Einschließlich eines Aspektes, vor dem ich mich seit vier Jahren fürchtete.

»Wollen Sie, dass ich mit in den Raum komme?«, fragte ich.

»Das ist Ihre Entscheidung«, antwortete Arweld. »Ganz allein Ihre Sache.«

Es war Frühling 2012, und wir waren Mittag essen in einem griechischen Lokal im Zentrum von Poughkeepsie in der Nähe des Amtsgerichtes, wo wir vor zwei Jahren die Klage eingereicht hatten. An jenem Morgen hatte ich meine Zeugenaussage im Büro von Knights Anwalt gemacht. Die Zeugenaussage war genauso ermüdend und voller Juristensprache, wie die anderen Unterlagen, die ich eingereicht hatte. Ich wartete noch immer darauf, diese magischen Worte zu hören, die meine schwelende Agonie beenden würden – »Sie wollen den Streit beilegen« –, aber nach meiner Aussage begriff ich, dass das unwahrscheinlich war. Die gegnerische Seite hatte den Schlüssel zum Königreich: den offiziellen Bericht der New York State Police, in dem es hieß, dass Katherine nicht auf den Highway hätte abbiegen sollen. Aus seinen aggressiven und spitzen Fragen ging klar hervor, dass der Anwalt des Fahrers nicht nachgeben wollte. An diesem Punkt im Verfahren waren Arweld und ich die Kläger und sie die Beklagten; aber es sah so aus und klang so, als ob *sie* den Angriff führten und wir der Belagerung ausgesetzt waren.

An jenem Morgen war ich nicht der Einzige, der seine Zeugenaussage gemacht hatte. Nachdem ich eine Menge allgemeiner Fragen über Katherines Identität und unsere Beziehung beantwortet hatte, kam der große Augenblick: Knights Aussage. Jahrelang hatte ich mich gefürchtet, ihn von Angesicht zu Angesicht sehen zu müssen. Er war zum Schwarzen Mann geworden, der meinen Schmerz verursacht und diese rechtliche Abrissbirne in Gang gesetzt hatte. Er war die lebende Verbindung zu der Tragödie: Wenn es einen einzelnen Auslöser für das Verschwinden meiner Frau von der Erde gab, dann war er es.

Knight war gleichzeitig mit mir eingetroffen, um seine Zeugenaussage zu machen. Ich hatte ihn mir unendlich oft vorgestellt und erstaunlicherweise sah er genauso aus, wie ich es erwartet hatte. Er war ein großer, nervöser Mann mit einem tapsigen Gang und müden Augen. Das aufgedunsene Gesicht und der ruinierte Körper von jemandem, der durch die Mangel gedreht worden war. Ich mied den Augenkontakt mit ihm, während wir uns mit unseren Anwälten berieten. Meine Zeugenaussage sollte am Morgen erfolgen, seine am folgenden Nachmittag.

Während Arweld und ich vor Knights Zeugenaussage zum Lunch an unserem Falafel nibbelten, diskutierten wir das Pro und Kontra meiner Anwesenheit im Raum, wenn Knight unter Eid aussagte. Auf der einen Seite legte Arweld dar, könnte meine Anwesenheit dazu führen, dass sich Knight nervös und ängstlich fühlte und deshalb auch keine klare Aussage machen konnte, was schlecht für uns wäre. Auf der anderen Seite könnte mein Anblick für Knight die Realität des Todes meiner Frau – und seine Rolle dabei – umso greifbarer machen und so zu unserem Vorteil beitragen.

»Ob so oder so«, sagte Arweld, »es ist Ihre Entscheidung.«

Wie Vergil zu Dante gesagt hatte: Jetzt ist der Zeitpunkt gekommen, deinen freien Willen auszuüben.

Aber ich wollte eine Anweisung von ihm, eine glasklare Direktive. Arweld war ein anständiger und fairer Mann, der nie auf die eine oder andere Art auf etwas drängen würde, von dem er wusste, dass es eine Ermessensentscheidung war – in einer Situation, in der meine Nerven mit Sicherheit blank lagen. Das Essen ging zu Ende, und wir tranken jetzt unseren Kaffee und wollten zu Knights Zeugenaussage zurückkehren. Plötzlich wurde Arweld munter.

»Kommen Sie nicht rein, wenn Knight seine Aussage macht«, verkündete er.

»Warum nicht?«, fragte ich.

Er hielt einen Augenblick inne, bevor er antwortete.

»Ich möchte nicht, dass Sie Alpträume bekommen.«

So viel zu meinem freien Willen.

Warum schlitzt du mich auf? Warum zerreißt du mich? Hast du
keinen Hauch von Mitleid?

Diese Laute kamen aus dem Inneren eines Baumes, dessen Zweig Dante abgebrochen hatte, wobei er einen Splitter blutiger Worte freisetzte. Er stand im siebten Kreis der Hölle im Wald der Selbstmörder, jener, die Gewalt gegen sich selbst ausüben. Bald würde er seinen geliebten Brunetto erblicken, Professor emeritus der Hölle, wie er von den Hügeln in honigsüßen Worten sprach. Jetzt stand er Auge in Stamm mit Pier delle Vigne – in gewisser Weise Auge in Auge mit sich selbst. Pier war wie Dante ein Poet und Politiker, ein Selfmademan. Ein Jahrhundert vor Dante geboren, stieg er am königlichen Hof von Friedrich II., dem Herrscher des Heiligen Römischen Reiches, dem berühmten Regenten, der den Spitznamen *stupor mundi,* »das Wunder der Welt«, erhielt, zu einer bedeutenden Rolle auf. Pier wurde zur rechten Hand des Königs:

Ich bin der, der beide Schlüssel zum Herz Friedrichs
besaß. Ich schloß damit auf, ich schloß damit zu,
aber so sanft, daß ich aus seinem Vertrauen fast jeden
anderen Menschen verdrängte.

Pier erzählt Dante, dass sein Sturz durch eine Intrige neidischer Höflinge herbeigeführt worden war, die ihn fälschlicherweise beschuldigt hatten, er habe versucht, Friedrich zu vergiften, was zu seinem grausigen Ende führte: Pier starb im Gefängnis, indem er mit seinem Kopf gegen die Mauern der steinernen Zelle hämmerte. Dante lauscht Piers bitteren Worten, aber er kann nicht antworten, weil das Mitleid sein Herz erfüllt. Es ging das Gerücht um, dass Dante in den ersten Jahren seiner Verbannung aus Florenz so von seiner Sehnsucht nach Rache vergiftet war, dass das beinahe zu seinem Selbstmord geführt hätte. Er endete beinahe in dem gleichen Wald wie Pier.

Dante bemitleidet Pier, aber er erteilt ihm keine Absolution. Man kann keinem die Absolution erteilen, der keine Verantwortung für seine Taten übernimmt. In der Hölle ist es also immer die Schuld der anderen: Francesca macht für ihren Tod die Liebe verantwortlich, Brunetto Florenz, Pier seine neidischen Rivalen. In all diesen Fällen wird das Selbstmitleid letztlich zur Straßensperre gegen ein echtes Verständnis seiner selbst.

Nach zwei Jahren, die ich nun schon in einem Prozess steckte, der mich sowohl mit Selbstmitleid wie Hass für den Mann erfüllte, dem ich die Schuld an Katherines Tod gab, gab mir Piers Geschichte einen schmerzlichen Stich. Pier begreift es nicht, aber das Letzte, was er braucht, ist, dass Dante so viel Mitleid für ihn empfindet wie er für sich selbst.

In der langen Phase nach Katherines Tod wurde Selbstmitleid zu meinem ständigen Begleiter. Die Leute fragten, wie es mir gehe, und ich setzte ein gefasstes Gesicht auf und sagte: »Gut, wenn man die Umstände bedenkt«, was die richtigen Worte im falschen Tonfall waren. Denn ich machte eine Pause zwischen *gut* und *wenn man bedenkt*, gerade lang genug, damit der aufmerksame Hörer alarmiert war, dass in Wirklichkeit die Dinge kaum schlimmer sein konnten. Eines Abends luden mich ein Kollege und seine Frau zu einem Abendessen im Madalin Hotel in der Nähe meiner Wohnung ein – am selben Ort, an dem ich einige Wochen nach Katherines Tod Ente und Sancerre mit Astrids Freunden genossen hatte.

»Es ist erstaunlich zu sehen, wie offen du mit deinen Gefühlen während all dieser Zeit umgegangen bist«, sagte mein Freund.

In seinen Augen und denen seiner Frau war ich entschieden eher der Gewinner als der Verlierer in meinem Wettlauf mit der Trauer, und ich wollte unbedingt als derjenige gesehen werden, der siegreich das grüne Tuch des Leidens in Empfang nahm.

Etwas am Verlust meiner Frau hatte von Anfang an irgendwie öffentlich gewirkt, zum Teil wegen der ungewöhnlichen Umstände, die ihn umgaben, und zum Teil wegen der dicht verwobenen Welt, in der er geschehen war. Einer meiner Freunde, der die Telefonzentrale von Bard am Tag von Katherines Unfall angerufen hatte, war schockiert, als er von der Vermittlung auf den neuesten Stand der Tragödie gebracht wurde, als ob die ganze Gemeinschaft die Folgen teilte. Von Anfang an verspürte ich das Bedürfnis, meine Trauer zu teilen, und hoffte auf Trost durch das Mitgefühl der anderen. Als Pier mit seiner Geschichte Dante erreichen will – so wie ich meine bei einem Glas Wein und köstlichen Gerichten meinen Freunden erzählte –, hoffte er darauf, dass Dantes Mitleid seine Trauer absorbieren könnte. Aber es gibt Dinge, die man nicht teilen kann, und Trauer ist etwas, das man letztlich allein ertragen muss, ob man nun im Wald der Selbstmörder oder in einem schicken Restaurant auf dem Land ist.

Aaron Arweld war mit Knights Antworten bei der anfänglichen Zeugenaussage und Befragung unzufrieden gewesen und sagte, er sei ausweichend gewesen, auf Anraten seines Anwalts, und nicht willens, die Fragen zu beantworten. Unser Antrag auf eine zweite Befragung wurde genehmigt. Dieses Mal gab mir Arweld die Anweisung, vor der ich mich gefürchtet hatte:

»Sie müssen dabei sein. Knight muss Ihr Gesicht sehen.«

Ich schämte mich davor, das irgendjemandem zu erzählen, aber ich hatte Angst. Knight gegenüberzutreten hieß dem

Mann gegenüberzutreten, *der meine Frau getötet hatte*, dem großen, zappeligen Mann mit den blutunterlaufenen Augen, der mein Erzfeind war. Der Mann, der die Vermögensverwaltung meiner Frau – ein großes Wort für jemanden, der so wenige irdische Vermögenswerte besaß – nicht einmal ein Jahr nach ihrem Tod verklagt hatte. Angesichts der Intensität meiner Trauer fragte ich mich gar nicht, was er selbst wegen des Unfalls durchgemacht hatte – welche körperlichen und seelischen Schmerzen *er* erlitten hatte, wie das alles auf seine Arbeitsfähigkeit gewirkt hatte, darauf, wie er *sein* vorheriges Leben fortführen konnte, die Auswirkungen auf seinen Schlaf und seine Träume. Ich wusste nur, dass es Knights Gesicht war, das ich mit Katherines Tod in Verbindung brachte. Bis zum Morgen seiner zweiten Befragung hatte ich nie gewagt, ihm in die Augen zu sehen – einschließlich des Morgens seiner ersten Zeugenaussage, als ich den Augenkontakt von dem Moment an, in dem er ins Büro getapst war, vermieden hatte.

Die Autofahrt von Tivoli bis dahin, wo die neue Befragung stattfand, fünfundvierzig Minuten, war die längste meines Lebens. Würde Knights Gesicht beginnen, meinen Schlaf zu stören, wie es Arweld zufolge der Fall sein könnte? Wie wäre es wohl nun, da ich ein tatsächliches Bild von ihm hatte – eine Kinnpartie, einen Ausdruck in seinen Augen –, das ich dem anonymen Schwarzen Mann anheften konnte, den ich mir ausgedacht hatte? Ich würde der Person gegenübertreten, die meine Trauer repräsentierte, und zugleich dem Objekt meiner Wut eine echte menschliche Gestalt gab.

Für die Dichter in Dantes Jugend trat die Liebe durch die Augen ein, wie tödliche Lichtstrahlen, die direkt ins Herz zielten. Ich fragte mich, ob Hass den gleichen Weg nahm, so wie ich mir vorgestellt hatte, dass Knights Augen gleißende Strahlen aussandten, die wie unsichtbares Gift in mich eindringen würden. Während mein Wagen die grünen Wiesen von Rhinebeck und die Einkaufszentren von Hyde Park passierte, hatte ich das Gefühl, als würde ich schließlich dem Monster im Schrank gegenübertreten.

Da war aber etwas, das noch unangenehmer war als Knights drohendes Gesicht: eine Gerichtsverhandlung. Unser Rechtsstreit gehörte zu dem kleinen Teil von Schmerzensgeld-Klagen, die nicht außergerichtlich geregelt werden. Ich quälte mich bei der Aussicht, dass die Tragödie meiner Frau in einem Gerichtssaal in Poughkeepsie, nicht weit entfernt von der Stelle, an der sie gestorben war, kleingehackt und noch mal kleingehackt werden würde. Selbst wenn wir am Ende gewinnen würden, wäre das nicht notwendigerweise das Ende, da die andere Seite Berufung einlegen könnte. Das Gerichtsverfahren kam mir endlos vor – selbst als meine Schockstarre allmählich in den langen Herbst der Trauer überzugehen begann.

Während all diese Gedanken mir noch im Kopf herumschwirrten, traf ich im Gerichtsgebäude ein und sah Knight zum ersten Mal in die Augen.

Hat Dante erwogen, sich das Leben zu nehmen? Die Welt wird es nie erfahren.

Wir wissen allerdings, dass er in jenen ersten Jahren des Exils so unglücklich war, dass er Kontakt zu früheren Feinden aufnahm, Menschen, die er »verrückt und heimtückisch« nannte und sonst verabscheut hätte. Wir wissen auch, dass er von einer italienischen Stadt in die nächste wanderte und nach Arbeit als Diplomat oder Hofintellektueller suchte: nach Forli 1302; Verona 1303; Arezzo, Treviso und Padua 1305; Venedig und Lucca 1307–1309. Die Karte von Dantes Wanderungen ist wie eine Karte des zerstückelten, mittelalterlichen Italien. Er fand schließlich am Hof des Cangrande I della Scala in Verona eine neue Heimat, wo er von 1312 bis 1319 lebte und den größten Teil der *Göttlichen Komödie* schrieb. Seine letzte Stadt, Ravenna, bot ihm von 1319 bis zu seinem Tod 1321, dem Jahr, in dem er die letzten Worte der *Komödie* verfasste, ein Zuhause in relativem Frieden. Ein hervorragender Dante-Gelehrter sagte einmal, dass der Dichter das Glück hatte, bald nach der Vollendung seines großen Gedichts zu sterben – was hätte er danach noch schreiben sollen?

Das sind die Daten, die Fakten und Zahlen – die messbaren Dinge, wie die blutleeren Angaben, die ich in dem Fragebogen von InterAnalytics, der mein Leben mit Katherine behandelte, eingetragen hatte. Aber was ging wirklich in Dante vor? Dafür müssen wir uns sein *sacro poema* anschauen. »Er kannte die Verzweiflung und beinahe mit Sicherheit hat er den Selbstmord erwogen«, schreibt der Gelehrte Giuseppe Mazzotta. »Aber trotz aller Härten stellte sich das Exil als ein verkappter Segen heraus, wurde nicht weniger als die zentrale, entscheidende Erfahrung seines Lebens.« Nachdem er einmal ins Exil verbannt worden war, musste Dante sich entscheiden: im Selbstmitleid ertrinken, was hieße das Exil als eine Form der Bestrafung zu behandeln, oder sich dahin vorzuarbeiten, dass er sich selbst vergeben konnte, was auch bedeuten würde, das Exil als Befreiung zu begreifen. Vergil hatte Dante gelehrt, dass seine größte Gabe sein freier Wille war; konnte er ihn ausüben und den Fluch des Exils in einen Segen verwandeln?

Außerhalb von Florenz' historischer Altstadt, auf einem der höchsten Hügel der Stadt, steht die Basilika San Miniato al Monte aus dem elften Jahrhundert. Ich habe schon viele Male die Stufen dort hinauf erklommen, da sie zu einem atemberaubenden Aussichtspunkt oberhalb der Stadt führen, von dem man auf die Piazzale Michelangelo blickt, mit der riesigen Reproduktion des *David*, die über die Terrakottadächer von Florenz aufragt. An einem klaren Tag hat man das Gefühl, man brauche bloß die Hand auszustrecken und könne die Spitze des Doms berühren, so nah erscheint einem der riesige Bienenstock seiner Kuppel. Einst hörte ich die Legende, dass Dante in jenen ersten Jahren des Exils nach San Miniato wanderte und auf seine verlorene Stadt hinabschaute. Sein Zuhause schien so nah, dass er es berühren zu können glaubte, und umso brennender erschien sein Verlust.

Während ich über den Unterlagen meines Prozesses brütete, stellte ich mir den Dichter auf dem Hügel von San Miniato vor, wie er auf Florenz schaute, sah seine Adlernase im Profil, sein Gesicht konzentriert in einem Blick tödlicher Entschlossenheit. *Es liegt alles darin*, dachte ich: *Man kann den salzigen Geschmack des Exils in jenem Blick spüren.* Dieses Gefühl, an Orten und mit Dingen zu leben, von denen ich nie angenommen hatte, sie würden Teil meiner Welt werden: Rhode Island, von dem ich mit achtzehn geglaubt hatte, es für immer verlassen zu haben, dieser Gerichtsprozess mit seinen ganzen *wohingegens* und *in-Übereinstimmung-mits*. Der Unfall war 2007 geschehen, und jetzt befanden wir uns im Jahr 2012, fünf Jahre später, mit einer permanenten und unauslöschlichen Mahnung an jenen grauenvollen Tag und seine immer noch anhaltenden Folgen. Jetzt drehte sich alles nur noch um Geld: Wer würde zahlen, wer würde bezahlt werden und zu wie viel genau summierten sich Soll und Haben? Ich sagte mir immer wieder, dass ich das Richtige für Isabel tat, aber ein Teil von mir hatte das Gefühl, ganz gleich wie hoch das mögliche Schmerzensgeld auch ausfiele, dass der geistige und emotionale Stress es einfach nicht wert war. Ich hatte immerhin genug Vertrauen zu mir selbst, dass ich das Gefühl hatte, auch ohne diesen möglichen Geldregen arbeiten, für meine

Tochter genug beiseitelegen und für uns beide ein Leben aufbauen zu können, und ich wünschte mir verzweifelt von diesem Alptraum befreit zu werden, der mich an alles erinnerte, was ich verloren hatte. Dante hatte angeblich von San Miniato auf Florenz geschaut, zurück auf das Leben, das er einmal gehabt hatte. Der Gerichtssaal verschaffte mir einen ähnlichen Blick, ohne die Schönheit der Türme und Kuppeln von Florenz, um die Sehnsucht nach der Vergangenheit zu mildern – wie Francesca da Rimini gesagt hätte –, mit der man in Zeiten des Elends auf die Zeiten des Glücks zurückschaute.

Als wir schließlich zur nachmittäglichen Befragung Knights Platz nahmen, bombardierte ihn Arweld mit einer Reihe von Fragen über seine Reaktion auf das Fahrzeug meiner Frau, als sie versuchte, seine Fahrspur zu überqueren, um eine andere nehmen zu können. Die Fragen wiederholten sich, waren emphatisch und technisch. Arweld machte einfach seine Arbeit, und er machte sie richtig gut. Aber das Dröhnen seiner Worte rief mir all die rechtlichen Formulare ins Gedächtnis, die ich ausgefüllt hatte, und ihr stranguliertes Vokabular.

Knights Gesicht war letztlich gar nicht so furchterregend. Es war, wie ich schon bei meinem ersten Blicken auf ihn gesehen hatte, müde und nervös, aber nichts, was mir Alpträume machen würde. Seine Augen waren blutunterlaufen, aber sie waren nicht bedrohlich. Das Schlimmste an dieser Befragung war nicht der Anblick Knights; es war die zähe Öde der Fragen und Antworten, wo man abgebogen war und welche Ampeln man wahrgenommen hatte, ob man gebremst oder nicht gebremst hatte. Nach einer Stunde, die so lang und zerstückelt war wie meine Fahrt nach Poughkeepsie mit seiner roten Welle, endete die Befragung.

Arweld war zufrieden.

»Dass Sie dabei waren, hat wirklich etwas ausgemacht«,

sagte er mir später auf dem Parkplatz. »Er hat Sie gesehen, und das hatte eine Wirkung auf ihn.«

Ich hatte das Gefühl, als hätte ich den ganzen Tag nicht richtig durchgeatmet. Schließlich atmete ich auf meiner Heimfahrt von Poughkeepsie nach Tivoli erleichtert aus. Knights Gesicht war nicht länger das eines Monsters. Sein Antlitz bekam jetzt allmählich etwas Gütigeres. Ich wollte den Prozess immer noch gewinnen: um Katherines Namen reinzuwaschen, um etwas für Isabels Zukunft zu bekommen, um die ganze juristische Auseinandersetzung zu Ende zu bringen. Und ich glaubte immer noch, dass meine Frau nur zum Teil die Schuld an dem Unfall trug. Aber mir fiel nun auf, dass dieser Begriff den Fall genau beschrieb: Es war ein Unfall gewesen.

Wir waren in der komplizierten rechtlichen Situation, einen prozentualen Anteil von Unschuld oder Schuld in einer Lage verteilen zu müssen, in der Katherine *und* Knight beide Opfer waren. Knight hatte überlebt, meine Frau nicht, aber sein Leben war durch jenes zufällige, morgendliche Ereignis eindeutig für immer verändert worden, genauso wie meines. Jetzt waren wir vereint im Nachspiel jener Tragödie. Als ich an der Franklin D. Roosevelt Presidential Library vorbeifuhr und die Route 9 nach Hause nahm, überkam mich ein unerwartetes Gefühl, Empathie, ja beinahe Sympathie. Schuld zuzuweisen nützte niemandem etwas – wir alle litten, und der Grad oder prozentuale Anteil von Schuld spielte auf beiden Seiten keine Rolle. Ich wollte ihn besiegen, aber ich hasste ihn nicht mehr. Das Letzte, was er erwartet oder gewollt hätte an jenem Novembermorgen 2007 war, sein Haus zu verlassen und eine junge, schwangere Frau anzufahren, die nach der Geburt ihres Kindes verstarb. Ja, er hatte zuerst Klage eingereicht, und das machte mich immer noch wütend, aber das radierte sein eigenes Leid nicht aus.

Kurz nach Knights zweiter Befragung wurde unser Prozess-termin auf September 2012 festgesetzt. Dann erhielt ich völlig überraschend einen Anruf von Arweld. Ich dachte, es ginge um ein Formular, das ich ausfüllen sollte, oder irgendeine andere Formalität. Aber seine Stimme klang ernst, und er hatte für eine Telefonkonferenz seinen Kollegen mit in der Leitung. Es war das erste Mal, dass das vorkam. Er sagte mir, in einer Mischung aus Überraschung und Schock, dass er gerade eine Mitteilung von der Richterin erhalten hatte. Auf Grundlage des Polizeiberichts hatte sie den Antrag der Verteidigung akzeptiert, unsere Klage gegen Knight abzuweisen. Es würde keinen Prozess geben. Der Fall war geschlossen.

Aus meiner Lunge strömte die Luft. Ich hatte mich für einen hässlichen, zermürbenden Prozess gerüstet, der zu einer schwarzen Wolke geworden war, die über jedem Aspekt meines Stück für Stück wieder neu aufgebauten Lebens hing. Und nun löste sie sich plötzlich vor meinen Augen einfach wieder auf.

In Wahrheit war die schwelende Wut über diesen Prozess schon vor Wochen am Morgen von Knights zweiter Zeugen-aussage verraucht, als ich, auf der Route 9 nach Hause fahrend, genau die Stelle erreichte, an der sein Lastwagen Katherine ge-rammt und getötet hatte. Als ich an der roten Ampel hielt, brannte das Bild der schwarzen Bremsspuren immer noch in meinem Gedächtnis. Da fühlte ich, wie nicht nur Katherines und mein Leid mich wie eine Woge überschwemmte, sondern auch Knights Schmerz.

Und zum ersten Mal, gänzlich und bedingungslos, vergab ich ihm.

6. KAPITEL

Rohentwurf

Vielleicht studiere ich Jura.«

Es waren erst wenige Stunden nach Katherines Tod am 29. November 2007 vergangen, und ich stand im Poughkeepsie's Vassar Brothers Hospital, als ich diese Worte zu meiner Schwester Mary sagte, während wir beide die schlafende Isabel mitten zwischen den Inkubatoren auf der Neugeborenenstation ansahen. Marys Augen weiteten sich ungläubig. *Wie kannst du,* besagte ihr Blick, *in solch einem Moment an deine Karriere denken?* Aber der Gedanke war nicht aus dem Nichts gekommen. Schon Monate vor dem Unfall war ich regelmäßig um fünf Uhr morgens aufgewacht, während Katherine schlief, und hatte im Internet nach Teilzeit-Jura-Studiengängen gesucht. Ich liebte meine Arbeit als Italienisch-Professor – dennoch hatte ich das Gefühl, ich sollte mehr tun, als meine Tage damit zu verbringen, den Studenten beizubringen, wie man in Rom ein Gelato bestellte oder die mythologischen Anspielungen bei Petrarca identifizierte. Vielleicht war es Hybris, sogar Undankbarkeit – schließlich war ich einer der wenigen Glücklichen, ein verbeamteter Professor der Geisteswissenschaften auf Lebenszeit in einer von Naturwissenschaften besessenen Welt, die von unterbezahlten Assistenzprofessoren wimmelte. Ich verdiente gut damit, zu unterrichten und über Dante zu schreiben, und ich liebte die Seminare, die ich am Bard College anbot. Dennoch hatte ich das Gefühl, mein Leben sei unvollständig, wenn ich im Elfenbeinturm blieb, ganz gleich, wie prächtig sein aus Italien stammendes Baumaterial war.

Ich dachte an meinen Vater, der seine Familie, seine Freunde und die geliebte Landschaft Kalabriens verlassen hatte, um in die Vereinigten Staaten zu emigrieren, wo er sechzehn-Stunden-Tage arbeitete und im Exil starb. Hatte er das alles getan, damit ich lange Sommerferien hatte und gelehrte Aufsätze veröffentlichen konnte, in denen Wörter wie *diegetisch* und *Chiasmus* vorkamen? Eine Stimme in mir sagte mir immer wieder: *Lebe ein bedeutungsvolles Leben.* Am Tag, als Katherine starb, selbst in meinem Schockzustand, war dies einer meiner ersten Gedanken. Ein Teil meines Impulses war wohl, ein Gefühl der Kontrolle in all dem Chaos zu erlangen, und noch Jura zu studieren, war etwas, das ich regeln und steuern konnte, im Gegensatz zu dem wilden und unerforschten Gebiet des Lebens als alleinerziehender Vater und Witwer. Ich spuckte meiner Schwester gegenüber »Jura« aus, weil dies immer schon mein Stichwort dafür gewesen war, etwas in der profitableren »echten Welt« zu tun, außerhalb der Alma Mater. Aber ich wusste, der Wunschtraum eines Abschlusses in Jura war nur ein illusionärer Platzhalter, während ich meinen nächsten Karriereschritt vorbereitete. Katherines Tod hatte bei mir einen mächtigen Ehrgeiz entfacht: Ich war immer schon unermüdlich und ruhelos gewesen, wenn ich vorankommen wollte. Jetzt, da Katherine verstorben war, waren diese alten Impulse eine Form, mich zu betäuben und von den Schrecken des täglichen Leidens abzulenken.

Der Traum vom Jurastudium oder etwas Ähnlichem gehörte außerdem zu einem weiteren Element des magischen Denkens der Trauer: Der Sehnsucht nach einem völligen Neubeginn und neuen Leben nach dem Tod, einem Leben, das völlig anders war als das, was ich bis dahin gekannt hatte. Die Abrissbirne des Todes zerschlägt das Leben bis auf seine Fundamente und lässt es einem verlockend erscheinen, das zerstörte Haus ganz zu verlassen und woanders ein neues zu bauen. In dem Kämpfen-oder-Fliehen-Szenario, das dem plötzlichen Verlust eines geliebten Menschen folgt, kann der Reiz einer anderen Welt, weit entfernt von der, die man gerade verloren hat, sehr viel verlockender erscheinen, als sich zu behaupten und in mühevoller Kleinarbeit, Träne um Träne, den Versuch zu machen, das Zerstörte wieder aufzubauen.

Als ich einen Monat später mit meinem Schwager zu einem Familientreffen am ersten Weihnachtstag fuhr, erwähnte ich ihm gegenüber, dass ich über eine Karriere in der universitären Verwaltung nachdachte. Allerdings war diese Idee – genau wie die, Anwalt werden zu wollen – nur eine andere Art, meinen Zweifel zum Ausdruck zu bringen, ob es ausreichte, italienische Sprache und Literatur zu unterrichten. Wie bei Jura hatte ich gar nicht die Absicht, tatsächlich die Freiheit und Flexibilität meines Professorendaseins gegen die Rund-um-die-Uhr-Pflichten eines Dekans einzutauschen, selbst wenn es einen Gehaltssprung bedeuten würde. Aber da war dieses Mantra – vielleicht aus Selbstzweifeln geboren, aber nach Katherines Tod umso nachdrücklicher: *Lebe ein bedeutungsvolles Leben.*

Es war eine penetrant allgemeine, sogar klischeehafte Mahnung. Aber ich hatte das Gefühl, dass diese leere Phrase mir unterschwellig etwas mitzuteilen und mich zu ermahnen versuchte, den Mut zu finden, auf eine Art zu leben, die Katherines Leben und der Liebe, die ich für sie fühlte, gerecht wurde.

Nach Beatrices Tod hörte Dante auf, die Person zu sein, die er gewesen war – und das erschreckte jene, die ihm nahe waren, besonders Guido, der an Dante schrieb:

Ich komm' zu dir am Tage immer wieder
und finde dich in düsteren Gedanken:
es schmerzt mich deines edlen Geistes Wanken
und daß dein ganzes Können liegt danieder.

Deine Trauer um Beatrice, sagt Guido Dante, ist ungesund – schlimmer, sie ist vulgär. *Volgare.* Für Guido sollte die Poesie nicht den normalen Lauf des Lebens zum Ausdruck bringen; sie sollte all das sein, was unser tägliches Leben nicht war: hochfliegend und unaussprechlich. Indem er so bewegend über Beatrices Tod in der *Vita Nuova* schrieb, benutzte Dante die Poesie, um eine allzu gewöhnliche Erfahrung zu reflektieren. Er füllte das exquisit Elitäre von Guidos Poesie mit drängenden menschlichen Nöten. Das war Dantes Geschenk – die Schönheit der Poesie zu verschmelzen mit den unmittelbaren Erfahrungen des Lebens, der Liebe und dem Tod.

Dante versuchte ein bedeutungsvolles Leben zu führen, und wie jede Veränderung unter diesem Gesichtspunkt sollte das seine Welt erschüttern – sogar mehr noch, als er erwartet hatte.

Als ich mein Studium 1989 beendete und nach Paris zog, hielt ich mich mit einer Reihe von Gelegenheitsjobs, vom Babysitter bis zum Barkeeper, über Wasser. Ich wohnte in einer winzigen *chambre de bonne*, einer früheren Dienstmädchenkammer, in einem majestätischen Gebäude wie aus einem Zola-Roman, und durfte gegen Bezahlung bei einem philippinischen Dienstmädchen duschen, das für meine reichen amerikanischen Vermieter arbeitete und auf demselben Flur ein paar Türen weiter wohnte. Mirra hatte ihren Mann und ihre Kinder auf den Philippinen zurückgelassen, um in Frankreich zu arbeiten, und schickte ihnen regelmäßig Geld. Ihre philippinische Gemeinschaft aus Fahrern, Dienstmädchen und Aufsehern nahm mich auf, lud mich zu lärmenden sonntäglichen Partys in die Dienstboten-Quartiere der prächtigsten Gebäude der Stadt ein, wo sie die muffigen Dachvorsprünge und Kragdächer mit Schwaden von Kochfett und dem Wummern stampfender Tanzmusik erfüllten. Es gab sogar noch gemütlichere Exkursionen: Eines Abends lud Mirra ihren Freund Mohammed, den algerischen Inhaber einer Fahrschule, und mich zum Abendessen ein, und wir aßen Hähnchen und Pudding in demselben Zimmer, in dem ich sonst duschte. Jener Abend war der schönste, den ich je in der exklusiven Atmosphäre des schicken 7. Arrondissements in Paris erlebt habe – ein passender Ort für Guidos elegante Poesie, wenn es je einen gab.

Meine Familie war perplex wegen meiner Entscheidung, allein nach Paris zu ziehen. Obwohl ich mir selbst und ihnen erzählt hatte, dass ich nach Paris zog, um Französisch zu lernen, war ich in Wahrheit nach Paris gezogen, um zu schreiben. Es war das ultimative Klischee des literarischen Exils: Ich würde in der Stadt des Lichts leben wie Hemingway, Fitzgerald, Gertrude Stein und Ezra Pound, und dort würde ich meinen ersten Roman schreiben.

Nach einem Jahr in Paris hatte ich die erste Fassung eines Romans abgeschlossen, »Die Freuden und Leiden von Tristan und Iseult«, eine Adaption der mittelalterlichen Legende von den beiden Liebenden, deren Liebe unter einem schlechten Stern stand. Ich wählte die französische Schreibweise *Iseult* als Hommage an meine angenommene Heimat und siedelte die

Geschichte im modernen Paris an. Mein Tristan war ein blasser und poetischer junger Franzose und Iseult eine Pariserin süditalienischer Herkunft – aus einer kalabrischen Familie wie meiner eigenen. Tristan war der künstlerische blonde Junge, der ich in meinen Träumen immer selbst hatte sein wollen, und Iseult eine idealisierte süditalienische Version meiner selbst. Sie wuchs ebenfalls in einem nördlichen Land, weit entfernt von der Heimat ihrer Eltern auf, und wie ich war sie eine Überlebende: Tristan stirbt tragisch und unerwartet gegen Ende meines Romans, und Iseult findet die Kraft, um weiterzumachen. Sie hätte kein Problem damit gehabt, um Wurst und Äpfel in Dresden zu betteln.

Als mein Visum für Frankreich abgelaufen war, tauschte ich meine romantische Dienstmädchenkammer in Paris für ein armseliges möbliertes Zimmer in London ein. Ich verbrachte meine Abende dort damit, »Tristan und Iseult« zu überarbeiten, während ich am Tag verschiedenen Jobs nachging, zunächst für eine Wunderheilerin – Madame Antonia, die drohte, sie würde dafür sorgen, dass ich mir beide Beine brach, wenn sie herausfand, dass ich ihre Handzettel wegschmiss, statt sie zu verteilen –, schließlich für einen Spendensammler der Labour-Partei, was ein richtiger Bürojob war. Zu dem Zeitpunkt war das Romantische an einem Leben im Ausland und als literarischer Bohemien bereits verblasst. Es ist nicht leicht, arm in London zu sein – anders als in Paris, wo man bloß ein gutes Baguette braucht, eine Flasche Bordeaux und das weiße Licht, das von den Sandsteinfassaden an der Seine reflektiert wird. Düster, industrialisiert und teuer, war London kein Ort für Träume. Der Mangel an Sonnenlicht ließ meine Haut grau werden, während das Bier und das billige Essen aus dem Supermarkt, ein freudloser Wechsel von Cheddar-Käse und Taramosalata, meine Taille in die Breite gehen ließen. Als ich mit der Überarbeitung meines Romans fertig war, musste ich einsehen, dass ich keinen guten, ja nicht einmal einen passablen ersten Roman geschrieben hatte. Und ich war die endlosen Verspätungen der Northern Line der Tube und die höfliche Art der Londoner, mir das Gefühl zu vermitteln, dass ich unsichtbar sei, ganz und gar leid. Nach zwei Jahren im Ausland zog ich wieder in die USA und legte mein Buch zu den Akten – zusammen mit meinem Traum, ein Romancier zu werden, packte ich es in eine Schublade.

Ich verbrachte mehrere Jahre in New York und schrieb weiter, veröffentlichte in meinen Zwanzigern ein paar Short Storys, aber in Zeitschriften, die so entlegen waren, dass man sie nicht einmal »klein« nennen konnte (in der einen wurde mein Name sogar falsch abgedruckt als *Joesph*). Als ich dreißig war, verschloss ich meine Hoffnungen, ein Schriftsteller zu werden, in derselben Schublade, in der auch schon mein Roman lag. Da war ich bereits an der Universität und stand kurz vor meinem Abschluss, da ich beschlossen hatte, dass es klüger sei, über die Bücher der anderen zu schreiben, statt selbst welche zu erfinden. Ich vergrub mich ins Studium der Autoren, die ich immer schon bewundert hatte, besonders solcher aus der mächtigen italienischen Tradition, die Teil meiner Familiengeschichte war – und besonders in das Werk des Autors, gegen dessen Statue ich mich vor all den Jahren an der Basilika von Santa Croce in Florenz gelehnt hatte. Währenddessen hielt ich »Tristan und Iseult« unter Verschluss, löschte die Short Storys aus meiner CV und ließ meine wissenschaftliche Bibliographie immer weiter anschwellen.

Dies war die Situation, in der Katherine mich im Jahr 2003 fand.

Wenn man an die Austauschbarkeit von Geliebten glaubt, dann legt einem der gesunde Menschenverstand nahe, dass man in der Lage sein sollte, sich bald, nachdem man seine Geliebte verloren hat, wieder neu zu verlieben – so wie Guido von einer umwerfenden Dame zur nächsten schweifte. Guido interessierte, welche Gefühle eine Geliebte bei ihm auslöste, nicht die Geliebte selbst.

Aber wenn man an die eine tiefe, wahre Liebe glaubt, dann legt einem der gesunde Menschenverstand nahe, dass es schwierig, wenn nicht gar unmöglich werden wird, eine neue Liebe von vergleichbarer Intensität zu finden, wenn die Geliebte einmal fort ist. Wenn man dieser Logik folgt, würden wir annehmen, dass es hart wäre für Dante, sich nach dem Tod Beatrices wieder zu verlieben, einer unersetzlichen Frau, um die er bis zum Äußersten trauerte – sehr zu Guidos Verdruss.

Freud hätte angesichts dieser widerstreitenden Szenarien seinen großen Tag gehabt. Die Libido von dem Verstorbenen abzulösen, bedeutete für ihn anzuerkennen, was er die »Vergänglichkeit« einer Beziehung nannte, die der Tod beendet hatte. Er hätte Guidos Fähigkeit, die endliche, sterbliche Natur unserer irdischen Anziehungskräfte zu erkennen und seine Libido auf etwas anderes zu richten, Beifall gezollt. Und er hätte Dante wegen seiner Unfähigkeit über Beatrices Tod hinwegzukommen als einen Melancholiker im Endstadium diagnostiziert – wegen seines Beharrens darauf, den Versuch zu unternehmen, jemanden ohne Körper zu lieben. Aber es ist schwierig, jemanden wie Dante zu psychoanalysieren: Freudianische Kategorien wie *Libido* ergeben wenig Sinn in Situationen, die sich dem Stacheldrahtzaun wissenschaftlicher Erklärung entziehen und sich in den dunklen Wald der Tagträume ergießen.

Als Dante den Läuterungsberg betrat und Beatrice zum ersten Mal in der *Göttlichen Komödie* erblickte, rang er damit, zwei verschiedene Vorstellungen von der Liebe miteinander in Einklang zu bringen. Auf der einen Seite war da das, was er von Guido Cavalcanti gelernt hatte –, dass die Liebe mit dem Körper beginnt und auch mit ihm wieder endet und dass die Liebe verschwindet, wenn dieser Körper aus dem Leben verschwindet. Auf der anderen Seite war da Dantes eigene, wachsende Empfindung, dass Beatrices Tod nicht das Ende seiner Liebe für sie wäre. Dass ihr Tod ihn tatsächlich dazu veranlasste, ein völlig neues Verständnis für die Liebe selbst zu entwickeln – eines, das ihn für immer von Guidos Lehren trennte.

Während Dante mit diesen beiden, sich widersprechenden Vorstellungen von der Liebe zu kämpfen hatte, geschah etwas Unerwartetes. Man könnte es sogar ein Wunder nennen. Es stellte sich heraus, dass *keine* der Ideen über die Liebe Dante in die Lage versetzen konnte, über Hölle und Fegefeuer hinauszugelangen und das Paradies zu betreten. Es gab eine dritte Option und dabei ging es nicht um Beatrice selbst. Sie betraf tatsächlich Dante und die Art, wie er mit Beatrices Tod umgegangen war. In der *Vita Nuova* war ihr Tod so mysteriös und unergründlich, dass er ihn dazu bewegte, mit dem Schreiben aufzuhören, bis er ihn besser verstehen könnte. Jetzt, weit im *Purgatorio*, mehr als ein Jahrzehnt nach ihrem Tod, stand er am Scheitelpunkt einer durchschlagenden Lektion, derjenigen, die in all der verzweifelten Poesie der *Vita Nuova* und in all den selbstmitleidigen Momenten in *Infernos* und *Purgatorios* vorherigen Cantos gefehlt hatte. Es war letztlich eine einfache, geradezu selbstverständliche Sache. Aber diese Lektion musste von Beatrice kommen, die Dante lehrte, dass wahre Liebe – die Art, die den sterblichen Körper überdauert – von Glauben und Freude befeuert wird. Selbst im Angesicht des Todes.

Liebe, Glauben und Freude. Eine neue emotionale Dreifaltigkeit. Aber um zu dieser Lektion Beatrices zu gelangen, musste Dante den größten Schritt von allen machen, einen, der ihm in *Inferno* und *Purgatorio* trotz ihrer gewaltigen Herausforderungen nicht abverlangt worden war. Damit Liebe und Glauben und Freude sich gegenseitig befruchten konnten, musste Dante nicht weniger als sein früheres Leben aufgeben, die Person, die er bis dato gewesen war.

Du kannst nicht wiedergeboren werden, wird Beatrice Dante lehren, es sei denn du bist bereit, ein Teil von dir sterben zu lassen.

»Sie starb und wählte die Mutterschaft«, sagte der oberste Kaplan am Ende des Gedächtnisgottesdienstes für Katherine am Bard College, eine Woche nach ihrem Tod.

Ungefähr zweihundert Gäste hatten sich in der Chapel of the Holy Innocents eingefunden, einer wunderschönen, gedrungenen Steinkirche im Zentrum des Campus. Ihre dunklen, höhlenartigen Gewölbe waren randvoll besetzt mit der Familie, mit der ich aufgewachsen war, den Freunden, mit denen ich mein Leben teilte, den Lehrern, die mich geleitet hatten, den Kollegen, mit denen zusammen ich unterrichtete, und den Studenten, die ich lehrte. Für das Programm hatte ich Worte aus James Joyce' Erzählung »Die Toten« ausgewählt: *Wie kommt es, daß Worte wie diese mir so stumpf und kalt erscheinen? Liegt es daran, daß es kein Wort gibt, welches zärtlich genug wäre, Dein Name zu sein?* Aber die Worte, die ich hörte, waren überhaupt nicht stumpf und kalt, während sie versuchten, Katherines Leben zu würdigen, damit wir mit ihrem Tod zurechtkommen konnten. Ein Freund sprach darüber, dass Katherine eine Quelle reiner Freude und Offenherzigkeit in unserer kontrollierten und zerebralen akademischen Welt gewesen war. Er las einen Abschnitt aus den *Confessiones* des Augustinus darüber vor, wie der gebrochene Autor schließlich den Glanz von Gottes Licht erblickt und seine Hitze verspürt. Die Studenten von *Vocal Arts* – genau die, die ich gerade unterrichtet hatte, als der Wachmann zu meinem Seminarraum kam, um mich über Katherines Unfall zu informieren – beschlossen die Zeremonie mit einer Darbietung von Aaron Coplands »At the River«, ein Lied, das die Trauernden bittet, sich am Flussufer zu versammeln. Während sie sangen, flossen Tränen über die Gesichter meiner Studenten, und ihre Stimmen klangen engelhaft, während sie das Schluchzen und Stöhnen in der Kapelle mit ihrem strahlenden Klang übertönten.

Einige Tage zuvor war der oberste Kaplan ins Krankenhaus gekommen, um mich nach dem Unfall zu sehen.

»Glauben Sie an das ewige Leben der Seele?«, fragte ich ihn, so wie ich später auch meinen College-Präsidenten fragen sollte.

»Ja, das tue ich«, sagte er nüchtern und nickte mit dem Kopf.

Er war Theologe, der sein Leben damit verbracht hat, theologische Literatur zu studieren, an die er zugleich auch glaubte. Ich hatte mein Leben damit verbracht, die *Göttliche Komödie* zu studieren, die Geschichte darüber, wie die Seele zum ewigen Leben gelangt. Ich begriff die Bedeutung von Dantes Worten auf verschiedenen intellektuellen und emotionalen Ebenen, aber sein absoluter Glaube an das Christentum und seine Lehre war von meiner säkularen Welt weit entfernt. Ich konnte mit Dante in der Hölle und im Fegefeuer denken und fühlen – aber ich wusste nicht, ob ich mit ihm gemeinsam an den Himmel glauben konnte.

Der Kaplan hatte einen Monat vor ihrem Tod kurz mit

Katherine auf einer Party gesprochen – auf der gleichen Party, bei der wir auch Astrid kennengelernt hatten. Die beiden schönen schwangeren Frauen hatten beieinandergestanden und über Kinder und die Zukunft gesprochen, die eine mit einer Vergangenheit voller Trauer, da sie ihren Mann begraben hatte, die andere voller Hoffnungen und Zukunftspläne und ohne jede Ahnung über das, was vor ihr lag. An jenem Abend erzählte Katherine dem Kaplan, dass sie die Schauspielerei hinter sich gelassen habe, um sich ganz unserer Ehe zu widmen, und dass sie davon träume, unsere Kinder großzuziehen. Sie hat diese Verwandlung in Ehefrau und Mutter gerne akzeptiert, sagte der Kaplan, und sie starb, indem sie sie zur Realität machte. Sie starb als Mutter für ihr Kind.

Sie wählte die Mutterschaft. Schon, bevor sie wirklich Mutter wurde, und selbst, obwohl sie nie selbst eine Mutter für ihr Kind sein würde (zumindest nach der Geburt). Aber sie hatte Dantes freien Willen ausgeübt. In der *Göttlichen Komödie* geht es nicht darum, wie die Dinge sich tatsächlich entwickeln – es geht darum, wie man eine Entscheidung trifft und eine Situation beherrscht. In der Hölle denken die Sünder gern, dass sie Opfer des Schicksals seien. Im Himmel wählen die Seligen einen Weg und sind im Frieden mit ihrer Entscheidung, selbst wenn das Schicksal etwas Schreckliches und Unerwartetes für sie bereithält. Das Fegefeuer, das Reich, in dem ich mich wiederfand, handelte davon, dass man in der Lage war, aus dem Selbstmitleid der Hölle zum freien Willen des Himmels zu gelangen.

Aus Florenz verbannt, brauchte Dante eine Arbeit und einen Ort zum Leben. Er beschloss, seine Dienste als höfischer Intellektueller und Diplomat einer von Italiens vielen unabhängigen Städten anzubieten. Um dieses Ziel zu erreichen, schrieb er eine Reihe eindrucksvoller Bücher, die man heutzutage – wegen der unerhört langen Schatten, die die *Göttliche Komödie* auf sie wirft – unter dem negativen Obertitel *Opere Minori* rubriziert, »Kleinere Werke«: die *De vulgari eloquentia* (*Über die Eloquenz im Dialekt*, 1302-1305), eine Geschichte der romanischen Sprachen und ein leidenschaftliches Plädoyer für eine linguistische Einheit im zersplitterten Italien; und das *Convivio* (*Bankett*, 1304-1307), ein philosophischer Wälzer, der die intellektuellen und theologischen Fragen des Zeitalters anpackt.

Als Dante in den ersten Jahren des Exils diese gelehrten Wälzer schrieb, schienen ihm seine lyrische Poesie und die Liebesgeschichten, die ihn dazu inspiriert hatten, die *Vita Nuova* zu schreiben, so fern wie seine verlorene Heimatstadt. Er war vom Schreiben über die Wirkung leidenschaftlicher Liebe dazu übergegangen, Thomas von Aquins Abhandlungen über die Geburt der Seele zu studieren. Als sein Vorfahr Cacciaguida im 17. Canto des *Paradiso* Dantes Exil vorhersagte, hätte er es, wenn man die letzte Zeile von Dantes ursprünglichem Terzett verändert, vielleicht so ausdrücken können:

Du wirst spüren, wie das Brot der anderen nach Salz
schmeckt und wie bitter es ist, fremde Treppen zu steigen
in einer Welt ohne Poesie.

Die Politik lenkte Dante von der Poesie ab, dann zwang ihn das Exil, seine Kräfte dem rationalen Denken, der historischen Forschung und der spekulativen Argumentation zuzuwenden. Er war so brillant, in allen Fällen Werke von bleibendem Wert zu schaffen. Das bahnbrechende *De vulgari eloquentia* verlieh Dante sogar den Beinamen *padre della lingua italiana*, »Vater der italienischen Sprache.«

Aber es gab ein Thema, das weder *De vulgari* noch das *Con-*

vivio behandeln konnte: die Liebe, mit all ihren Mysterien. Das konnte nur die Poesie. Das Exil hatte ihm schon viel genommen – aber die Poesie war das eine, das es wiederherstellen konnte.

Poesie und Leben waren für Dante immer untrennbar gewesen. Er entschloss sich, die *Göttliche Komödie* auf Toskanisch und nicht auf Latein zu schreiben, obwohl Latein, die universelle Sprache der intellektuellen Elite, ihm zunächst mehr Leser garantiert hätte. Die toskanische Sprache war nur für die wenigen verständlich, die durch Geographie und Kultur mit ihr verbunden waren. Aber Dante wusste, dass er die Nuancen lebendiger Erfahrung niemals in einer toten Sprache einfangen könnte – er brauchte ein lebendiges Idiom. Und an dieser Stelle betritt der Poet die Arena. In *De vulgari* sagt Dante, dass die Dichter die Wächter der Sprache sind, verantwortlich dafür, etwas, das vergänglich und idiomatisch ist, in etwas Universelles zu verwandeln. Denn gute Dichter wenden sich instinktiv dem zu, was in der alltäglichen Sprache dauerhaft ist. Sie werden für Wörter, die in Übereinstimmung mit ihrer lateinischen Wurzel stehen, optieren, während sie solche Wörter ablehnen, die das enthalten, was T. S. Eliot »Befangenheit im Lokalen« nennt. »Das Italien Dantes«, schreibt Eliot, ist »im Wesentlichen das Italien von heute.« In Eliots Sicht gelang es Dante so zu schreiben, dass es für viele zugänglich wurde, ohne auf Klischees und vorgestanzte Wendungen zurückzugreifen. Seine Version des Alltäglichen war gänzlich ohne Gemeinplätze. Wir sehen dieses Streben nach einer gemeinsamen menschlichen Erfahrung schon in den Anfangszeilen der *Göttlichen Komödie,* wo von *nostra vita*, unserem Leben, die Rede ist: »In der Mitte *unseres Lebenswegs* kam ich zu mir in einem dunklen Wald.«

Wie hat Dante begriffen, dass es der dunkle Wald der Poesie war, dem sein Schreiben angehörte, und dass Werke wie *De vulgari eloquentia* und *Convivio* nicht seine Berufung waren? Etwas zog ihn zu seinen alten Obsessionen zurück, Beatrice und Poesie, die immer ein und dasselbe gewesen waren. Vielleicht verstand Dante tief in seinem Inneren, dass es Zeit war, sich von dem zu verabschieden, was er als böse und ungläubige Gesellschaft beschreibt, mit der er während seines Exils anfangs konspiriert hatte. Als er akzeptiert hatte, dass er nie nach Florenz zurückkehren würde, kam er auch zum Schluss, dass er nicht weiter Bücher schreiben müsste, die andere Menschen wollten; er würde die Bücher schreiben – tatsächlich *das Buch* –, an das allein er glaubte. Und indem er das tat, löste er auch das Versprechen ein, das er am Ende der *Vita Nuova* gegeben hatte: Bücher zu schreiben, die so zartfühlend waren, dass sie Beatrices Namen würdig wären.

Ein Jahr nach meinem College-Abschluss 2001 verbrachte ich den Tag in der Bibliothek der Columbia University und forschte Fußnoten nach und prüfte Quellen für einen wissenschaftlichen Aufsatz über Voltaires Dante-Lektüre. Das bedeutete auch, sich den Kopf darüber zu zerbrechen, ob man eine Auslassung mit oder ohne eckige Klammern zitierte, ob man Fremdtitel in Großbuchstaben schrieb und die alte Rechtschreibung modernisierte.

»Nicht schlecht für die Arbeit eines Tages, oder?«, sagte ich später beim Abendessen im East Village zu einer Frau, die ich zu beeindrucken versuchte.

Sie warf mir einen vernichtenden Blick zu.

Aber das störte mich nicht. Mein Aufsatz war die Fortsetzung glücklicher Jahre einsamer Abgeschiedenheit in einer Lesekabine in der Yale's Sterling Library, umgeben von Forschungsliteratur zur Dante-Rezeption und den marmorierten Einbänden von Voltaires *Oeuvres Complètes*. Es war altes, muffiges Zeug, aber es bestätigte meine Authentizität als echter Gelehrter. Ich konnte erklären, warum Goethe Dantes Vorstellung von Gerechtigkeit barbarisch fand und warum Victor Hugo gern in die Flammen von *Inferno* starrte, aber seine Augen einfach nicht an das Licht von *Paradiso* gewöhnen konnte. Ich war schon weit gekommen auf meinem Weg, ein Experte dafür zu werden, wie die Menschen die *Göttliche Komödie* Jahrhunderte, nachdem sie geschrieben worden war, lasen – bald würde ich souverän mein kleines akademisches Herzogtum regieren.

Meine Forschungsarbeit an jenem Tag an der Columbia kulminierte in *Romantisches Europa und der Geist Italiens* von 2008, das wissenschaftliche Werk, über dessen Korrekturlauf ich in einer Wohnung in Westerly in den ersten Monaten nach Katherines Tod gebrütet hatte. Dieses Buch zu redigieren gab mir Frieden und Stille in der Unterwelt, und als das Buch schließlich erschien, hatte ich meine Saison in der Hölle beendet und befand mich im Fegefeuer. Die Widmung für dieses Buch lautet:

In liebevoller Erinnerung an meine Frau
Katherine Lynne Mester
1979–2007
und für unsere Tochter
Isabel Katherine Luzzi

Ich war versucht gewesen, Isabels Lebensdaten unter ihren Namen zu setzen, *2007-*, um die Symmetrie von Katherines Leben in Isabel zu demonstrieren. Aber ich besann mich eines Besseren, da ich meinem kleinen Mädchen nicht etwas so Monumentales, so Unheilvolles auferlegen wollte.

Jenes nach hinten offene Datum galt ebenso für mich wie für Isabel. Was sollte ich nach 2007 tun, fragte ich mich, ohne Katherine? Die Vorstellung, noch ein gelehrtes Werk zu schreiben, das die Nicht-Gelehrten schon auf den ersten Blick erschöpfte, erschöpfte auch mich. In Saul Bellows *Ravelstein* beschäftigt sich der Erzähler Chick mit dem Werk eines angeblich brillanten Gelehrten, nur um herauszufinden, dass dessen Lektüre ihm das Gefühl einer Ameise vermittelt, die versucht, die Anden zu überqueren. Um diese Zeit herum wurde ich verbeamtet auf Lebenszeit. Ich konnte immer noch mehr Straßenkarten zu den Anden für winzige Füße produzieren und würde dafür auch noch belohnt werden. Dies würde bedeuten, auf dem Weg von Guido Cavalcanti zu bleiben, für den die Arbeit (Poesie) eine exklusive Beschäftigung war, die für die Allgemeinheit (die *volgare*) nicht taugte. Oder ich konnte Dante folgen, der es wagte, seinen Schreibstil zu verändern, als er seine Definition von Leben und Lieben veränderte.

Würde ich den Mut finden, über die Mysterien der Liebe zu schreiben, fragte ich mich, während ich die Widmung an eine Mail an meinen Verleger anhängte, oder würde ich weiter die Freuden und Nöte von Voltaires Bibliothek erforschen?

Frau, warum beschämst du ihn so?

Die Engel im irdischen Paradies oben auf dem Läuterungsberg stellen Beatrice diese Frage, als sie Dante, nur Augenblicke, nachdem Vergil fortgegangen ist, streng ermahnt. Beatrice hat darauf eine schnelle Antwort parat: Dieser Mann, Dante, hatte ein wunderbares Potenzial für das Gute, aber statt aufzublühen, verwilderte seine Seele:

Für eine gewisse Zeit hielt ich ihn mit meinem Gesicht;
indem ich ihm meine jungen Augen zeigte, nahm ich ihn
mit mir in die rechte Richtung.

Bis zu dieser Stelle im Gedicht hat es einen unausgesproche-
nen, aber fühlbaren Aspekt von Dantes Persönlichkeit gegeben, ein Gefühl, das ihn getröstet, aber auch zurückgehalten
hat: sein Selbstmitleid. Darüber, dass er Florenz verloren hat.
Dass er in den dunklen Wald geraten ist. Dass er sich von Beatrice verabschieden musste. Er hat jedes Recht auf sein Selbstmitleid – oder um einen Begriff Freuds zu benutzen, seine
Melancholie. Er hatte Beatrice geliebt, Florenz geliebt, sein
früheres Leben geliebt, und alles verloren. Aber Beatrice weiß,
dass er das nicht braucht. Er muss sich nur wieder der Poesie
zuwenden und den Mysterien der Liebe, der Aufgabe, die mit
der *Vita Nuova* begonnen hatte. Also erbittet sie drei grund-
legende Dinge von ihm:

Er soll seine Definition der Liebe ändern – was auch bedeuten wird, seine Definition von ihr.

Er soll seine Definition der Poesie ändern – was verändern
wird, wie er über sie schreibt.

Er soll sich von seinem früheren Leben verabschieden –
was bedeutet, sich zu verabschieden von der Person, die er
einmal gewesen war und von jedem, der mit ihr in Verbindung gestanden hatte, besonders von Guido.

So schwierig, wie diese Aufgabe auch ist, Beatrice hat sie
vereinfacht. Alles, was Dante zu tun hat, ist ihren Punkten zu-
zustimmen und den Vertrag zu unterzeichnen; sie wird die
Skizze vorbereiten, indem sie Dantes erstes Buch umschreibt,
die *Vita Nuova*, direkt vor seinen Ohren und Augen am Ende
von *Purgatorio*.

In meinem zweiten Jahr an der Graduate School, lange nachdem ich mich von meinem Traum einer Schriftstellerkarriere verabschiedet und das akademische Leben für mich auserkoren hatte, reiste ich nach Kalabrien, um Verwandte und das alte Haus meiner Familie zu besuchen. Seit ich auf dem College war, hatte ich diese Reise oft gemacht und mich mit meinem Cousin Guiseppe angefreundet. Während meiner Zeit in Süditalien behandelten mich seine Eltern – meine Tante Filomena und mein Onkel Giorgio, der Mann, dessen wörtliche Wiedergabe von Ugolinos Worten anfangs meine Liebe zu Dante überhaupt erst in Gang gesetzt hatte – wie einen Sohn. Alle betrieben einen gewaltigen Aufwand, als ich auftauchte, der (relativ gesehen) große, gebildete, schicke Cousin aus *l'America*, mit seinen Lacoste-Hemden und seiner Reisetasche voller Taschenbücher. Sie nannten mich im Dialekt *u professoru* und neckten mich wegen meiner Bücherwurm-Attitüde, aber sie schienen meine Besuche zu genießen. Sie stopften mich mit hausgemachter Pasta und karaffenweise Wein voll und machten Ausflüge mit mir in den Sila, den alten Bergwald auf dem Cosenza, der Provinz, wo meine Familie seit Jahrhunderten lebte.

Bei diesem Besuch nahm mich Giuseppe mit zu dem Steinhaus, das mein Vater, meine Mutter und meine vier Geschwister bewohnt hatten, bevor sie in die Vereinigten Staaten ausgewandert waren. Wir hielten vor einem nahegelegenen Haus und klopften an die Tür. Ein gedrungener, grinsender Mann, anscheinend der Besitzer, kam heraus. Giuseppe kannte ihn und erklärte, dass ich, *figlio di Pasquale e Yolanda Luzzi,* gekommen war, um das Grundstück und das Haus zu sehen, die einmal seinen Eltern gehört hatten. Tatsächlich gehörten Grundstück und Haus streng genommen vielleicht immer noch ihnen. Der Mann, der offenkundig den Besitz übernommen hatte, indem er darauf wohnte, blickte mich hasserfüllt an. Für mich war die alte Casa Luzzi vielleicht eine Gelegenheit für eine Art sentimentalen Tourismus, aber für ihn war sie eine Angelegenheit auf Leben und Tod. Guiseppe wiederholte eindringlich, dass wir sie nur anschauen wollten.

»*Vo' giuat' vedere, 'a terra dei suoi antenati*«, sagte Guiseppe. »Er will bloß das Land seiner Familie sehen.«

Der Mann, der mir mit seinen Blicken drohte, ließ uns schließlich passieren.

Die Natur hatte das Haus wieder in Besitz genommen. Eine Menge gefräßigen Unkrauts überwucherte den ganzen Umkreis und drang in die Risse im Gemäuer. Sorgfältig achtete ich darauf, mich nicht an den Dornen zu verletzen, als ich mich der Eingangstür näherte und versuchte, durch das zerbrochene Glas hineinzuschauen. Drinnen war es dunkel, so dass ich nur wenig ausmachen konnte. Aber selbst im schwachen Licht konnte ich sehen, dass meine Familie unter äußerst spartanischen Bedingungen gelebt hatte. Es gab Lehmfußböden und kein Badezimmer – das Haus schien wie das Unkraut aus dem staubigen Hang zu sprießen. Es gab keine klare Abgrenzung zwischen Natur und Haus, das Gegenteil von dem, was ich aus Rhode Island und unserem komfortablen Haus an einer von Bäumen gesäumten Straße kannte. Meine Familie hatte den Staub Kalabriens 1956 verlassen, um nach Amerika zu gehen, und jetzt, eine Generation später, kehrte ich zurück, um unseren Ursprung zu entdecken. Ich wusste, ich musste diese Geschichte erzählen, und auf irgendeiner unbewussten Ebene muss ich mir selbst geschworen haben, nicht wieder nach Kalabrien zurückzukehren, bevor ich das nicht getan hatte.

Aber ich war noch nicht so weit. Auf mich wartete harte Arbeit am College, und für andere Träume war keine Zeit. *Behalte diese Geschichte einfach im Kopf*, sagte ich mir selbst, während Guiseppe und ich zwischen den Sträuchern standen, *verlier sie nicht.* Von *Tristan und Iseult* hatte ich mich bereits verabschiedet, was auch einen Abschied vom Geschichten-Erzählen im Allgemeinen bedeutete – zumindest für eine Weile.

Später an jenem sonnendurchfluteten Abend saßen Guiseppe und ich in seinem Garten und redeten darüber, wie es gewesen wäre, wenn meine Familie in Kalabrien geblieben wäre – oder wenn er der Luzzi-Herde nach Amerika gefolgt wäre. Als junger Mann war er meiner Cousine Margaret versprochen gewesen, geborene Immacolata Luzzi, bevor sie aus Kalabrien in die USA ausgewandert war. Beide heirateten am Ende jemand anderen.

»*Com'era bella!*«, rief Guiseppe aus, »wie schön sie war!« Dann griff er nach seiner Gitarre, und ich nahm auf, wie er den berühmten (und für seinen Kitsch berüchtigten) Popsong von Toto Cutugno sang;

Lasciatemi cantare
con la chitarra in mano
sono un italiano
un italiano vero

Ich will singen
mit einer Gitarre in meiner Hand
ich bin ein Italiener
ein echter Italiener

Damals glaubte Guiseppe, dass mich meine Arbeit wieder nach Kalabrien führen würde, zu noch mehr gemeinsamem Wein und noch vielen weiteren gemeinsamen Songs. Aber bisher war es meine letzte Reise dorthin. Es waren nicht bloß die Unannehmlichkeiten, die mich abhielten. Ja, der Zug von Florenz in den Süden war langsam, Giorgios und Filomenas Haus war winzig und unbequem (besonders das Außenbad mit seiner eiskalten, tröpfelnden Dusche), und die Kalabrier, mit denen ich nicht verwandt war, waren misstrauisch und abweisend. Aber in Wahrheit blieb ich fort – mit Entschuldigungen Guiseppe gegenüber wie »*Sai, con l'insegnamento e le ricerche, il viaggio è difficile...*« (»Weißt du, ich muss unterrichten und forschen, und da ist so eine Reise schwierig...«) –, weil der Besuch des Steinhauses meiner Familie den Kreis meiner Zeit in Kalabrien geschlossen hatte. Ich hatte das Gefühl, ich bräuchte keine Zeit mehr als Tourist und Besucher dort zu verbringen, und wollte stattdessen der Geschichte von der Heimat meiner Familie ein neues Leben schenken. Ich wollte diese Geschichte in Worte fassen.

So hörte ich Guiseppe nie wieder dieses Lied singen, über den echten Italiener und seine Gitarre, die er nicht aus der Hand legen kann.

Unsere Leben werden durch einzelne Augenblicke definiert, von Mächten jenseits unserer Kontrolle – wie einer es wollte, würde Dantes Ulysses sagen. Aber es gibt Dinge, die wir kontrollieren können, selbst angesichts der quälenden Herausforderungen einer tragischen *Vita Nuova*. Nach Jahren der Furcht vor Eddie Knight und des Rechtsstreits mit ihm, hatte ich ihm vergeben, was mir half, mich von lähmendem Hass und Selbstmitleid zu befreien. Beatrice versteht, dass wir manchmal unfähig sind, das Schicksal in die eigenen Hände zu nehmen. Also gibt sie Dante auf dem Läuterungsberg, nachdem sie ihn gescholten hat, eine einfache Anweisung:

Sag, sag, ob das wahr ist.
Eine so schwere Anklage fordert dein Geständnis.

Dante muss nur den Mund öffnen und *Ja* sagen – nur ein einziges Wort, das ihm ermöglichen wird, das Fegefeuer des Selbstmitleids zu verlassen und in den Himmel des freien Willens einzuziehen. Es sollte das Einfachste sein, was er je getan hat, aber zunächst will diese eine Silbe der Affirmation nicht aus seinem Mund kommen. In Dante widerstreiten wilde Emotionen – dann lassen sie seinem Mund ein Geräusch entströmen:

Verwirrung und Angst zusammen preßten mir
ein so schwaches »Ja!« aus dem Mund, daß man die Augen
zu Hilfe nehmen mußte, es zu verstehen.

Mit diesem Ausströmen des freien Willens nimmt Dante Abschied von seiner jugendlichen Liebe zu Beatrice, seiner jugendlichen Definition der Poesie und auch von seinem erdrückenden Selbstmitleid. Nun ist alles möglich. Besonders Liebe und Poesie.

Einige Wochen vor Katherines Tod lagen sie und ich zusammen im Bett, und sie erzählte mir die Geschichte eines Menschen, der in ihren Worten »nie irgendeine Art von Güte gezeigt« hatte. Die Art, wie sie über ihn erzählte – ohne Arglist, Urteil oder Ranküne – brachte mich auf diesen Gedanken: *Gott sei Dank, dass ich keinen wie mich geheiratet habe, einen Grübler!* Ich an ihrer Stelle hätte die Situation gedreht und gewendet, nach Schuldzuweisungen gesucht, meinen eigenen rechtschaffenen Platz in der Geschichte gefunden. Katherine dagegen erklärte lediglich, wie man handeln oder nicht handeln sollte. Sie hatte mehr als ein Jahrzehnt lang in New York gelebt, und doch war sie so frisch, als wäre sie erst gestern in die Stadt gekommen, nachdem sie sich von ihrer eng miteinander verbunden Familie im Mittleren Westen an einem klapprigen Bahnhof verabschiedet hatte. Ich verbrachte meine Tage damit, über alte Geschichten nachzudenken, darüber, warum Dante und Guido sich entzweiten, und über die wechselhafte Natur von Dantes Liebe zu Beatrice.

Katherine lebte im Hier und Jetzt, ich im Weit-entfernt und Lange-vergangen.

Am Anfang unserer Beziehung hatte ich in meiner Eitelkeit geglaubt, dass ich ihr viel beizubringen hätte. In Wahrheit war ich es, der lernen würde, und sie die *Professoressa*. Durch Katherine lernte ich, dass ich nicht von einem besseren Leben zu träumen brauchte und nicht versuchen musste, mir eines zu erschreiben – ich hatte es bereits mit ihr.

Freitagabends fuhren wir zu einem Thai-Restaurant in Catskill, einer traurigen, heruntergekommenen Stadt nicht weit von Bard entfernt. Im Restaurant saßen Familien aus der Gegend auf Plastikstühlen an Wänden, die mit T-Shirts und anderen billigen Dekorationen geschmückt waren. Der Besitzer des Restaurants, ein käsiger Typ aus Queens, nahm unsere Bestellung auf, während seine hübsche, korpulente, thailändische Frau das Essen zubereitete. Es war unsere Oase. Dort stießen wir nie auf andere Leute vom Bard, und es war auch nicht der Ort für urlaubswütige New Yorker. Es war ein Ort, an dem ich mich entspannen und zur Ruhe kommen konnte. Dampfende Teller voller Erdnuss-Curry kamen und ließen mir das Wasser im Munde zusammenlaufen. Ich hatte das Gefühl, in mein erstes und vertrautestes metaphysisches Dorf zurückzukehren, dessen rote Tomatensauce hier einen genauso köstlichen asiatischen Geschmack angenommen hatte.

Keine Beziehung kann einem alles geben. Unsere drehte sich nicht um den Austausch von Ideen und darum, mein Leben als akademischer Lehrer und Gelehrter mit nach Hause zu bringen. Katherine hörte mir zwar bereitwillig zu, wenn ich ihr davon erzählte, woran ich gerade arbeitete, aber sie drängte mich nicht, meine intellektuellen Prinzipien zu schärfen oder zu überdenken. Ich redete mit ihr über mein Forschungsstipendium so, wie man mit jemandem über seine Arbeit spricht, der in einer anderen Branche ist: ganz allgemein und in der Form eines Fortschrittsberichts. Ich konnte sie nicht um ihren Rat bitten, wie ich ein Argument ausformulieren oder einen Autor deuten sollte. Das war meine Verantwortung, eine, die mich erregte, und etwas, das ich am Ende des Tages im Büro ließ. Ich musste keine Geschichten erzählen: Ich lebte in einer.

Nach ihrem Tod tauchten die alten Ambitionen, die alte Ruhelosigkeit wieder auf. Ein Teil davon hatte damit zu tun, dass ich angesichts der Begrenztheit meiner Zeit auf Erden, die ich nun erkannt hatte, das meiste herausholen wollte. Vergil hatte das das zeitliche Feuer genannt. Aber es gab noch einen persönlicheren, tief empfundenen Grund. Mit Katherine hatte ich erwogen, in die Universitätsverwaltung zu wechseln, weil das Geld uns helfen würde, meine Ambitionen in eine wertvolle und stimulierende Richtung zu lenken; ohne sie richtete ich meinen Blick auf etwas, das mir näher am Herzen lag, ein Ziel, das höher lag, aber weniger klar umrissen. Der Verlust Katherines führte mich zurück zu meiner alten Sehnsucht, Leser außerhalb des Elfenbeinturms zu erreichen. Ich träumte immer davon, in gelehrten Zeitschriften zu publizieren, aber nachdem ich das einmal erreicht hatte, erkannte ich, wie wenige Leute sie lasen. Und als *Romantisches Europa und der Geist Italiens* erschien, kauften es meine Schwestern alle stolz und versuchten, es mutig zu lesen. Aber nach ein paar Seiten fühlten sie sich wie Bellows Ameise, die versucht, die Anden zu überqueren. Mein Buch wurde zu einer Deko auf dem Kaminsims. Ein Gegenstand, in den Worten meiner Mutter, der *bellamente*, der Verschönerung – etwas zum Anschauen, nicht zum Ergründen.

Es muss eine andere Art zu schreiben geben, sagte ich mir selbst. Den Wert dieses ersten Buches, dessen gedruckte Seiten mich in der Unterwelt aufrechterhalten hatten, zweifelte ich niemals an. Aber ich glaubte, noch eine andere Stimme zu haben, eine, die nicht in elaborierten, akademischen Wendungen sprach – eine, die versucht hatte, von Tristan und Iseult zu erzählen. *Lebe ein bedeutsames Leben*. Dieser Satz ging mir immer und immer wieder durch den Kopf, während ich um Katherine klagte und trauerte und gleichzeitig weiter den Menschen und das Gedicht studierte, die eine Straßenkarte aus der Hölle und dem Fegefeuer vorgelegt hatten. Ich konnte niemals hoffen, so zu schreiben wie Dante, aber seine Lektionen waren für alle erreichbar. Tief in seinem Exil hatte er den Mut gefunden, die Sicherheit der Gelehrtenwelt zu verlassen, und zu seiner ersten Leidenschaft, der Poesie, zurückzukehren und dem ganzen Versprechen, das es enthielt, seine lebenslange Obsession mit der Frage *Was ist Liebe?* zu beantworten. Der Tod hatte etwas in den Fokus gerückt, das ich nicht länger leugnen konnte: ein bedeutungsvolles Leben hieß ein Leben des Schreibens.

Auf den endlosen Fahrten zwischen Westerly und Tivoli erzählte ich mir selbst Geschichten, um mir die Zeit zu vertreiben, während ich auf dem Kamm Connecticuts über die Route 84 entlangfuhr. Still erzählte ich mir die Geschichte der kalabrischen Steinhütte meiner Familie, spielte wieder die Töne, die von der Gitarre meines Cousins Guiseppe erklangen, während er von seiner verlorenen Liebe Immacolata träumte. Jene traurigen Stunden des Fahrens waren meine motorisierte Version des Anstiegs auf den Läuterungsberg.

Von Danbury über Southbury nach Waterbury komponierte ich meine ersten Seiten seit Paris, die nichts damit zu tun hatten, die Ideen anderer zu analysieren. Dann, nach dreieinhalb Stunden auf der Straße, verließ ich Connecticut und erreichte Rhode Island, wo die Mitwirkenden meiner seltsamen *Vita Nuova* schon auf mich warteten. Dann wurde es wieder Zeit, meine Geschichten zu unterbrechen und sie wegzulegen bis zur Rückfahrt nach Bard ein paar Tage später.

Zu dem Zeitpunkt kam es nicht in Frage, diese Geschichten aufzuschreiben und aus meinen Tagträumen Entwürfe zu machen – ich konnte sie immer noch niemandem zeigen.

Das dachte ich jedenfalls. In Wahrheit hatte ich die ganze Zeit Dante meine Geschichten gezeigt, und ich hatte die ganze Zeit geschrieben, nur in einer anderen Tonart, von der ich wusste, dass ich sie nun ändern musste. Meine anfängliche Ambition war es, wie bei Dante, in einer angesehenen, glanzvollen Sphäre Anerkennung zu finden, was den Abstand zwischen der Welt, aus der ich kam, und meinen Karrierezielen deutlich machen würde. Für mich hieß das, die Leiter zum Elfenbeinturm zu erklimmen, heraus aus meinen kalabrischen Wurzeln; für Dante hatte es bedeutet, sich den Respekt von Guido Cavalcanti und anderen Poeten des *Dolce Stil Novo* zu verschaffen, die ihn in ihrem zauberhaften Zirkel willkommen hießen. Seine Tragödie hatte Dante – und mich – gelehrt, dass ein Leben in der Elite nicht genug ist, dass man, um seine Gaben zu nutzen, die Komfortzone verlassen muss und eine Arbeit tun muss, an die man wirklich glaubt. Das Exil zog Dante fort von exklusiver Lyrik und abstrakter Philosophie und in die universelle Erzählstimme hinein, die die *Göttliche Komödie* so packend und außergewöhnlich macht für das allgemeine Publikum. Für mich erschütterte Katherines Tod die selbstgenügsame Welt, wo ich mit Hilfe meines Stipendiums für eine winzige Gruppierung von Lesern schrieb, und brachte mich zurück zu einer Art des Schreibens, die mich anfangs inspiriert hatte: das Geschichten-Erzählen, das mich dazu gebracht hatte über Tristan und Iseult zu schreiben. Beatrice und Vergil lehrten Dante, dass es nicht die Tat ist, die zählt, sondern die Entscheidung, die ihr vorausgeht – der freie Wille, der einen dazu bringt, die Möglichkeiten des Lebens voll und ganz zu ergreifen. Katherine in ihrer Abwesenheit zu lieben hatte mich gelehrt, dass ich nicht länger so tun konnte, als ob ich jemand wäre, der ich nicht war, und dass das Geschichten-Erzählen immer schon der Weg meines Lebens gewesen war. Ich musste jetzt den Mut aufbringen, das zu akzeptieren und mein Leben danach ausrichten.

Ich bin kein Dante von heute; aber ihn zu studieren hatte mich in die Lage versetzt, aus meiner Trauer und meinem Kummer herauszukommen und etwas Magisches zu finden, das diese elektrischen Zustände hinterlassen hatten. Das ist das wahre magische Denken der Trauer. Das andere Leben, in das der Tod einen geworfen hat – das, mit dem man nichts zu tun haben wollte –, ist eigentlich eines, auf das man aufbauen kann. Denn es enthält die Gaben, die der Mensch, den man liebte, einem hinterlassen hat.

Die Pendelfahrten von Bard nach Westerly waren erdrückend für meine Seele, und drei Jahre lang machte ich sie zweimal die Woche. Bei jeder Fahrt machte ich genau auf der Hälfte einen Stopp bei einem Dunkin' Donuts in Southbury, Connecticut, wo ich auf die Toilette ging und mir einen Kaffee und einen Bagel holte. Auf meinem Weg vom Parkplatz kam ich an einem Subway vorbei, dessen Plastikmarkise mich an die erinnerte, an der ich in Westerly vorbeikam, am anderen Extrem meines Exildaseins. Es war ein Land der Shoppingcenter, genau wie die berüchtigten Einkaufszentren, mit denen ich aufgewachsen war. Aber ich musste die Hässlichkeit meiner Umgebung nicht akzeptieren, auch nicht die Monotonie der Pendelei. Denn jetzt schrieb ich, in meinem Kopf und beim Fahren, und das konnte ich überall tun. Ich musste nicht mehr nach Paris ziehen und eine Mansarde mieten.

Langes Studium und große Liebe – Dantes Worte zu Vergil darüber, wie seine lebenslange Versenkung in die *Aeneis* ihn gelehrt hatte, nicht bloß Schriftsteller zu werden, sondern die Art von Schriftsteller, der seinen freien Willen am besten ausdrücken konnte. Die Legende von Dante, der von den Hügeln San Miniatos auf Florenz starrte, stellte es ganz falsch dar: In jenen ersten Jahren des Exils sehnte sich Dante nach Florenz zurück und gleichzeitig auch fort von der Stadt, er suchte nach einem neuen Leben, das er sich noch nicht genau ausmalen konnte. Er wanderte immer noch an den Ausläufern von Florenz durch die Toskana, versuchte zu seinem früheren Leben zurückzukehren; er schrieb, aber noch nicht das, von dem er tief im Inneren wusste, dass es sein Lebenswerk sein würde. Denn in jenen ersten Jahren hielt die Lähmung durch Selbstmitleid Dante davon ab, seinen freien Willen in Anspruch zu nehmen. Hätte er von San Miniato auf die Taufkirche San Giovanni im Zentrum von Florenz gestarrt, in der er getauft worden war, und auf Giottos Campanile der sich daneben erhob, hätte Dante auch tief in sich selbst hineingeschaut, wo die Poesie lebte, die darauf wartete, dass er sich ihrer annahm.

Der Kaffee und der Bagel von Dunkin' Donuts in Southbury ließen die letzten eineinhalb Stunden schnell vergehen, ebenso wie der Gedanke, bald Isabel zu sehen. Die Wortkaskaden, die ich hinter dem Lenkrad formulierte, waren ein Fest der Erinnerung, aus dem das erste Buch meiner *Vita Nuova* wurde. Als ich mich schließlich 2011 hinsetzte, um dieses Buch zu schreiben, dem Jahr, in dem meine Pendelei nach Rhode

Island endete, war die schwere Arbeit, das Buch in meiner Vorstellung zu konstruieren, bereits getan. Ich tagträumte immer über Giuseppe und sein Gitarrenspiel in Kalabrien und fragte mich, wann ich je darüber schreiben würde. Bei diesen einsamen Fahrten war ich, ermuntert von Dantes Beispiel und seinen Lehren, auf die Idee gekommen, die Geschichte Guiseppes und meiner Familie zu erzählen, woraus mein erstes Buch wurde, das außerhalb des Elfenbeinturms und für ein allgemeines Publikum verfasst wurde, *Meine beiden Italien*. Außerdem gab mir meine Entscheidung, dieses Buch zu schreiben – ein stiller Akt des freien Willens, so einfach wie Dantes *Ja* zu Beatrice am Ende des *Purgatorio* –, die Kraft, mir schließlich ein Leben außerhalb der Unterwelt aufzubauen.

Und die Geschichte endete auch nicht mit *Meine beiden Italien*. An jenem weit zurückliegenden Tag, an dem ich eine Stunde mit den Engeln an Katherines Grab in den Suburbs von Detroit verbracht hatte, wurde mir beim Blick auf etwas Schreckliches und Tiefes, etwas so Privates, doch etwas geschenkt, das ich in Worte fassen konnte und das nicht bloß für mich selbst. *Warum soll ich das erzählen?*, fragte ich mich nach dem Gottesdienst am Royal Oak Cemetery, wo Katherines Familie und ich dabei zugesehen hatten, wie ihr Sarg in das Erdreich hinabgelassen wurde. Wir waren zu der Grabstelle in einem langen, schwarzen Leichenwagen gefahren, und auf jenem abgeschiedenen, gewundenen Weg hatte ich das Gefühl, als hätten wir den Planeten Erde verlassen, um an einen Ort völliger Stille zu gelangen, eine karge, grüne Wiese, die von hochragenden Kiefern gesäumt wurde. In den Jahren, die folgen sollten, während jene Mahnung »*Lebe ein bedeutungsvolles Leben*« mich vorantrieb, verstand ich schließlich, dass ich zurück zu jener Stelle in Royal Oak gerufen worden war, um zu beschreiben, wie es sich anfühlte, sich plötzlich in der Unterwelt wiederzufinden. Anfangs in *Inferno*, als er von Furcht gequält wird, sagt Dante zu Vergil: *Warum ich? Ich bin kein Aeneas, kein heiliger Paulus*, Helden, die in der Hölle gewesen und wieder zurückgekehrt waren. Wie Dante war ich jahrelang von der Angst gelähmt worden, wieder in die Hölle gehen und mein Gespräch mit den Toten wieder aufnehmen zu müssen. Katherines Grabstelle hatte mir nie irgendeinen Trost geschenkt, so wie ich mir auch vorstelle, dass Dantes angeblicher Blick auf Florenz von den Hügeln San Miniatos ihm niemals hatte Trost gewähren können. Ich kann nicht wissen, was Dante in jenen ersten, bitteren Jahren des Exils durch den Kopf gegangen war, aber ich glaube, dass er erst, als er beschlossen hatte, über das Leben zu schreiben, das er verloren hatte, auch fähig war, nicht darauf zu starren, so wie ich mich erst wieder für die Liebe öffnen konnte, als ich begann, über den Schmerz ihres Verlustes zu schreiben.

III

Tausendundeins

E QUINDI USCIMMI A RIVEDER LE STELLE.
VON DORT TRATEN WIR HINAUS UND SAHEN WIEDER
DIE STERNE.

7. KAPITEL

Posthoc7

Dante betritt *Paradiso*, den letzten Gesang der *Göttlichen Komödie*, und entdeckt eine Woge von Licht:

Die Herrlichkeit dessen, der alles bewegt,
durchdringt das Universum und strahlt darin wider,
in einem Teil mehr, anderswo weniger.

Den meisten Lesern gelingt es nicht, dieses leuchtende Spektakel zu würdigen, sie bevorzugen die Flammen der Hölle und die Hänge des Fegefeuers. Der französische Schriftsteller Victor Hugo behauptete sogar, dass wir uns in *Paradiso* »nicht mehr selbst sehen ... das menschliche Auge war nicht dafür geschaffen, so viel Licht zu schauen, und wenn das Gedicht zum Glück gelangt, wird es langweilig.«

Paradiso ist in der Tat anstrengend. Fort sind die gequälten Seelen und gewundenen Bekenntnisse von Francesca da Rimini und Ulysses. Fort ist auch die sachverständige Führung durch Vergil. Dante selbst hat es kaum bis in den Himmel geschafft. Es bedurfte schon des strengen Tadels von Beatrice auf dem Läuterungsberg, damit er aufhörte, sich selbst zu bemitleiden und Verantwortung für seine Vergangenheit zu übernehmen. Nur die Liebe einer Frau konnte ihn in den Himmel bringen, und nur die Liebe einer Frau konnte ihn hindurchführen – sie wird bei jedem Schritt an seiner Seite sein. Hugo irrte sich: Dantes Gedicht wird nicht langweilig, wo es glücklich wird. Es ist nur schwer, die Dinge loszuwerden, die dem Glück im Wege stehen. Aber wenn es einmal so weit ist – so wie es Dante dank Beatrices fester, aber liebevoller Anleitung gelang –, kann das Licht spektakulär sein.

Paradiso hat ein besonders mittelalterliches Happy End – deshalb nannte Dante sein sehr wenig komisches Gedicht auch eine *Commedia*, wobei er Aristoteles' Definition von Komödie als einem Werk, das gut ausgeht, folgte. Vor seinem seligen Schluss verzeichnet die *Göttliche Komödie* die endlosen Herzschmerzen von Seelen, die vor Liebe brennen: Die denkwürdigsten Charaktere im Gedicht sind die Verdammten, nicht die Erlösten. Von früh auf verkehrte Dante mit der Elite der Kultur und der Macht, von seiner Zeit als Dichter des *Dolce Stil Novo* bis zu seiner Wahl als einer von Florenz' führenden Politikern. Im Exil kreiste er weiter als Diplomat und höfischer Intellektueller in höheren Sphären. Aber weltlicher Erfolg kann ein gebrochenes Herz nicht heilen, und Dante erweist sich nicht als Ausnahme von dieser ungeschriebenen Regel menschlicher Erfahrung. Er identifizierte sich am meisten mit jenen, die sich, wie er, auf der falschen Seite des Fatums wiederfanden. Wer kümmert sich um die Opfer der Welt, fragt sein Gedicht; wer leidet mit den Schmerzen der Welt? Um zur größten Freude im *Paradiso* zu gelangen, brauchte Dante jemanden, der seinen Schmerz teilte. Es musste jemand sein, dessen Geschäft Schmerz und Herzschmerz waren – jemand, für den Leiden der erwählte Lebensweg war.

Nimm uns unsere Schmerzen. Das ist es, was eine Mutter tut. Jemand, der nährt und uns beschützt, wenn wir es selbst nicht können. Für den Christen Dante fiel diese Rolle der Mutter Christi, der Jungfrau Maria, zu.

In *Paradiso, Canto 33* blickt sich Dante nach Beatrice um, als er die oberen Sphären des Himmels betritt, aber sie ist nicht da. Stattdessen befindet sich eine andere Frau neben ihm. Dantes Augen werden zu einem Meer himmlischen Lichts, und ihr Anblick blendet ihn. Er neigt den Kopf vor der Jungfrau Maria, denn Demut ist die einzig passende Antwort auf das Kaleidoskop von Liebe und Leid, das sie verkörpert.

In deinem Leib war die Liebe wieder entzündet;
durch ihre Wärme im ewigen Frieden
ist diese Rose aufgegangen.

So ist es richtig, muss Dante gedacht haben. *Wenn die Welt um einen herum zerbricht, wendet man sich dem Menschen zu, dessen Leib die Welt zuerst mit Liebe entzündet hat.*

Nimm uns unsere Schmerzen.

Für Isabel und mich gab es eine Person, die diese Sprache von Liebe und Schmerz am besten verstand.

Am 23. Dezember 2007, an dem Tag, an dem ich Isabel zum ersten Mal von Tivoli nach Rhode Island brachte, hatte ich zu kämpfen, als ich ihren Kindersitz festschnallen wollte. Ich war nie besonders geschickt gewesen, also war das keine große Überraschung. Immer noch in meinem anfänglichen Schock über Katherines Tod befangen, fand ich alles, was mit der Fürsorge für Isabel zu tun hatte, überfordernd, selbst etwas so Elementares, wie dafür zu sorgen, dass sie sicher im Auto saß. Ich rief also wirklich die örtliche Polizei an und bat um ihren Experten für das Anbringen von Kindersitzen – so jemanden gibt es tatsächlich. Einige Minuten später tauchte ein großer, unfreundlicher, blonder Polizist an meiner Tür auf, der unheilvoll wie der tschechische Grenzsoldat aussah, der mich gezwungen hatte, in Dresden den Zug zu verlassen, weil ich kein gültiges Visum besaß. Ohne jeden Humor und mit übertriebenem Ernst ratterte er all die Gründe herunter, warum mein Sitz ungeeignet war für die winzige, erdnussgroße Isabel, und dann ging er dazu über, sie so fest anzuschnallen, dass sie kaum noch Luft bekam. Später blieb er noch mit seinem Wagen auf dem Parkplatz stehen und schien zu zögern, ob er meinen Fall melden und sichergehen sollte, dass ich nicht mit Isabel auf die Reise ging. Fünfzehn Minuten später fuhr er schließlich weg und gestattete uns aufzubrechen. Mit dem Wagen, der von Gepäck, Laken, Büchern, Essen und Kleidung überquoll, fädelten wir uns auf die Route 9G ein, auf dieselbe Straße, die Katherine an ihrem letzten Tag auf Erden befahren hatte. Ich saß allein auf dem Vordersitz, und Isabel war hinten angeschnallt.

Aber es war noch jemand im Auto mit meiner Tochter und mir, die Person, die meine verstorbene Frau als Isabels primäre Bezugsperson ersetzt hatte: Meine Mutter saß neben Isabel auf dem Rücksitz, wo sie meine kleine Tochter im Blick behalten konnte. Meine Mutter hatte meine fünf Geschwister und mich großgezogen, indem sie sich nur auf ihre eigene Intuition und das Wissen verlassen hatte, das sie von Jahrhunderten ihrer süditalienischen Kultur geerbt hatte. Diese bodenständige Fürsorge ließ sie jetzt angedeihen, um für Ordnung in Isabels und meinem Zuhause zu sorgen, während unsere kleine Familie von diesem plötzlichen Tod noch taumelte. Während wir von Tivoli nach Westerly fuhren, hielt meine Mutter Isabels Hand und sang ihr in ihrem kalabrischen Dialekt, den ich kaum verstehen konnte, vor.

Chi è 'ssa piccarella, 'sa piccarella bella?
Wer ist dieses kleine, dieses schöne kleine Mädchen?

Yolanda Luzzi hatte sich auf diese Autofahrt schon seit ihrer Kindheit vorbereitet. Ihr fürsorgliches Leben begann, als sie als junges Mädchen in Kalabrien aufwuchs, in der armen Gebirgsregion in Süditalien, wo ihr adoptierter Bruder, mein Onkel Giorgio, später die Verse Dantes über den kannibalischen Graf Ugolino auswendig vorgetragen hatte. Bei Tagesanbruch sammelte sie immer die Eier von den Hühnern ein und kümmerte sich um die anderen kleinen Tiere auf dem Bauernhof ihrer Familie, dann folgte sie ihrer Mutter durchs Haus von einer Hausarbeit zur anderen. Ihr Vater, Carmine Crocco, besaß ein Stück Land, und so war immer reichlich Arbeit zu tun, von Kochen und Putzen bis zu Babysitten und Gartenarbeit. Yolanda beherrschte schnell all diese häuslichen Arbeiten. In einer rauen Landschaft und unter lauter fatalistischen Menschen hatte meine Mutter ein ungewöhnlich komfortables Leben. »Es gab Obst, Fleisch, Käse«, sagte sie immer. »Uns fehlte nichts.«

Eines Tages erblickte ein gut aussehender und kräftig gebauter kalabrischer Mann aus einer Gegend bergabwärts – Yolandas Haus lag weiter oben am Hang – sie und das Land ihrer Familie. Er verliebte sich auf der Stelle in beide. Pasquale Luzzi war gerade nach Kalabrien zurückgekehrt, nach drei Jahren in Deutschland, zunächst als Internierter der Nazis, nachdem Italien 1943 die Achse verlassen hatte, dann als Ehemann einer Bayerin, mit der er eine Affäre begonnen hatte, als er auf dem Hof ihrer Familie Zwangsarbeit geleistet hatte, wobei der Tod jede seiner Umarmungen mit der blonden Feindin überschattet hatte. Seine Familie zu Hause im Dorf dachte, er sei im Krieg gefallen – und er war tatsächlich schon wegen Befehlsverweigerung einem deutschen Soldaten gegenüber zur Hinrichtung vorgesehen gewesen, weil er sich eines Tages geweigert hatte, einen Graben auszuheben, und war dem Tod nur knapp entronnen, weil ein deutscher Offizier vollkommen unerwartet interveniert hatte. Aber es war ihm gelungen, aus Deutschland zu fliehen, und jetzt war er wieder zurück in seiner Heimatstadt. So wie bei Dante und Beatrice genügte Pasquale bloß ein Blick: Yolanda Crocco würde die seine sein. Mein Vater war kein Mann, zu dem man nein sagte – und so wurden Yolanda und Pasquale Luzzi vor dem Antlitz Gottes und der frisch wiedererstanden Republik Italien am 17. August 1948 vermählt. Sie war vier Monate vor ihrem fünfzehnten Geburtstag.

Mit sechzehn war sie schwanger, und nach einer ersten Fehlgeburt brachte sie mit siebzehn ihr erstes Kind zur Welt, einen Sohn namens Angelo, das erste von sechs Kindern. Ihr Leben voller Hausarbeit hatte offiziell begonnen. Sie hat nie außerhalb des Hauses gearbeitet oder gelernt, Auto zu fahren. Ihr Tag begann vor Morgengrauen, wenn sie zusammen mit Pasquale um drei Uhr aufstand, damit er sich für die Arbeit fertig machen konnte. Nachdem die Familie 1956 in die USA ausgewandert war, hieß das, ihm seine Kleidung herauszulegen und eine enorme Menge Proviant für ihn zuzubereiten, der ihn durch seine langen Schichten als Maschinist und später als Landschaftsgärtner bringen sollte. Sie packte ihm Pepper-und-Egg-Sandwiches ein, Stücke kalabrischer Soppressata-Salami, Scheiben von Brot und Käse zusammen mit Thermosflaschen voll schwarzem Kaffee, alles in seine riesige schwarze Lunchbox. Wenn er das Haus um vier Uhr morgens verließ, kehrte sie an ihren Platz auf dem Sofa zurück – sie schlief getrennt von dem laut schnarchenden Pasquale – und döste noch einige wenige Stunden unruhig vor sich hin, bis ihre Kinder aufwachten. Dann kam die zweite Runde der Vorbereitungen: ein Mortadella- und Provolone-Sandwich auf einem selbstgemachten Brötchen mit selbstgemachtem Weingebäck für mich zum Lunch, ein gebügeltes Hemd und Hosen für meinen Bruder, gebügelte Kleider für meine Schwestern und Frühstück für uns alle.

Das winzige Erdgeschoss unseres Hauses war ein Bahnhof für kommende und gehende Geschwister. Als ich in der Grundschule war, wachte ich um acht Uhr auf und entdeckte meine Schwester Rose, zwölf Jahre älter als ich, wie sie sich vor dem Badezimmerspiegel ihr Gesicht schminkte, ihr nasses Haar in ein wie zum Turban geschlungenes Handtuch gewickelt, während sie den Andrew Sisters lauschte, die »Rum and Coca-Cola« oder »Bei Mir Bist Du Schön« sangen. Währenddessen trank meine andere ältere Schwester Mary ihren Kaffee aus, bevor sie zu Walgreen's eilte, wo sie als Kassiererin arbeitete. Zu diesem Zeitpunkt hatte die älteste Tochter Margaret schon geheiratet und war zwei Straßen weiter gezogen, so dass wir zu Hause fünf Kinder waren, einschließlich meines Bruders Angelo, der achtzehn Jahre älter war als ich und einem seltsamen Tagesablauf folgte. Während ich meine Froot Loops, meiner ewig meckernden, jüngeren Schwester Tina gegenübersitzend, schüsselweise hinunterschlang – »Ma, bitte sag Joey, er soll den Mund halten, wenn er isst, das ist ja eklig!« –, schlief sich Angelo unten auf einem Sofa im renovierten Keller, der nach Kochfett stank, nach einer Pokernacht aus. Meine Geschwister und ich waren wie die separaten Zeiger einer großen kalabrischen Uhr, die den ganzen Tag verschiedene Zeiten anzeigten, wobei unsere Termine und Aktionen von unserer Mutter synchronisiert wurden, die alles in Bewegung setzte und jeden blockierten Gang ölte.

Wenn es Zeit zum Abendessen war, setzte ich mich allein an den Tisch, und meine Mutter servierte mir etwas Üppiges wie Steak, Mais und Kartoffelpüree, mein Lieblingsessen, und in der welligen Stärke war eine Kuhle für das Bratöl, das ich mit Brotstücken aufstippte. Ich aß nach meinem Training um sechs – nach meinem Vater und seiner mächtigen Fünf-Uhr-Mahlzeit, einer Feuersbrunst aus Spaghettisauce, gedünstetem Fleisch, flaschenweise Wein und eingelegtem Gemüse, was er alles in einem Dunst von Marlboro-Red-Zigaretten verschlang. Meine Schwestern schienen sich nie zum Essen hinzusetzen: Für sie hieß es einen Reiskuchen hier, einen Teller Suppe dort, ab und zu ein Sandwich aus frischem Brot mit Mayonnaise und dem weichen Fleisch einer Tomate aus unserem eigenen Garten zu verzehren. Mein Bruder war auch nie da zum Abendessen: Er aß seine gewaltige Portion Pasta am liebsten nach dem Zeitplan der Alten Welt, mittags. Meine Mutter, die mit ihren dampfenden Tellern jonglierte, um alle diese Bäuche zu füllen, setzte sich nie hin: Sie schleppte Teller von einem Esser zum nächsten, füllte immer neue Töpfe und Pfannen mit Zutaten und Öl, machte gelegentlich eine Pause, um etwas Pasta ohne Sauce oder trockenes Brot zwischen ihren verrückten Sprints vom Herd zum Tisch hinunterzuschlingen. Nachdem alle Mahlzeiten verspeist waren, kam der Abwasch. Nach dem Abwasch mussten mein Vater und meine jüngere Schwester und dann ich bettfertig gemacht werden, während sie den Verbleib meiner älteren Geschwister überwachte, sicherstellte, dass mein Bruder etwas aß, bevor er sich zu seinem Club aufmachte, und meine Schwestern ermahnte, frühzeitig – und allein – nach Hause zu kommen, wenn sie eine Verabredung hatten. An einem guten Abend gönnte sie sich als Belohnung eine halbe Stunde Fernsehen. Sie liebte die Sitcoms, von den verschlungenen Plots von *All in the Family* bis zu den Zweideutigkeiten von *Two and a Half Men*. Sie lachte über schlagfertige Antworten, die sie gar nicht verstand, das fröhliche Gelächter des Publikums im Studio reichte, um sie zu entzücken. Aber wenn irgendjemand ins Zimmer kam, gab sie ihm die Fernbedienung und sagte: »*Tiena, guarda chilla che ti para, io zigno stuffa di 'sa merda«* – »Hier, guck, was du willst, ich hab diesen Scheiß ohnehin satt.« Um zehn Uhr, nachdem der Rest, außer meinem Bruder – der immer noch in seinem Club Karten spielte –, zu Bett gegangen war, klopfte meine Mutter die Kopfkissen auf ihrem Sofa aus, um etwas zu schlafen. Vielleicht lag es daran, dass ihr die Ereignisse des Tages durch den Kopf gingen, oder es war die Aussicht auf all die Aufgaben, die nur in wenigen Stunden wieder auf sie zukommen würden –, aber aus irgendeinem Grund war echter Schlaf für sie etwas Seltenes. Den größten Teil der Nacht verbrachte sie damit, sich herumzuwälzen, bevor sie das vertraute Rumpeln meines Vaters um drei Uhr morgens auf dem Flur hörte.

2007 war diese Alltagsroutine für meine Mutter nur noch eine Erinnerung. Nachdem mein Vater 1995 gestorben war, begann meine Mutter schwarze Trauerkleidung zu tragen und legte sie zwei Jahre lang nicht mehr ab. Es ging so weit, dass ich sie mir in einer Welt der Farben nicht mehr vorstellen konnte, da sie und alles um sie herum in Halb- und Grautönen verblasst war, und was einmal ihre gewaltige Energie gewesen war, war zusammen mit ihren grün bedruckten Kleidern und blauen Halstüchern mit Blumenmustern verschwunden. Sie schlief auch weiterhin nicht und interessierte sich für nichts außerhalb von Haus und Familie. Aber der Mittelpunkt ihrer Welt hatte sich verschoben: Da mein Vater nicht mehr da war, um sie herumzuscheuchen und ihr eine Million von Aufträgen zu erteilen, hatte sie plötzlich etwas, was sie noch nie gekannt hatte: Freizeit. Anfangs wusste sie nicht, was sie damit anfangen sollte.

Dann, allmählich, begann ihr Leben eine neue Form anzunehmen. Obwohl sie den größten Teil der Nacht hellwach war, fand sie heraus, dass sie zwischen sechs und acht Uhr morgens glückselig eindösen konnte, eine Phase der hochtourigen Aktivität, solange mein Vater noch lebte. Sie begann ebenfalls das zu bewohnen, was die verbotene Stadt meiner Kindheit gewesen war: den ersten Stock, den schöneren Teil des Hauses, mit attraktiven und bequemen Sofas und einem großen Fernseher, einen Raum, den mein Vater eifersüchtig abgeriegelt hatte, als wäre er ein seltenes Metall, das sofort an Wert verlor, wenn es irgendeine menschliche Berührung erfuhr und dadurch anlief. Jeden Morgen trank sie jetzt oben ihren Kaffee, guckte dort abends Fernsehen und lud selbst ihre Freundinnen dorthin auf Besuch ein. Zum ersten Mal in fünfzig Jahren hatte sie Frieden und Stille gefunden und Zeit zum Nachdenken. Sie musste auch nicht länger die Fernbedienung während *Everybody loves Raymond* abtreten.

Am Tag, nachdem wir aus Tivoli in Rhode Island angekommen waren, fand ich meine Mutter in der Küche vor, kummervoll weinend und Gott befragend, warum er ihr so viel Schmerz und Leiden auferlegt hatte. Sie hatte fünfzig Jahre mit einem liebenden, aber dominanten Ehemann verbracht, der unseren Haushalt mit eiserner Hand regiert und dafür gesorgt hatte, dass wir selbst in den kalten und dunklen Wintern Neuenglands Heizung und Strom auf ein äußerstes Minimum reduzierten. Mein Vater war auch nicht anders als seine kalabrischen Brüder in seinem Testosteron-Patriarchat, und innerhalb dieser archaischen häuslichen Welt war es der ganze Stolz meiner Mutter, dass unser Zuhause ein schön geordneter Bereich war, der die engen Familienbande nährte. Wir aßen vielleicht nicht zusammen, aber meine Geschwister und ich waren aufs engste miteinander verbunden. Ich begann, sie als eine Art jüngerer Eltern anzusehen, die mir bei meinen »amerikanischen« Verantwortlichkeiten halfen – Hausaufgaben, Schulunterlagen auszufüllen, sicherzugehen, dass ich die richtige Sportkleidung hatte –, während meine Mutter und mein

Vater die Basis aus Essen, ein Dach über dem Kopf und über-
behütende Liebe lieferten. Trotz seines obsessiven Kontroll-
zwangs begriff mein Vater, welches Glück er hatte, jemanden
wie Yolanda zu haben, die er ausgesprochen lobte und feierte,
besonders nach seinem Schlaganfall mit neunundfünfzig Jahren, durch den er für die letzten dreizehn Jahre seines Leben
völlig von ihrer Fürsorge abhängig wurde.

Meine Mutter wusste, dass sie in der neuen Welt Gewal-
tiges geleistet hatte – aber dennoch war der Weg von Kalabrien nach Rhode Island dramatisch und schwierig gewesen.
Sie hatte ihre Heimat für eine amerikanische Kultur verlassen,
deren permissive Moral sie nie verstehen würde; sie hatte gesehen, dass sich zwei ihrer Kinder hatten scheiden lassen; und
jetzt durchlebte sie den schrecklichen Tod einer jungen Frau,
die sie geliebt hatte, der Frau ihres Sohns und Mutter ihrer nun
mutterlosen Enkeltochter. Ihre Tränen in der Küche an jenem
Tag waren Tränen der Wut und der Frustration, aber nicht des
Selbstmitleids – sie brauchte keine Beatrice, die ihr beibrachte,
sich nicht selbst zu bemitleiden. Sie hatte nie ihre eigenen
Interessen kultiviert oder war ihren eigenen Impulsen gefolgt.
Sie hatte ihr Leben ihrem Mann und ihren Kindern gewidmet,
und auch wenn es kein leichtes Leben gewesen war, hatte sie
ihre Rolle als Ernährerin und Versorgerin voll und ganz akzeptiert und damit den Zweck ihres Lebens erfüllt. Sie war der
Mittelpunkt einer großen und hingebungsvollen Familie, die
ihre Mutter verehrte – so sehr, dass auch noch zehn Jahre nach
dem Tod meines Vaters alle meine Geschwister außer mir in
ihrem Umkreis geblieben waren. Für meine Mutter ging es im
Leben nicht darum, Dinge zu erwerben oder ihre Interessen
und Leidenschaften zu entdecken; es ging um die Leben, die
sie geschaffen hatte und für die sie dann sorgte. Am Tag, als
sie bei mir und Isabel in Tivoli einzog, bestand ihr Gepäck aus

Unterwäsche, ein paar einfachen Oberteilen und Stretchhosen, einem Paar robuster Lederschuhe und einem schwarzen Duffelcoat von JCPenney. In einem Plastik-Ziplockbeutel waren ihre falschen Zähne und ihre Zahnbürste. Später erzählte mir meine Schwester Rose: »In jener Nacht im Krankenhaus, nachdem wir alle herausgefunden hatten, was mit Katherine geschehen war, wusste sie, was sie zu tun hatte.« Meine Mutter vergoss in der Tat nur wenige Tränen an dem Tag, als Katherine starb – die würden später kommen. Stattdessen saß sie still und stoisch da und sah bereits die Pflichten einer Mutterschaft vor Augen, die sie eigentlich längst hinter sich gelassen hatte. Ich musste sie gar nicht erst um Hilfe bitten.

Yolanda Luzzi musste mindestens noch einen Akt in ihrem Leben als Mutter vollbringen, und sie war wie immer darauf vorbereitet. Als sie mich an jenem Tag, an dem ich sie weinend antraf, in die Küche kommen sah, hob sie still ihren Kopf, nahm die Hände vom Gesicht und rieb sich die Augen trocken, bevor sie mich fragte, ob ich eine Tasse Kaffee wolle.

Dante beginnt das neunundneunzigste seiner hundert Cantos mit einem Gebet an die Jungfrau Maria, die er als »niedrig und hoch, mehr als Geschöpf« beschreibt. Trotz der Schönheit dieser Worte hatte ich nie verstanden, warum Dante den exklusivsten Platz seines Gedichts – wo er kurz davor ist, seine Reise durch das Paradies zu beenden und Gott von Angesicht zu Angesicht gegenüberzutreten – einer unfassbar reinen Frau widmet, die bis dahin keine große Rolle in seinem Gedicht gespielt hatte. Ich fragte mich, ob Dante bloß die Rolle des pflichtbewussten Christen spielte, der passend sein Ave-Maria fabriziert. Aber das war, bevor ich meine beinahe achtzigjährige Mutter sah, wie sie, geplagt von Schlaflosigkeit, Rheumatismus, Arthritis und Tinnitus, ihr hart erkämpftes, friedliches

Leben nahe ihrer Familie und Freunden aufgab, um mir dabei zu helfen, meine Tochter, weit von ihrem eigenen Zuhause entfernt, aufzuziehen.

Drei Jahre lang lebte Yolanda Luzzi aus einem Koffer und aus Plastiktüten, während sie klaglos zwischen meiner Wohnung in Tivoli und ihrem Zuhause in Westerly hin- und herpendelte. Sie bat mich um nichts und kam ihrer selbst verordneten Verantwortung stillschweigend und ohne Aufhebens nach. Ich war nicht gerade eine gute Gesellschaft für sie. Jedes Mal, wenn ich ihr faltiges Gesicht mit den falschen Zähnen sah, jedes Mal, wenn ich ihr gebrochenes Englisch oder grammatisch falsches Italienisch hörte, war ich gezwungen zu akzeptieren, dass ich unter einem Dach mit meiner Mutter lebte, statt mit meiner jungen und hübschen Frau. Sie nahm meine Verdrossenheit für das, was sie war – eine selbstsüchtige und unwissentliche Weigerung, nach vorne zu sehen.

Aber sie war nicht der Mensch zu urteilen, sie sorgte nur für mich und für Isabel. Die meiste Zeit ließ sie mich in Ruhe und ließ mich machen, was ich wollte – außer, es wirkte sich negativ auf Isabel aus. Nur einmal mischte sie sich in meine Angelegenheiten ein, und das war, als sich die Dinge mit Astrid zuspitzten. Sie sah, dass ich bis über beide Ohren verstrickt war mit dieser coolen Deutschen und nach einem Leben strebte, das weder zu dem passte, was Astrid wollte, noch zu dem, was Isabel und ich brauchten.

»*Ti ho lasciato in pace finora*«, sagte sie eines Abends, als ich nach dem Weihnachten in Deutschland mit Astrid zurückgekehrt war, »*ma chista volta te lo dico buono: chilla donna non sarà mai 'na matra per tua figlia*« – »Ich habe dich bis jetzt in Frieden gelassen, aber dieses Mal sage ich es dir gerade heraus: Diese Frau wird nie eine Mutter für dein Kind sein.«

Yolanda war keine Frau der großen Erklärungen. Ich wollte

mit ihr streiten, ihr sagen, dass sie sich irrte, dass sie es nicht verstand. Aber ich wusste, dass es besser war, sie nicht darum zu bitten, ihrem eigenen Fleisch und Blut in die Seele zu schauen und meine enttäuschte Sehnsucht zu sehen. Sie konnte nur die Wahrheit sagen – also hörte ich ihr zu.

Als Dante sich an Maria wendet, bittet er sie um drei Dinge: Güte, Erbarmen und Mitgefühl: genährt zu werden, Vergebung zu erhalten und Teilnahme an seinem Schmerz. Maria hatte keine irdische Macht. Sie erschuf nicht den Himmel, die Nationen und die Meere. Sie war nur das einfache Mädchen, das ihre Existenz dem göttlichen Kind, das sie austrug, weihte, das es gebar und aufzog, nur um dabei zuzusehen, wie es starb. Ihr Leben war ein Opfer, und es war ihr Segen, den Dante, außer dem Gottes, mehr als den Segen irgendeines anderen ersehnte.

Ich musste nicht um die Segnungen bitten, die Yolanda Luzzi über Isabel und mich ausschüttete wie fallendes Laub – das Bild, das Vergil und Dante gewählt haben, um die Seelen zu beschreiben, die an den Ufern der Unterwelt aufeinandergehäuft sind, ein Bild gnadenloser Verzweiflung, das meine Mutter unbedingt mit Hoffnung erfüllen wollte.

Im Juni 2010, im dritten Jahr meines Exils in der Heimatstadt, kaufte ich ein kleines Haus in Tivoli, ein paar hundert Meter von der Wohnung entfernt, in der Katherine und ich gewohnt hatten. Endlich entkam ich den uferlosen Nachwirkungen ihres Todes und machte einen Neuanfang, dachte ich, als ich die Formulare unterschrieb und um die Anzahlung feilschte. Endlich würde ich nun mit Isabel zusammenleben. Sie würde in das Vorschulprogramm von Bard aufgenommen werden, wo sie mit den Kindern meiner Freunde spielen konnte, und die anstrengenden Fahrten zwischen Tivoli und Westerly Vergangenheit wären. Wenn ich in jenen Jahren in Westerly war, ging ich zu Elternaktivitäten mit Isabel ins Mystic Aquarium, wo Isabel alles über Krustentiere und Anemonen lernte. Die jungen Mütter sahen durch mich hindurch. Sie waren alle verheiratet, hatten ein Kind an der Hand, und ein anderes war schon unterwegs, und ich war ein Außenseiter, ein älteres Elternteil ohne Ehering und ohne erkennbare Verbindung zu ihrer Gemeinschaft. Das Haus in Tivoli würde mich wieder mit den Lebenden in Kontakt bringen.

Es gab allerdings nur ein Problem und, um noch einmal Astrid zu zitieren, zwar ein großes. Dasselbe Problem, das mein Exil in Rhode Island überhaupt erst herbeigeführt hatte: meine anhaltende Unfähigkeit, mein Leben allein mit Isabel zu gestalten. Am 5. September 2010 zogen Isabel und ich offiziell in unser neues Haus ein. Auf unserer Fahrt von Westerly nach Tivoli saß meine Mutter auf dem Rücksitz, genau wie auf jener ersten Fahrt nach Westerly vor drei Jahren. Ich war aus der elektrischen Luft des Schmerzes herausgekommen und arbeitete mich den Berg der Trauer hinauf, und bei jedem Stadium war meine Mutter da, um mir zu helfen – eine mütterliche Version von Vergil, die mir ihre Weisheit über Kinder und Familienleben zu einem Zeitpunkt anbot, wo ich dringend Hilfe für beides brauchte.

Die Bewegung für die Homo-Ehe war da gerade in vollem Gange, und was einmal die typische amerikanische Familie gewesen war, veränderte sich in Lichtgeschwindigkeit. In unserer progressiven College-Stadt war es kein ungewöhnlicher Anblick, wenn Kinder von zwei Männern oder von zwei Frauen, einer alleinerziehenden Mutter oder einem alleinerziehenden Vater zur Schule gebracht wurden – und, in unserem Fall, von einem verwitweten Mann und seiner verwitweten Mutter. Tatsächlich nahmen uns die Eltern, Lehrer und

Erzieher, die lange darauf gewartet hatten, dass ich mit Isabel in die Bard-Gemeinschaft zurückkehrte, mit offenen Armen auf. Sie begannen sogar, meine Mutter Nonnie zu nennen, und sie wurde als Großmutter der Schule adoptiert. Ich hatte nicht mehr das Gefühl, unsichtbar zu sein.

Yolanda schaffte ihre wenigen Habseligkeiten in den Keller des Hauses in Tivoli und wohnte eineinhalb Jahre in dem klammen Gästezimmer, kochte, putzte und passte auf Isabel auf, während ich unterrichtete und mein Leben am College wieder in vollem Umfang aufnahm. Meine Mutter war hier nicht zu Hause, aber sie war zufrieden – befriedigt, dass sie auf den Hilferuf ihres Sohnes und ihrer Enkelin reagiert hatte, die wie ein kleiner Mond um ihre *Nonna* kreiste. Wann immer ich Isabel von einem Ausflug nach Hause brachte, rannte sie hinein, rief »*Nonnie!*« und warf sich meiner Mutter in die Arme, die dann »*Dammi la manuzza, bella*« – »Gib mir dein Händchen, meine Schöne« gurrte, oder »*Tesoro mio, bentornata!*« – »Willkommen zu Hause, mein Schatz!« Dann leuchteten Isabels Augen auf, ihre Müdigkeit war verflogen, die Welt war wieder warm und vertraut, während meine Mutter ihr aus einer Tasse Wasser in den Mund löffelte oder kühlende Luft in eine kochend heiße Suppe blies, die sie Isabel anbot. Nach wenigen Minuten schlief Isabel ein, so beruhigt von der Umarmung durch ihre Großmutter, dass ihr Körper sich entspannen und ausruhen konnte, da sie nun in die sicherste aller Welten gebettet war.

Nicht nur Isabel kam Nonnie näher. Wenn ich mit meiner Mutter morgens einen Kaffee trank oder abends mit ihr zusammen den Abwasch machte, hörte ich viele Geschichten aus ihrer Vergangenheit zum ersten Mal. Sie erzählte stundenlang von ihrer Kindheit und Heirat in Kalabrien und den Freuden und Sorgen, wenn man eine große Familie mit we-

nig Geld aufzuziehen hatte und außerdem einen hingebungsvollen, aber herrschsüchtigen Ehemann. Ich war erstaunt darüber, wie sehr sie ein Kind der Tradition war – buchstäblich
ein Gefäß für ihre gesammelte Weisheit. Ich begriff allmählich
ihre fatalistische Weltsicht und begann sie zu schätzen, eine
Weltsicht, die religiös war, ohne spirituell zu sein. Sie nahm
die Existenz Gottes als eine Tatsache hin, die weder ihr Herz
erwärmte, noch ihr Denken inspirierte. Er war da und kontrollierte das Universum so, wie die Sonne die Umlaufbahnen
der Planeten kontrollierte, und seine Welt war ganz grundlegend eine des Kampfes und des Leidens. »*Dio proveda, figlio
mio*«, sagte sie immer, wenn wir über die Probleme sprachen,
denen sich Isabel in dieser ungewöhnlichen Familienstruktur
gegenüber sah. »Dafür möge Gott sorgen, mein Sohn.« Ihre
Erwartungen, wofür der Herr so sorgen würde, waren eher,
um es milde auszudrücken, nicht sehr hoch. Als wir einmal
über eine Freundin von ihr diskutierten, die, meiner Mutters
Meinung nach, ihren tyrannischen Ehemann unsinnigerweise
verlassen hatte, sagte sie: »*Non la menava, 'n beveva o 'n an-
dava cu altre fimmine, ma cosa voleva?*« – »Er hat sie nicht
geschlagen, nicht getrunken oder mit anderen Frauen geschlafen – was könnte sie denn mehr wollen?« In ihrem Leben, das voller Hindernisse und wenigen Möglichkeiten gewesen war, sah sie es so, dass es die Aufgabe einer Frau war,
das ihr Zugeteilte zu ertragen und zu bewahren und zu beschützen, was sie hatte. Besonders ihre Kinder. Sie hätte für
Isabel und mich, ohne nachzudenken, Leib und Leben gegeben. Tatsächlich schenkte sie uns Leben zu einer Zeit, als ich
nur den Tod kannte und Isabel die Fürsorge brauchte, die nur
ein mütterliches Wesen geben konnte. Ich hatte in meinem Leben viel Zeit damit verbracht, vor der traditionellen Lebensform meiner Familie davonzulaufen, aber was mir in meiner

Jugend und meinem frühen Erwachsenenleben erdrückend vorgekommen war, war jetzt für mich und meine Tochter ein Geschenk. Ich war schließlich fähig, die Gabe uralter mütterlicher Weisheit zu akzeptieren, die Yolanda Luzzi mit ihren ein Meter sechsundfünfzig und fünfundfünfzig Kilo verkörperte.

Seit Isabels Geburt kümmerte ich mich um das, was ich als väterliche Pflichten ansah: Ich sparte für ihr Studium, ich sah mir ihre Vorschulpläne an, um sicherzugehen, dass sie einen guten Ruf hatten und sicher waren. Und ich versuchte mein Bestes, um sicherzustellen, dass sie sich gesund ernährte – obwohl ich zugeben muss, dass ich ziemlich oft versagte, weil meine Mutter es liebte, Isabel mit Süßigkeiten zu verwöhnen, die mich auf die Palme brachten. Mein gesamtes Erwachsenenleben lang hatte ich mich darauf gefreut, Vater zu werden, und diese praktischen Aufgaben vermittelten mir das Gefühl, als erledigte ich meinen Job. Aber etwas fehlte, ein tieferer Zusammenhang mit Isabels Wohlbefinden, der nicht bloß mit einem Sparkonto fürs College und Kindermusik-Nachmittagen vermittelt werden konnte. Ich hatte das Gefühl, dass ich durch meine Unfähigkeit, bei Isabel, gleichzeitig die Mutterrolle und die Vaterrolle auszufüllen, selber zu kurz kam. Und doch wusste ich nicht einmal, was das bedeutete, außer im Zusammenhang mit meiner eigenen Mutter, deren Aufopferung extrem war. Ich hatte natürlich nicht erwartet, dass Katherine solch eine Mutter wie Yolanda werden würde, aber unbewusst war ich doch ein Sklave dieser Vorstellung von Mutterschaft als völliger Selbstaufgabe zugunsten des Kindes: der Fähigkeit, das Hauptaugenmerk auf die Bedürfnisse des Kindes zu richten, statt auf die eigenen, und das alles mit Liebe und ohne Ressentiment zu tun. Ich konnte das nicht. Ich hatte noch nicht das Stadium der Elternschaft erreicht, wie es Dante anhand der Jungfrau Maria in seiner *Göttlichen Komödie* feiert.

Es ist nicht so, dass Dante wollte, dass wir die Jungfrau als Führerin zur Mutterschaft sehen. Was er meinte, war, glaube ich, dass im Opfer Liebe und Freude liegen – darin zu lernen, die Bedürfnisse eines anderen über die eigenen zu stellen, und diese Rolle auch zu genießen.

Meine Mutter hatte mich immer dadurch beeindruckt, dass sie einer der Menschen war, die sich am meisten selbst verwirklicht hatten. Sie hatte genau deshalb ein so erfülltes Leben gelebt, weil es ein Leben besonders freigiebiger Liebe gewesen war – einer Liebe wie die Marias in Dantes Himmel, die endlos und selbstlos gab und noch mal gab. Die Reinheit von Marias Liebe wurde für mich zum Symbol für die Liebe, die ein Elternteil für ihr Kind empfindet – ein instinktives Gefühl, das von der Trauer erdrückt worden war und das ich nun wiederherzustellen versuchte.

Dante nannte die Jungfrau Maria »das Mittagslicht der Liebe«; in mir brannten andere Feuer. Im Sommer, bevor wir in unser neues Zuhause in Tivoli zogen, fuhr ich eines Abends mit Isabel in das hübsche Küstendorf Stonington Borough in Connecticut. Auf dem Nachhauseweg hielt ich an einem mexikanischen Restaurant, um etwas zu essen mitzunehmen. Ich trug lockere Kleidung, Sweatshirt und Turnschuhe, während überall um mich herum gut frisierte junge Pärchen Margaritas tranken und Tortilla-Chips in Guacamole tunkten. Ich nahm meine Bestellung entgegen und lief mit Isabel zum Auto, als eine junge Mutter in ihren Dreißigern mit ihrem Mann und zwei Kindern an mir vorbeirauschte. Sie war rotblond, sportlich und auf eine natürliche Art attraktiv und sie lachte über etwas, das ihr kleinerer Junge zu ihr gesagt hatte. Sehnsucht wallte in mir auf. Dort draußen gab es jemanden wie sie, das schwor ich mir, jemanden, der noch nicht gebunden war und mich und Isabel vervollständigen könnte. Lange nachdem ich Katherines Tod akzeptiert hatte, war ich immer noch nicht fähig zu akzeptieren, dass ich keine Frau mehr hatte und meine Tochter keine Mutter. Ich fiel flüchtigen häuslichen Bildern, wie dem von der schlanken, lachenden Frau und all der häuslichen Seligkeit, die ich in ihr verkörpert sah, schnell zum Opfer.

Indem ich diese falschen Vorstellungen von Müttern anbetete, statt zu lernen, wie ich mein eigenes Kind bemuttern konnte, ließ ich die Familie, die wir eigentlich sein sollten, Isabel und ich, jeden Tag aufs Neue ein wenig sterben.

»Ich kann das einfach nicht…«

»Joe, du hast keine Wahl.«

Mein Freund hatte recht.

Ich hatte in meiner *Vita Nuova* alles Mögliche unternommen, um Liebe zu finden. Ich bat enge Freunde, aber auch Bekannte darum, mir jemanden vorzustellen; ich ging auf Partys, wo ich sicher sein konnte, dass dort Singlefrauen wären; ich ging auf Partys, wo ich bezweifelte, dass dort eine Singlefrau wäre, aber lieber noch mal nachschauen wollte, für alle Fälle. Darin lagen überhaupt nichts Sorgloses, kein Spaß und nichts Erotisches. Rendezvous wurden zu einer zähen Angelegenheit. Ich begann Zweifel zu hegen, ob ich tatsächlich Liebe suchte. Ein Teil von mir glaubte, dass Katherine meine *grande amore* war, die einem nur einmal im Leben begegnet. Selbst wenn ich jemand anderen kennenlernte, würde ich ihr ewig treu bleiben, wenn schon nicht körperlich, dann doch im Geiste. War es möglich, für jemand anderen Platz zu schaffen?, fragte ich mich. Konnte man im Leben mehr als nur eine Seelenverwandte haben? Von all diesen hypothetischen Fragen gequält, machte ich halbherzig damit weiter, eine Frau zu finden, die ich lieben konnte.

Während mir mein Freund über die Schulter guckte, um

sicherzugehen, dass ich alles durchklickte, drückte ich schließlich auf den »Akzeptieren«-Button und wurde eines von den zwei Millionen einsamen Herzen auf match.com.

Im Laufe der Zeit begann ich die Art von Liebe wiederzuentdecken, über die Guido Cavalcanti geschrieben hatte: die Liebe zu der Berührung durch eine zärtliche Frau. Bald nachdem ich mein neues Haus in Tivoli gekauft hatte, begann ich mich mit einer Schauspielerin zu treffen, die in einem muffigen Haus ohne Fahrstuhl im zweiten Stock in New Yorks East Zwanzigern wohnte. Siena war äußerst wortgewandt, intelligent, aber sehr zynisch – sie zitierte einmal den Satz aus dem Film *Verführung einer Fremden,* »Zeig mir eine schöne Frau, und ich zeige dir einen Mann, der keine Lust mehr hat, mit ihr zu schlafen« (obwohl sie, wie im Original, einen etwas drastischeren Ausdruck benutzte als »schlafen«). Sie schlief unter einer imposanten Totenschädel-Replik, die auf meinen Körper mit etwas herabschaute, was ich nicht für Wohlwollen hielt. Der Totenschädel schien Sienas Schutzgeist zu sein und mahnte mich, die Hausherrin doch unbedingt zu befriedigen. Ich versuchte, nicht in die leeren Augenhöhlen zu starren. Zwischenzeitlich schenkte mir diese Lady vom Madison Square Park etwas, das ich seit meiner Zeit mit Katherine nicht mehr erlebt hatte: Siena sorgte dafür, dass ich mich körperlich wieder gut fühlte. Ich bestand darauf, in meiner üblichen ungeschickten Art zu glauben, dass an unserer gelegentlichen, aber hochgradig befriedigenden körperlichen Beziehung mehr dran war. Aber Sienas Handeln vermittelte mir etwas anderes: Eines Abends wollte sie eine Preisverleihung besuchen und erwähnte mit keinem Wort – nicht einmal mit einem versteckten Hinweis –, dass ich sie vielleicht begleiten könnte. Wir hatten nicht gerade die Art von Beziehung, die sich auch in der Öffentlichkeit zeigte.

Katherines Tod hatte mir für lange Zeit Angst vor jeglicher Intimität eingebrockt, angefangen mit den leidenschaftlichen Umarmungen mit Astrid. Aber Siena half mir zurückzukehren zu dem, was Guido die ausgetretenen – und absolut körperlichen – Pfade der Liebe nannte.

Mir war klar, dass dieses Zwischenspiel über kurz oder lang wieder enden würde, und so hielt ich Ausschau nach jemandem, mit dem ich meine Familie wieder rekonstruieren könnte, jemanden, der Isabel und mich dort abholen konnte, wohin uns der Bogen des Exils so gewaltsam geschossen hatte. Meine üblicherweise romantische Wesensart war in dieser Sache brutal vernünftig: Die Person, auf die ich mich einließe, musste ein Familienmensch sein. Ohne es zu merken, folgte ich Dantes Vorbild im *Paradiso:* Ich suchte nach einer mütterlichen Frau, die mein Kind ernähren und mein Leid stillen konnte.

Als ich mich bei match.com anmeldete, vermied ich das allzu Offene (MaxMustermann), das Clevere (wirstdunieeerfahren), das Sentimentale (gibderLiebeeineChance) oder das dick Aufgetragene (MännerwollenauchnurSpass). Stattdessen nahm ich etwas Intellektuelles und Verschlüsseltes: posthoc7. Jede Frau, die auf die Anspielungen in meinem lateinischen Begriff reagierte, war, dachte ich voller Pedanterie, ist meine Art von Frau. Der Rest meines Profils war eine einzige Untertreibung. Ich füllte nur die absolut wesentlichen Kästchen aus, Größe, Gewicht und Ausbildung, ließ alles andere Wichtige leer, einschließlich Einkommen und Religion. Ich meinte, dass die wenigen Informationen, die ich auflistete, schon alles sagten: Witwer, Vater, Promotion, gerade so viel an Koordinaten, damit eine unternehmungslustige potenzielle Partnerin die Leerstellen ausfüllen wollte.

Bald lernte ich eine Frau kennen, die im Algorithmen-

Himmel geschlüpft zu sein schien. Clarissa liebte Kinder und war Kinderärztin, Ende dreißig, hatte einen Harvard-Abschluss und keine Lust mehr, allein zu sein. Natürlich hatte sie keine Lust mehr und ich auch nicht – das war das Problem mit Match: diejenigen von uns in einem bestimmten Alter gingen das Ganze aus einer Position der Schwäche an, gaben zu, dass unser Leben zerbrochen oder unvollständig war und dass wir eine virtuelle Aufbesserung brauchten. So fühlte sich das ohnehin für mich an, jemanden, der – wie Clarissa, wie die meisten Frauen, die ich durch Match kennenlernte – in einem analogen Zeitalter aufgewachsen war. In einer Zeit, in der man seinen Partner, seinen Ehepartner oder Geliebten durch Freunde kennenlernte, im Waschsalon, im Campus-Center, beim Gassi-Gehen mit dem Hund, bei einem Fünf-Kilometer-Lauf, bei einer Weinprobe – an allen möglichen Orten, außer in der Match-Mall mit ihren hübschen Profilen, cleveren Anfangsstatements und leeren Versprechungen. Ich hatte noch nie so viele Verabredungen gehabt mit Leuten aus so unterschiedlichen Gesellschaftsschichten – die Seglerin aus Newport, die Lehrerin aus Providence, die Anwältin aus Newburgh sind ein kleiner beruflicher und geographischer Ausschnitt – und doch fühlte ich mich nie weiter entfernt von dem, wonach ich suchte. Match führte dazu, dass ich eine nostalgische Sehnsucht nach meiner gescheiterten Liebe zu Astrid empfand. Zumindest hatten wir eine gemeinsame Basis gehabt. Wir waren einander von gemeinsamen Freunden vorgestellt worden, wir kamen beide aus der akademischen Welt und hatten eine ähnliche Leidensgeschichte. Jetzt war aus der Suche nach Liebe so etwas wie Online-Shopping geworden.

Die Seiten mit den Porträtaufnahmen auf match.com – Frauen im Abendkleid, betrunkene Damen, die Margaritas hochhielten, Magazin-Models, die nicht sonderlich überzeugend wirkten – erforderten ein sofortiges und kategorisches Urteil. Diese war zu klein; jene konnte nicht anständig buchstabieren, diese hatte zu viel Make-up aufgelegt, jene zu wenig; diese verdiente zu viel Geld, jene zu wenig. Auch ich musste mich solchen Urteilen stellen: Ich hatte mein Einkommen nicht angegeben, was mich in Sachen finanzieller Unabhängigkeit fragwürdig erscheinen ließ; ich hatte eine Tochter; ich war in meinen Vierzigern und ich war *Witwer*. In der zukunftsorientierten Welt von match.com hatte ich eine Vergangenheit. Noch schlimmer, ich trug das Zeichen des Grabes. Wenn es denn je einen Filter gab, der die ernsthaften Mitstreiter von den bloß flüchtigen trennte – hier war er. Keine Frau würde sich mit jemandem einlassen wollen, der so viel Gepäck zu tragen hatte, sagte ich mir selbst, es sei denn, sie war wirklich interessiert (oder so bedürftig wie ich selbst).

Clarissa und ich vereinbarten, uns, während einer meiner Besuche in Rhode Island mit Mom und Isabel, im Al Forno zu treffen, einem Restaurant im Hafen von Providence. Sie fragte mich, in welchem Teil der Stadt ich wohnte. Ich sagte ihr, dass ich Providence als Adresse angegeben hatte, weil ich eine Menge Zeit dort verbrachte – was Quatsch war. Ich hatte es angeführt, weil es mir peinlich war, bei match.com zu sein, und weil ich nicht wollte, dass mich jemand aus Tivoli oder Westerly auf der Website entdeckte. Ich war undercover.

Wie ich führte auch Clarissa aufgrund ihres beruflichen Erfolgs ein bequemes Leben. Voller Wärme sprach sie von den kleinen Patienten in ihrer Arztpraxis und gab offen zu, dass sie nun bereit war, jemanden zu suchen, mit dem sie ihr Leben teilen konnte. Als wir uns auf dem Parkplatz vom Al Forno voneinander verabschiedeten, küssten wir uns kurz, und als ich den köstlichen Duft ihres lockigen braunen Haars einatmete, versprach ich ihr, sie anzurufen. Wir trafen uns wieder zu Drinks bei Turtle Soup in Narragansett ein paar Wochen später, nachdem der Hurrikan Irene die Küste von Rhode Island verwüstet hatte. Während wir sprachen, schwappte das Meer still über die Felsen an der Küste, die unter ihrem Überzug aus lauter Sturmtrümmern, seltsam brav wirkte. Clarissa war entzückend und intelligent und alles, was sie sagte, war genau richtig. Aber tief in meinem Herzen wusste ich, dass ich nicht die Person sein konnte, nach der sie suchte. Nicht für sie und nicht für die anderen, die ich auf match.com kennenlernte. Keine von ihnen kam aus meinem Dorf – weder aus meiner Westerly-Welt, in die sich Katherine so mühelos eingefunden hatte, noch aus der Campus-Kultur, die mein natürlicher Lebensraum war. Noch entscheidender war, dass ich Katherine und selbst Astrid in realer Zeit und echtem Raum kennengelernt hatte; wir teilten buchstäblich den Raum miteinander und nicht bloß eine Website. Der algorithmische Zufall, der mich in Kontakt mit Clarissa und anderen gebracht hatte, fühlte sich erzwungen und falsch an, unnatürlich. Ich konnte das einfach nicht akzeptieren. Dante hatte einmal versucht, über den Tod von Beatrice mit Hilfe der Numerologie hinwegzukommen, indem er seine Treffen mit ihr nach der gesegneten Zahl Neun anordnete. So wie es dieser Zahl nicht gelang, seine Trauer zu mildern, so gelang es den Einsen und Nullen der unauslöschlich binären Logik meines Computers nicht, die Liebe meines Lebens auszuspucken.

In jenem ersten Sommer, als ich mich auf match.com anmeldete, besuchte ich den Watch-Hill-Strand mit Siena, der Dame mit dem wachsamen Totenschädel. Es war das letzte prächtige Wochenende im August, und ich spazierte mit ihr und Isabel an einer Küstenlinie entlang, wo der öffentliche Sandstrand endete und der private Felsenstrand begann. Wir überquerten die Grenze mit Isabel im Schlepptau. Ich war damit aufgewachsen, im Sommer diese Felsenschranke zu sehen, aber hatte nie zuvor gewagt, sie zu überqueren. Auf der anderen Seite öffnete sich vor uns ein völlig anderer Küstenstrich, eine überwältigende Fläche voller Villen und weißer Sonnenschirme. *Ist die Liebe vielleicht auch so,* fragte ich mich, während ich Sienas Hand hielt, um uns auf den rutschigen Felsen zu stabilisieren, *neue Welten zusammen zu erkunden, selbst solche, von denen man glaubte, sie seien vertraut oder verboten?* Am Himmel war keine Wolke zu sehen. Weil ich so viel Tennis gespielt hatte, war ich so fit wie eh und je. Eine verlockende und bildschöne Frau in einem Badeanzug hielt meine Hand, während sie neben mir ging. Meine andere Hand hielt die weiche, winzige Hand meines kleinen Mädchens. Für die Welt sahen wir drei wie eine Familie aus. *Wenn dieses Bild nur der Stoff des wirklichen Lebens wäre,* dachte ich. *Wenn aus dieser Idylle nur ein Zuhause werden würde.* Obwohl ich gelernt hatte, sorgfältig zu lesen und tief nachzudenken, wurde ich schwach angesichts dieser verführerischen, von Trauer benebelten Schnappschüsse, die das Leben eher verbargen, als es zu enthüllen.

Wenn ich an meine Zeit mit Katherine zurückdachte, an jenen ersten Tag, als sie in North Carolina angekommen war, verspürte ich die gleiche Fülle aus Erwartung und Sehnsucht, aber mit Katherine war es der Beginn unseres gemeinsamen Lebens gewesen. Fünf Jahre später, am Strand von Westerly, war es überhaupt nicht der Anfang von irgendetwas. Es war nur eine kurze Atempause von meiner Einsamkeit. Als dann der Herbst anrollte, war es zu kalt für Ausflüge an den Strand geworden, und meine Geschichte mit Siena war auch den Weg wechselnder Jahreszeiten gegangen. Unser Sommerspaziergang war eben nur das gewesen, ein Spaziergang an einem Ferienwochenende, kurz bevor die Sonnenbadenden den Strand verließen.

Ein paar Monate später schaute ich mir auf Match ein Profil

von einer Frau mit langen braunen Haaren und großen, einladenden blauen Augen an. Auch sie hatte einmal die Liebe gefunden und suchte nun wieder nach ihr. Sie war etwa in meinem Alter, eine Erzieherin, und hatte ein kleines Kind. Sie war ebenfalls Witwe. Während ich darauf achtete, meinen Anfall von Hoffnung, der mich durchströmte, unter Kontrolle zu behalten, wagte ich mich hinter meiner Posthoc7-Maske hervor und begann mit dem typischen Email-Geplänkel. Bald schon vereinbarten wir, uns auf ein paar Drinks zu treffen – im Al Forno, wo es mir gelungen war, Clarissa zu beeindrucken, bevor ich wieder wie Nebel am Morgen aus ihrem Leben verschwunden war. Emilia erschien in einem selbst gestrickten Pullover und Cargohosen und sah so frisch und warm aus wie auf ihrem Profilfoto. Sie erzählte mir von dem Autounfall, der ihr den Mann genommen hatte, die Liebe ihres Lebens, gerade als sie mit ihrer Tochter schwanger geworden war. Ich erzählte ihr meine eigene Geschichte, die viel jüngeren Datums war. Emilia hatte für sich und ihr Kind ein Leben aufgebaut und arbeitete als Englischlehrerin an einer Privatschule. Sie zeigte mir ein Bild von ihrer Tochter, ein lächelndes Kind von zehn Jahren, das eine Leseratte war. Sie hatte es auf die andere Seite der Trauer geschafft und konnte erkennen, dass ich noch auf dem Weg dahin war.

Wir bestellten Holzofen-Pizza und tranken süditalienischen Rotwein. Nach dem Essen brachte ich sie zu ihrem Auto. Sie fuhr einen Volvo – »das sicherste Auto, das ich finden konnte« – und, nachdem wir uns solidarisch umarmt hatten, schmiedeten wir Pläne, uns wiederzusehen. Es war Ende Dezember, im tiefsten Neuengland-Winter, und im tiefsten Zentrum meines Schmerzes und meiner Trauer. Katherine war jetzt seit drei Jahren tot. Mein Leben war zu einem Stillstand gekommen. Emilia fuhr weg, und ich setzte mich in mein

Auto und begann plötzlich und unerwartet zu weinen und vergoss eine ganze Ägäis von Tränen wie Ulysses, als ich jetzt die Tränen laufen ließ, die ich in dem Moment nicht hatte weinen können, als ich die Nachricht von Katherines Tod erhalten hatte. Hier war ich nun, auf einem Parkplatz in Providence hunderte Meilen von zu Hause, und suchte nach einem neuen Leben, das einfach nicht erscheinen wollte. Selbst Katherines Tod fühlte sich nun schon weit entfernt an. Ich war weit entfernt von meiner größten Liebe und fühlte mich noch weiter entfernt von irgendeiner zukünftigen Liebe. Ich wusste, ich würde Emilia nicht wieder anrufen, ganz gleich, wie hübsch oder liebenswert sie war, ganz gleich, wie viel sie mir und meiner Tochter hätte anbieten können. Als ich ihre Geschichte hörte, hörte ich meine eigene. Sie wurde zum Spiegel meiner eigenen Trauer. Die Welt hatte mich in Poughkeepsie's Saint Francis Hospital an jenem kalten Novembermorgen auf die Knie gezwungen. Und ich hatte den Neurochirurgen, hatte Gott angefleht, Katherine am Leben zu lassen. Aber sie war für immer fort, und jetzt suchte ich im Dunkeln herum nach Wegweisern zurück nach Westerly, suchte in einem Gewirr von Einbahnstraßen nach der Auffahrt zum Highway, während ich im Auto schluchzte.

In jener Nacht passierte ich auf der Fahrt nach Hause eine Reihe von Straßen mit allegorischen Namen, Benevolant (mildtätig), Hope (Hoffnung), Transit (Überfahrt) und alle deuteten auf die Mutterliebe, die Isabel von mir brauchte. Stattdessen suchte ich weiter nach einer neuen Frau, einem neuen Leben, einer *Vita Nuova* in einem Shopping-Center der Liebe – ein Außenseiter, was das Band anbelangte, das zwischen meinem Kind und seiner *Nonna* leuchtete, der Frau, deren kalabrischer Schoß zuerst meine Welt mit Liebe entzündet hatte.

8. KAPITEL

Väter und Söhne

Es war einmal... ein *pezzo di legno«, »ein Stück Holz«.* Es war ein Monat vor Isabels Geburt, und Katherine und ich saßen zusammen auf der Couch in unserem Apartment in Tivoli. Wir hatten ihre Bluse hochgezogen, um ihren kugelrunden Bauch zu bewundern, welchem ich gerade aus dem *Pinocchio* vorlas. Ich sagte die Wörter langsam auf, hielt den italienischen Doppelkonsonanten auf meiner Zunge. Ich wollte, dass unser Baby die sich reimenden Vokale und die reichhaltigen Rhythmen von Dantes Toskanisch aufnahm, modernisiert in der berühmten Kindergeschichte von Carlo Collodi. Ich hoffte, dass das Kind meine Stimme wiedererkennen würde, während die Vibrationen aus meinem Mund durch den Bauch und in das Fruchtwasser drangen. Ich hegte die ahnungslosen und vorgreifenden Gedanken eines werdenden Vaters: Würde das Baby ein Junge oder ein Mädchen sein? Würde er Tennis mögen, wenn er groß wurde? Würde sie aussehen wie ihre Mutter? Ich war voll unschuldiger Ahnungslosigkeit, was die Erfordernisse der Kindererziehung anbelangte. Katherine und ich hatten uns einen stillen Lebensrhythmus angewöhnt, während wir auf die Ankunft des Babys am 6. Januar 2008 warteten, dem ausgerechneten Geburtsdatum.

Nachdem Isabel es entgegen aller Wahrscheinlichkeit in diese Welt geschafft hatte, war ich, statt ihr Leben für selbstverständlich zu erachten, nicht mehr in der Lage, sie ohne Herzrasen anzuschauen. Ich war in einem grausigen Moment ihr biologischer Vater geworden; um ihr tatsächlicher Vater zu werden, brauchte ich Jahre. Vor ihrer Geburt hatte ich gar nicht darüber nachgedacht, was Vaterschaft bedeutete. Es schien eine jener Rollen zu sein – wie Sohn, Freund, Ehemann –, die ich annehmen und begreifen würde, wenn die Zeit gekommen war. Aber als sie plötzlich und mit Gewalt gekommen war, war ich vollkommen ratlos. Meine ursprünglichen Vorstellungen von der Vaterrolle – Ernährer, Patriarch, Beschützer – stammten aus einem überkommenen Strategiebuch. Und ich werde nie wissen, welchen Kurs meine Entwicklung als Vater genommen hätte, hätte Katherine überlebt.

Diese Situation verlangte nach erheblichem Mut und Vorstellungskraft – Eigenschaften, die man in der Unterwelt schwerlich erlangte.

In den Jahren, in denen ich in Dantes Gedicht um Hilfe ersuchte, wollte ich ebenso viel wie möglich über den Menschen hinter den Worten erfahren. Die *Enciclopedia dantesca* (*Dante-Enzyklopädie*) ein sechsbändiger Wal von einem Buch, der in Rom in den 1970ern veröffentlicht worden war, behandelt jeden Aspekt von Dantes Leben und Werk und enthält außerdem seinen Familienstammbaum. Er verzeichnet seine ewig leidende Ehefrau, Gemma Donati, die danebenstehen musste, während Dante all seine poetischen Werke Beatrice widmete, ohne sie jemals zu erwähnen – das verlangten die Konventionen mittelalterlicher höfischer Liebe, die dem wahrhaft Liebenden verboten, über seine Frau in den Gedichten zu schreiben, die eine unerreichbare Liebe zu außerehelichen Musen feierten. Der Familienstammbaum nennt Dantes vier Kinder, einschließlich Pietro und Jacopo, die in echt italienischer Weise aus dem Genie ihres Vaters ein Familienunternehmen machten, indem sie beide einflussreiche Kommentare zu seinem Werk verfassten. Die Zweige des Familienstammbaums neigen sich abwärts von Dante zu seinem Vater, Alighiero degli Alighieri und umfassen Cacciaguida, den Vorfahr, der in *Paradiso* Dantes Exil vorhersagt. Aber der Baum bleibt bei diesem Vorfahr aus dem elften Jahrhundert nicht stehen – er reicht weit zurück bis zu Adamo, dem biblischen Adam, vertrieben aus dem Garten Eden und eine zentrale Gestalt in *Paradiso*, wo Dante ihn den *padre antico*, »vorzeitigen Vater« nennt. Die Herausgeber setzen tatsächlich ein Fragezeichen hinter seinen Namen, womit sie nahelegen, dass Dante tatsächlich mit Adam verwandt gewesen sein könnte. Da es keinen Platz für Humor in der Dante-Forschung gibt – so wie es, seltsamerweise, keinen Platz für Humor in einem Werk mit dem Wort »Komödie« im Titel gibt – scheint das Fragezeichen hier in aller Ernsthaftigkeit aufzutauchen. Und warum auch nicht? Dante war ein Mann, der seine Vaterfiguren und seine Vaterschaft sehr ernst nahm.

Dante erwähnt seinen tatsächlichen Vater Alighiero nie bei seinem Schreiben – aber seine anderen Charaktere tun das. Forese, der skandalöse Sonettdichter, den wir im *Purgatorio* antreffen, der auch einer von Dantes Freunden ist, schrieb, dass Dantes Vater »*tra le fosse*« war – »zwischen den Gruben« – in dem Florentiner Gefängnis, das für Schuldner reserviert war. Und tatsächlich, Alighiero spielte ein gefährliches professionelles Spiel: Er war Geldverleiher, eine Arbeit, die auf christlichem Boden verunglimpft wurde, die Florenz aber dazu verhalf, zu Europas erstem Finanzkonglomerat zu werden. Dante selbst verachtete die Geldverleiher, bestrafte sie im siebten Kreis der Hölle als diejenigen, die Gewalt gegen sich selbst verüben, Wucherer, die Gottes Plan ablehnen, der nach Arbeit verlangt, und stattdessen danach streben, Geld durch Geld selbst zu verdienen. Trotz der Verwirrung wegen Foreses rätselhafter Zeile überdauert das Bild von Dantes Vater als Geschäftsmann, der die Interessen seiner Familie um jeden Preis voranbringen wollte, und legt seine Verbindung zu den fruchtbaren Praktiken nahe, die der Bankiers-Kaste in Dantes Zeitalter so lieb waren. Was wir hingegen tatsächlich wissen, ist, dass Alighiero wenig mit seinem berühmten Sohn gemein hatte. Und Dante scheint Weniges im Leben seines Vaters des Lobpreises für wert befunden zu haben.

Also erfand Dante mit seiner Dichtung auch eine neue Vaterfigur.

2009 starb meine Freundin Jennifer Day an Herzversagen im zweiten Stock der Seymour Hall des Bard College, direkt über meinem Büro im ersten Stock. Sie war mit mir zusammen im Krankenhaus gewesen, als ich die Nachricht von Katherines Tod erhalten hatte. Ich kam an jenem warmen Frühlingsabend gerade von einer Filmvorführung, als ich ein Gewimmel von Krankenwagen und Polizeiautos vor meinem Gebäude bemerkte. Ich wusste sofort, was passiert war. Jen hatte schon das ganze Semester an unerklärlichen, aber anhaltenden Herzproblemen gelitten und war gerade nach einer längeren Pause wieder auf den Campus zurückgekehrt. Die roten Signalleuchten der Tragödie waren wieder einmal am Blinken.

Jen hatte einen zwei Jahre alten Sohn namens Tristram, auf Französisch »der Traurige«. Er war ein paar Monate vor Isabel geboren worden, und als Jen und Katherine gleichzeitig schwanger waren, stellten wir uns vor, diese Babys würden Busenfreunde werden. Aber Isabel und Tristram sahen sich kaum. Jens Ehemann Rob war ein Freund von mir, und nach ihrem Tod versuchte ich für ihn da zu sein und ihm anzubieten, was immer ich ihm an Trost bieten konnte. Aber zwischen uns stand einfach zu viel Traurigkeit. Es erstickte mich, und ich entfernte mich stillschweigend von ihm. Wie Rosalind mich gelehrt hatte, müssen Witwen und Witwer nichts sagen, um einander zu verstehen – aber manchmal wiegt dieses Verständnis zu schwer, als dass sich Vertrautheit halten könnte, wie ich bereits damals bei meiner Verabredung mit der gleichermaßen unter einem dunklen Stern stehenden Emilia von match.com gelernt hatte.

Am Tag von Katherines Tod bot Jen an, Isabel mit ihrer Milch zu stillen. Zu dem Zeitpunkt war Tristram sechs Monate alt. Jen lebte ihren Traum, nährte ihr Kind mit ihrem eigenen Körper, und sie war bereit, das Gleiche für Isabel zu tun. Aber ich konnte den Gedanken nicht ertragen, dass ein anderer Mensch, selbst wenn sie eine liebende Freundin war, die Rolle übernahm, die Katherines hätte sein sollen, und so wählte ich die sterile Welt von Fläschchen und Milchpulver.

Kurze Zeit, nachdem ich Isabel aus dem Krankenhaus mit nach Hause genommen hatte, kam Jen mit Tristram vorbei, um Isabel, meine Mutter und mich in Tivoli zu besuchen. Sie war eine viel versprechende Gelehrte, was russische Literatur anbelangte, eine Expertin für die magische Stadt St. Petersburg und eine der beliebtesten Lehrerinnen am College. Aber am Tag ihres Besuches war sie vor allem Mutter. Seit ihr Kind geboren worden war, war sie von einer heiteren Aura umgeben. Sie hatte ihr Forscherleben und ihr Leben als Mutter völlig miteinander in Einklang gebracht und strahlte die Art von Zufriedenheit aus, die jene erlangen, die genau die Arbeit tun, die sie sich für ihr Leben gewünscht haben. Und dann, nur ein paar Monate später, verließ sie uns.

Um an ihren Tod zu erinnern, pflanzten meine Kollegen und ich einen Hornstrauchbaum vor dem Sprachen-Gebäude und verstreuten ihre Asche an der Stelle, wo sie so viele Studenten inspiriert hatte. Jeden Tag kam ich auf dem Weg vom Parkplatz zu meinem Büro an dem Baum vorbei und so sehr ich es auch versuchte, konnte ich an ihrem Grab nie Trost finden. Es war unmöglich, das Gefühl abzuschütteln, dass Jen um ihren letzten Frieden betrogen worden war. Studenten und Fakultätsmitglieder eilen an ihrem Grab vorbei, denken an Prüfungen, für die sie lernen müssen, Vorträge für Tagungen, die sie vorbereiten müssen, Formulare für Förderanträge, die sie ausfüllen müssen, Kinder, die von der Schule abgeholt werden müssen. Rob hat kürzlich wieder geheiratet und New York State verlassen, um für sich, seine Frau, Tristram und ihr gemeinsames Kind in Berkeley ein neues Leben aufzubauen. An der Küste, die der letzten Ruhestätte seiner verstorbenen Frau genau gegenüberliegt. Wir sprechen selten auf dem Campus von Jen, und ihre Abwesenheit ist zu so etwas geworden wie der Baum, der an sie erinnert – etwas Schönes und völlig Übersehenes an der Peripherie unserer Leben.

Ein Jahr nach Jens Tod hielt das College ihr zu Ehren ein Symposium ab, und ich las einen Abschnitt aus einem russischen Roman, Turgenjews *Väter und Söhne*, vor. Er handelte davon, wie eine der Figuren, Nikolai Petrowitsch, auf das Leben mit seiner verstorbenen Frau zurückschaut und dann fragt: »Was war aus all dem geworden? ... Aber doch gleich nichts jenen ersten süßen Augenblicken der Glückseligkeit; ach, warum können sie nicht ewig dauern und nur mit dem Leben erlöschen?« Ich wählte diese Worte, weil sie die stille, anmutige Poesie festhielten, zu der Jen ihr kurzes Leben gemacht hatte. Katherines Tod hatte mich ausgelöscht; Jens Tod verwirrte mich und machte mich wütend. Ich hatte diesen

Abschnitt ebenso für mich – und für Rob – ausgesucht wie für Jen. Nikolai Petrowitsch dachte nicht bloß über seine verstorbene Frau nach, während er durch den Wald wanderte. Es war auch der Tag, an dem sein Sohn von der Universität nach Hause zurückkehrte, voller Ideen von Fortschritt und Veränderung, die ihn von seiner Kindheit und der engen Beziehung zu seinem Vater entfremden würden. Während er über seine verstorbene Frau nachdachte, fragte sich Petrowitsch gleichzeitig auch, ob er seinen Sohn verlöre. Dieser Abschnitt handelt vom Abstand, der zwischen Vätern und Söhnen wächst, ein Gefühl, das ich nur zu gut kannte. Ich hatte meinen Vater als Mensch nie wirklich gekannt, sondern eher als einen mächtigen Haus-Mussolini, um dessen Anerkennung ich mich immer bemüht hatte, die ich aber selten erhielt.

Während ich 1990 für meinen Abschluss lernte, zog ich eine Weile wieder zu meinen Eltern. Mein Vater fuhr mich oft von unserem Haus in Westerly zu meinem Job in einem Copyshop auf dem Campus der University of Rhode Island und holte mich wieder ab. Die Fahrt dauerte jeweils fünfundvierzig Minuten, und während der ganzen Strecke sagte er kein Wort zu mir. Er starrte einfach nur geradeaus, grimmig auf die Fahrt konzentriert, und lauschte, während wir an den Torffarmen der Universität vorbeifuhren, der knisternden Radiostimme von Salty Brine, der Oldies spielte. Indem er nichts sagte, sagte die Fahrt alles: Während ich aufwuchs, hatten wir nie auch nur ein einziges Vater-Sohn-Gespräch, was, wie ich mir voll wilder Eifersucht vorstellte, alle meine anderen Freunde mit ihren Vätern sicher gern führten. Dennoch verehrte ich ihn. Mein Vater besaß eine Aura, mit dieser absoluten Autorität, die er zu Hause ausübte, und der erstaunlichen Sorgfalt und dem Perfektionismus, die er an alles anlegte, was er tat, von seinem gepflegten Garten und dem gigantischen Gemüse bis zu seinem legendären, hausgemachten Wein. Selbst die Wellen seines graumelierten Haars lagen perfekt, als hätten sie Angst, ihm nicht zu gehorchen. Ich begreife jetzt, was ich damals nicht verstehen konnte: Wir kamen aus völlig verschiedenen Welten, und Verständnis zwischen uns war unmöglich, weil wir keine gemeinsame Sprache sprachen, im übertragenen Sinne und ganz wörtlich (er mit seinem gebrochenen Englisch, ich mit meinen Brocken Kalabrisch, einem Dialekt des Italienischen). Als ich Mitte zwanzig war, hatte ich einen College-Abschluss und eine Reihe halbgarer Jobs gehabt, wie den im Copyshop; im gleichen Alter hatte er schon extreme Armut erlebt, für Italien im Zweiten Weltkrieg gekämpft und Jahre als Internierter und Zwangsarbeiter in Nazideutschland überlebt. Die Lockerheit und Lässigkeit meines Lebens, für ihn ein Zeichen, dass ich kein ernster Mensch war, war ihm peinlich.

Einmal, als ich für meine Highschool-Mannschaft Tennis spielte, tauchte er an den Weekapaug-Tennisplätzen in seinem Chevy Malibu auf – demselben, indem wir sonst schweigend zu meiner Arbeit fuhren. Er hatte mir vor dem Spiel geschworen, er würde mich vom Platz zerren, »*davant' a tutti*« – »vor allen anderen« –, weil ich Löcher in meine Turnschuhe brannte, die er nicht ersetzen konnte. Er wollte, dass ich in denselben stahlverstärkten Sears-Arbeitsschuhen spiele, die er für seine Arbeit als Landschaftsgärtner benutzte. Ich versuchte, meinen Erzrivalen niederzustarren, einen großspurigen Arztsohn, der in seinem Garten einen Tennisplatz hatte – aber ich konnte mich nicht auf seinen weißen Rossignol-Schläger konzentrieren, da mir im Kopf das Bild von meinem Vater herumschwirrte, der auf dem Parkplatz herumgeisterte. An jenem Tag stieg er gar nicht aus seinem Auto, sondern kochte schweigend auf dem Fahrersitz, während ich spielte. Zwischen den Aufschlägen lugte ich aus den Augen-

winkeln hinüber und sah ihn und meine Mutter ausdruckslos in der Ferne sitzen, zwei kalabrische Geister, die auf eine
surreale Weise an eine liebliche Enklave am Meer mit Treib-
holz-Häusern und dichten Wäldern versetzt worden waren.
Sie muss ihm seine Pläne ausgeredet haben: Nach dem Match
fuhr er fort, ohne ein einziges Wort an mich.

Unnötig zu sagen, dass ich glatt verlor.

Ich schwor mir, ein anderer Vater zu werden, einer, der sich
für seine Kinder interessierte, sie durch ihr Leben führte und
unterstützte, ihnen seine Liebe zeigte. Dann fand ich mich in
einem dunklen Wald in einer ungewöhnlichen Lage wieder,
teilte mir die Elternschaft mit meiner Mutter und war für immer von meiner Frau getrennt. Mir wurde klar, dass die Rolle
als Vater, die ich mir vorgestellt hatte, mehr darauf beruht
hatte, Katherine als Mutter an meiner Seite zu wissen, als Isabel als meine Tochter.

2011, als ich schon vier Jahre Witwer war, passierte ich
einen trüben Meilenstein: Ich hatte ebenso lange ohne Katherine gelebt wie mit ihr. Ich hatte über tausend Tage mit ihr
zusammen verbracht und über tausend Tage ohne sie. Und
über tausend Tage im Versuch, ein Vater für eine mutterlose
Tochter zu sein. Mit jedem Tag, genau wie in der berühmten
Geschichte, würde jene beängstigende Zahl der Abwesenheit
weiter wachsen – tausendundeinen Tag und Tendenz steigend,
eine Übergröße, eine Fantasiezahl, die die erschreckende Skala
der Trauer demonstrierte.

Die brutale Mathematik der Trauer neigte sich nun mehr
dem Tode als dem Leben zu. Aber wenn ich auf die Balance
des Lebens mit Isabel schaute, neigte sich die Waage wieder
mehr dem Leben zu. Ich war nur einfach immer noch nicht
dort. Ich war immer noch verschanzt in einer Welt ohne Vaterschaft.

Ich kann meine Unzulänglichkeiten als Vater nicht Pasquale Luzzi anlasten, der zu entrückt war, um als Rollenvorbild zu dienen. Und ihn zu verehren – was in diesem Fall auch hieß ihn zu fürchten – war weit davon entfernt, ihm nacheifern zu können. In *Inferno, Canto 11* beschreibt Dante, dass in dem höher gelegenen, weniger Schrecken erregenden Teil der Hölle diejenigen aufgenommen werden, die unter Willensschwäche gelitten haben – Sünder, die in einer bestimmten Weise handeln wollten, es aber nicht konnten. Ich hatte, was Isabel anbelangte, die besten Vorsätze, aber ich konnte meine eigenen Bedürfnisse nicht zurückstellen, um ein Leben für uns beide auf die Beine zu stellen. Ich suchte, jagte, grub nach jenem magischen Dritten, der uns retten würde: Astrids Instant-Familie, eine der unendlichen Möglichkeiten auf match.com, ein erfolgloses Blind Date, das ein Freund arrangierte. Obwohl keine dieser Optionen Früchte trug, hielt ich weiter an meinem Märchenbild von der Vaterschaft fest, als etwas, das zum Leben erwachen würde, sobald ich eine neue Mutter an meiner Seite hätte. Eine Willensschwäche hinderte mich daran, diesen Weg allein zu gehen.

Am Anfang meiner Beziehung zu Astrid planten wir das Wochenende in ihrem Loft in Brooklyn zu verbringen. Isabel, die jetzt ein Jahr alt war, sollte mitkommen – eines der seltenen Male, dass sie mich bei einem Besuch Astrids begleitete. Die ganze Woche vor unserer kleinen Reise sorgten sich meine Mutter und meine Schwestern: Wo würde Isabel schlafen? Würde ich mich daran erinnern, sie zu den entsprechenden Zeiten zu füttern? Was, wenn Isabel krank wurde? All ihre Bedenken hatten mich, einen ohnehin schon nervösen Vater, reduziert auf ein zitterndes Fiasko. Es war ein großer Test meiner Beziehung zu Astrid und meiner Fähigkeiten, allein für Isabel zu sorgen. Wieder und wieder war ich aufgekreuzt, um sie ohne meine Tochter im Schlepptau zu besuchen, und ihre Geduld war allmählich erschöpft. Unsere Zukunft schien an diesem einen Wochenende zu hängen. Meine Mutter und meine Schwestern sahen hilflos dabei zu, wie ich Isabel auf unsere schicksalhafte Tour nach Brooklyn mitschleifte.

Als es an unserem ersten Abend dort Schlafenszeit wurde, wollte Isabel nichts davon wissen. Sie weinte und weinte, nervenzerfetzende Schluchzer. Sie war untröstlich. Ich tat alles Menschenmögliche, um sie zu beruhigen, wiegte sie in meinen Armen, flüsterte ihr ins Ohr, versprach ihr Touren auf der Schaukel und auf der Wippe. Nichts half. Sie steigerte ihre Schreie und den Tränenfluss nur noch. Astrid sah hilflos dabei zu, wie unser als romantisch geplanter Abend auf eine erschöpfende und schlaflose Nacht für uns alle zusammenschrumpfte. Ich hatte jenen Grad an Schärfe und Unbehagen in der Stimme meiner Tochter nur als Baby gehört, als sie Wochen nach Katherines Tod um drei Uhr morgens an meiner Brust geschrien hatte.

Natürlich schrie Isabel an jenem Abend in Brooklyn, weil sie an einen bestimmten Ablauf gewöhnt war, und dies war einer der seltenen Augenblicke, in denen ich sie aus allem, was sie in ihrer Westerly-kalabrischen Blase kannte, herausgezerrt hatte. Sie befand sich in einem anderen Raum und sie hatte Angst und fühlte sich unbehaglich. Hätte ich ihre Bedürfnisse besser verstanden, dann hätte ich auch begriffen, warum sie sich so unwohl fühlte. Ich zwang sie an diesem besonderen Wochenende mit Astrid Teil meines Lebens zu sein. Ich machte es falsch herum: Ich hätte immer in ihrem Leben anwesend sein und das nur auf unseren Ausflug nach Brooklyn ausdehnen sollen, und jener Lichtpunkt meines erhofften romantischen Kurzurlaubs mit Astrid hätte bloß der neue Familienausflug eines gestandenen Dads mit seiner reisegewohnten Tochter sein sollen.

Um drei Uhr morgens wurden Isabels Schreie, statt nachzulassen, nur noch lauter. Wenn ich jene geschrienen Botschaften entziffere, höre ich sie sagen: *Bitte, basta mit diesen Ausflügen – nimm endlich deine Rolle an und sei mein Vater.*

Dante hatte sein Leben damit verbracht, nach einer Vaterfigur zu suchen. Zunächst war da eine Art älterer Bruder in Gestalt von Guido Cavalcanti, aber Dante konnte niemals sein Leben in der elektrischen Luft der Trauer verbringen, die Guidos erwählte Heimat war. Dann war da Brunetto Latini, aber sein Ego war zu übergroß für die geistige Großzügigkeit, die eine Vaterschaft erfordert. Schließlich gab es noch Vergil, einen großartigen Vater in der Tat, aber einen, dessen fehlender christlicher Glaube es ihm unmöglich machte, Dante durch den Himmel zu führen. Nur in *Paradiso* konnte die Vaterrolle zu ihrer vollen Blüte heranreifen.

»Oh mein Blatt… ich war deine Wurzel.«

Mit diesen Worten – und mit dieser poetischen Neuschöpfung seines Familienstammbaums – trifft Dante auf seinen Vorfahr, Cacciaguida degli Elisei, einen Kreuzfahrer aus dem zwölften Jahrhundert (geboren ungefähr 1091), der Dantes Ururgroßvater war. Das Wort »Blatt« hatte einen besonderen Klang für Dante, weil es die zyklische Natur menschlicher Zeit repräsentierte: das Werden und Vergehen der Generationen, ein melancholischer Kontrast zum immer währenden Göttlichen. Dante wählte Cacciaguida teils wegen seiner eigenen Unsicherheit: Als jemand, der von *»poca nobiltà di sangue«* war – »niedrigerem Adelsblut« entstammte –, wollte Dante dem Stigma seines Geld verleihenden Vaters entkommen und den Lesern zeigen, dass er einer illustren familiären Linie entstammte. Als ein grimmiger Krieger für die christliche Sache besaß der stolze Cacciaguida eine makellose Glaubwürdigkeit als Vorfahr.

Cacciaguida, schreibt Dante, lebte in einem Florenz, das nüchtern und keusch war, voller tugendhafter Frauen, die Schminke und Schmuck verachteten. Die Gelehrte Teodolinda Barolini nannte die Mode von Dantes idealisiertem Florenz »den Chic von Höhlenmenschen« und Cacciaguidas Beschreibung erscheint tatsächlich sehr weit hergeholt: In seinem Florenz geht ein Adliger herum, der einen Gürtel aus Leder und Knochen trägt, während andere sich mit ungesäumten Tierhäuten als Kleidung zufriedengeben. Es ist nicht überraschend, dass Dante ein so extravagantes und verzerrtes Bild von diesem primitiven Florenz zeichnete, das so nie existiert hat. Er war einer Krankheit, die selbst eine Erfindung war, zum Opfer gefallen, einer Krankheit, die im großen Stil Trauer beförderte und dem Schmerz diente – der Nostalgie.

1688 begann ein neunzehnjähriger Schweizer Medizinstudent, die seltsamsten Dinge zu bemerken. Eine Gruppe von Schweizer Söldnern, die in Frankreich stationiert waren – eine Bande von robusten, rauen und unsentimentalen Männern, bezahlte Killer –, litt unter Ohnmacht, hohem Fieber, Magenverstimmungen, Bauchschmerzen, ja es gab sogar Todesfälle und keinerlei erklärbaren Grund dafür. Hofer formulierte eine Beschreibung dafür: »Die traurige Stimmung, die aus der Sehnsucht nach der Rückkehr in die Heimat entsteht.« Die Schweizer Soldaten, die er behandelte, waren zähe Bergbewohner, die nun im französischen Flachland festsaßen. Der Gedanke an ihre geliebten Berge schien sie buchstäblich magenkrank zu machen. Die Militärärzte vermuteten, dass die Soldaten eine Hirnstörung erlitten hatten oder dass sie dem anhaltenden Hämmern der Kuhkessel in den Alpen ausgesetzt gewesen waren, was ihre Trommelfelle und Hirnzellen beschädigt haben könnte. Manche verschrieben sogar Blutegel; ein russischer Armeeoffizier ging am weitesten von allen und begrub einen heimwehkranken Soldaten lebendig, in der Hoffnung, ihn so kurieren zu können. Hofer wusste es besser. Er begriff, dass die Krankheit, die die Soldaten heimsuchte, wirklich psychosomatisch war: eine Krankheit des Geistes, die in den Körper eingedrungen war. Und so prägte Hofer einen Begriff – ein alt klingendes Wort, das in Wirklichkeit neu war: *Nostalgia*, vom Griechischen *nostos* und *algos*: der Schmerz der Heimkunft. Die Schweizer Söldner starben an Heimweh.

Jahrhunderte, bevor der Begriff Nostalgie erfunden wurde, beschreibt Cacciaguida ein Florenz, das Dantes Sehnsucht, in seine für immer verlorene Heimat zurückkehren zu können, entsprungen war. Wie alle imaginären Heimatländer, besonders diejenigen, nach denen wir uns verzweifelt sehnen, hat das Florenz, das Cacciaguida preist, nie existiert.

Dante konnte nur noch durch seine Dichtung wieder nach Florenz zurückkehren, welche die Geräusche und Gerüche der Heimat seiner Kindheit wiedererschafft, und durch die toskanische Sprache, die die *Göttliche Komödie* zum Leben erweckt. Indem er sich in sein episches Gedicht vertiefte, entdeckte er die Mittel, um die Nostalgie zu besiegen.

Cacciaguida hatte ihn gelehrt, woher er kam, seine Abstammung – aber nur die Dichtung, die Wiederentdeckung der Macht der Kunst, konnte ihn lehren, wohin er ging.

Mein Vater war schon über ein Jahrzehnt lang tot, als Isabel geboren wurde. Er war von mir so weit entfernt wie in vielerlei Hinsicht Cacciaguida von Dante: Er war eine legendäre Gestalt, die mich über meine Herkunft belehrte, indem er mir all das Material verschaffte, das ich brauchte, um die Geschichte unserer Familie zu schreiben, woraus mein Buch *Meine zwei Italien* wurde. Das größte Kompliment, das ich zu diesem Buch erhielt, war die Reaktion eines Lesers, der sagte, es sei ohne Nostalgie geschrieben. In keinerlei Weise drückt es die Sehnsucht aus, zu einer verlorenen Kindheit oder in eine verlorene Heimat zurückzukehren, die nicht länger existierten. Nostalgie ernährt sich von Kummer und Trauer, die Denkmäler für frühere oder imaginäre Leben errichten, Träume, die man einmal geteilt hat. Und jetzt trübte Nostalgie meinen Blick. Aber es war Nostalgie für eine Art von Vaterschaft, die ich nie erfahren hatte – nicht von meinem eigenen Vater, nicht durch mein eigenes Leben mit Isabel.

Meine Mutter sagte einmal etwas über meinen Vater, das die Basis für meine Erinnerungen an ihn erschütterte. Sie sagte mir, dass er in Italien ein ganz anderer Mensch gewesen sei, fähig zu großer Freude und Spontaneität – alles andere als die gequälte, autoritäre und schwierige Person, die ich seit meiner Kindheit in den 1970ern und 1980ern bis zu seinem Tod in den 1990ern gekannt hatte. Er hatte alles verlassen, was er in Italien gekannt und geliebt hatte, um für seine Familie ein Leben in Amerika aufzubauen: seine Familie und Freunde in Kalabrien, die atemberaubende Landschaft, in der er als Bauer geschuftet hatte. In den USA sollte er nur das Innere der Fabriken und Sechzig-Stunden-Arbeitswochen kennenlernen. Er hatte sein Exil akzeptiert, alles Glück in der Gegenwart für die Zukunft seiner Familie geopfert. Auch Dante hatte das Exil akzeptiert, hatte es zu dem Blick aus der Vogelperspektive auf das menschliche Leben gemacht, was ihn in die Lage versetzte, sich von allen irdischen Bindungen zu lösen und wahre Weisheit zu erlangen. Ich hatte den Weg meiner Familie aus Süditalien nach Amerika immer in Form einer typischen Einwanderer-Geschichte betrachtet, bei der sie ihren Lebenskampf in einem armen Dorf der Alten Welt für ein solides Mittelklasseleben in der Neuen Welt eingetauscht hatten. Aber als ich meiner Mutter so zuhörte, wie sie mir vom Schmerz meines

Vaters erzählte, nachdem er seine Heimat hatte verlassen müssen, begriff ich, dass diese Geschichte nur zur Hälfte stimmte. Er hatte wie Dante unter dem Trauma des Exils gelitten.

In *Paradiso, Canto 17*, als Cacciaguida Dantes Exils voraussagt und ihm prophezeit, dass er von nun an salziges Brot essen werde, vermittelt er uns anschaulich, wie das Leben fern von zu Hause fortan sein wird: eine ekelhafte Mahlzeit, die kein Florentiner je freiwillig zu sich nehmen würde. Das Leben in den Vereinigten Staaten war ein endloser Laib salzigen Brots für meinen Vater, aber er aß es, für uns, für seine Kinder, so dass wir Chancen erhielten, die er nie gehabt hatte. Mein Vater war ein Subsistenzbauer in Kalabrien gewesen, der die karge Erde pflügte und nur wenig erntete, etwa Kastanien. Sein gesamtes Leben hatte er in bitterer Armut verbracht und Anfang der fünfziger Jahre lebte er mit einer Frau und vier kleinen Kindern in einem Steinhaus ohne Badezimmer an einem kalabrischen Hang. Er konnte nicht schneller arbeiten als alle anderen und wusste, dass auf der anderen Seite des Atlantiks Verwandte von ihm im amerikanischen Nordosten anständig Geld verdienten. Ich weiß nicht, was er dachte, als er beschloss – denn jede größere Entscheidung im Hause traf allein er –, seine Familie zu entwurzeln und sie in ein fremdes Land zu verfrachten, das er selbst nie akzeptieren würde, aber ich glaube, dass es mit seiner Sehnsucht zu tun hatte, den Teufelskreis der Armut für seine Familie zu durchbrechen. Ich habe dies, als ich aufwuchs, nie begriffen, aber mein Vater war ein absolut ehrgeiziger Mann – das war es, was ihn in die Arme seiner Frau getrieben hatte, Yolanda, denn sie stammte aus einer höheren Gesellschaftsschicht, und das war es auch, was ihm ermöglicht hatte, Nazideutschland zu überleben. Er stellte sich immer ein anderes, besseres Leben für sich selbst und für die, die er liebte, vor. Seine Jahre in Amerika waren quälend, glaube ich, weil

266

die Neue Welt seine Träume durchkreuzte – ja, er verdiente etwas Geld durch seine anstrengende Fabrikarbeit und er war in der Lage, ein Sparguthaben anzulegen und Eigentum zu erwerben. Aber er kam nie aus der Fabrik heraus, buchstäblich oder im übertragenen Sinne. Sein Traum, ein eigenes Unternehmen zu gründen, ließ sich nicht verwirklichen, es war einfach zu riskant, wenn man sechs Kinder zu ernähren hatte, und sein Englisch war zu schlecht. Das Leben in den USA war eine Mühle – was die nostalgische Sehnsucht nach seinem verlorenen Kalabrien, einem Ort noch schlimmerer Existenzkämpfe, noch verstärkte. Er starb voller Verlangen nach einem Kalabrien, das es nie gegeben hatte, weil Amerika nie zu dem Ort geworden war, den er sich vorgestellt hatte.

Es erstaunt mich jetzt, wenn ich daran denke, was für ein Idealist mein Vater gewesen ist, zerrissen, wie er war, zwischen seiner Suche nach dem amerikanischen Traum und seiner Sehnsucht nach den vertrauten Geräuschen, Gerüchen und Geschmäckern Kalabriens, die er in jeder Ecke von Westerly neu erschuf – vom selbstgemachten Wein, den er in unserem Keller herstellte, bis zu den ausgedehnten Flächen mit Obst und Gemüse, die er in unserem Haus in der Vorstadt anbaute. Ich war sein erstes amerikanisches Kind und hätte ihm die Möglichkeit bieten können, etwas über sein frisch adoptiertes neues Heimatland zu erfahren, wie es sich in den Fächern, die ich lernte, im Sport, den ich spielte, und in der Kultur, die mich formte, niederschlug. Aber er wollte nichts davon wissen. Er war viel zu stolz und unbeugsam, um sich auch nur einen Zentimeter Richtung *L'America* zu bewegen, und während ich unbewusst meine Umgebung aufsaugte, wurde er ganz bewusst mehr und mehr zum Kalabrier. Ein Teil seines Charismas verdankte sich seinem schneidigen Anachronismus – selbst als die anderen kalabrischen Einwanderer, Männer, die genauso unverbesserlich traditionell waren wie er, sich zu assimilieren und den amerikanischen Lebensstil anzunehmen begannen, bestand er darauf, den Bauern aus der Alten Welt zu spielen. Statt sich zu einem Zeitpunkt, an dem sich die amerikanische Gesellschaft in den sechziger, siebziger und achtziger Jahren grundlegend veränderte, auch selbst in seiner Weltanschauung zu öffnen, riegelte er sich geistig und moralisch hermetisch ab und verlangte von seinen Kindern, nach den Sitten und Vorstellungen zu leben, die nur in seinem Nachkriegskalabrien existiert hatten. Die Frauen in unserer Familie wurden aktiv von einer anständigen Ausbildung und eigenen beruflichen Laufbahn und Unabhängigkeit abgehalten und gezwungen, früh zu heiraten. Als meine unverheiratete Schwester Rose mit siebenundzwanzig auszog, weil er ihr nicht erlauben wollte, mit einer Freundin eine Reise zu den Bermudainseln zu machen, weigerte er sich monatelang, mit ihr zu sprechen. Mein Vater war der Typ Mann, der sich, während seine Kinder von meiner permanent schwangeren Mutter gerade zur Welt gebracht wurden, vom Krankenhaus fernhielt und stattdessen beschloss, sein Zelt im Hilltop Social Club aufzuschlagen, Wein zu trinken und mit seinen Freunden und vier Brüdern Karten zu spielen.

Als Junge war ich nicht mit solchen Verboten konfrontiert wie meine Schwestern, aber das machte es in gewisser Weise noch schwieriger. Er wusste schlicht nicht, was er von mir halten sollte. Einmal besuchte ich ihn, ging in den berüchtigten Hilltop Club und entdeckte ihn, wie er mit seinen *calabresi*-Kumpeln in der alkoholgeschwängerten Düsternis spielte, an einem sonnigen Tag eingesperrt in einer grabähnlichen Dunkelheit. Ich trug Paisley-Shorts, die mir eine Freundin vom College zum Spaß geliehen hatte, und er warf mir einen Blick zu, der beinahe einen Herzstillstand bei mir auslöste.

Wir sind Blutsverwandte, besagte dieser Blick, *und ich kann das auch nicht ändern. Aber ich habe keine Ahnung, wie ich so etwas wie dich zeugen konnte, und ich werde diesen genetischen Zusammenhang in der Öffentlichkeit und unter echten Männern auch nicht anerkennen.*

Später sprachen wir nicht über diesen Vorfall, weil wir nie über irgendetwas sprachen. Es war nur eine weitere Episode in unserer gleichzeitig intensiven und einsamen Verbindung. Und doch, wir waren eben verbunden. Im gleichen Zeitraum, in dem er mich schweigend hin und zurück zu meinem Copyshop fuhr, musste ich gelegentlich nach New York fahren, um meine Professoren zu treffen, weil es im Zusammenhang mit meinem Abschluss Dinge zu erledigen gab. Für diese Fahrten packte ich immer eine zusätzliche Reisetasche mit Büchern voll, die mit zu meinem Gepäck kam, und mein Vater war immer der Letzte, sich von mir und meiner Last zu verabschieden. Zu diesem Zeitpunkt war er Anfang siebzig und in seinen letzten Lebensjahren. Der unglaublich starke, vierschrötige Mann, den ich gekannt hatte, als ich aufgewachsen war, war jetzt silberhaarig, hutzelig und gebeugt, durch einen heftigen Schlaganfall gealtert und gezwungen, am Stock zu gehen. Er humpelte auf mich zu, und seine Unterlippe zitterte, als versuche er, mir etwas zu sagen, als wollten die Worte aber einfach nicht aus seinem Mund kommen. Und dann begann dieser absolut unsentimentale, unemotionale Mann – jemand, bei dem der Versuch, sich ein Gefühl abzuringen, etwa so erfolgreich war, wie derjenige, der versuchte, Wasser aus einem Stein zu pressen – vor mir, während wir uns noch verabschiedeten, in Tränen auszubrechen. Seine wenigen Worte, *»statti accortu, figlio«* – »pass auf dich auf, mein Sohn« – schienen tief aus seinem Inneren zu kommen, waren mehr ein Stöhnen als eine Erklärung, während ich seinen verwüsteten, schmal gewordenen Körper an den meinen gepresst hielt. Ich war ein junger Mann, der in seinem Leben noch keine echte Herausforderung erlebt hatte, also konnte ich sein Schweigen nicht deuten, all den Schmerz und das Leid von Dingen, die er nicht hatte ausdrücken können, die aber nun seinem schluchzenden Leib entströmten. Er war ein Mann weniger Worte, also wusste er vielleicht selbst nicht, was er mir sagen wollte, während ich ihn wieder losließ, meine eigenen Tränen unterdrückte und wegfuhr, um meinen Zug zu erwischen.

Und so wuchs ich auf mit einer beeindruckenden Vaterfigur – aber keinem echten Dad.

Als Isabel und ich schließlich in unserem kleinen Haus in Tivoli zusammenlebten (zunächst mit Hilfe meiner Mutter, später zu zweit), entdeckte ich, dass die Aspekte der Kinderbetreuung, die mich mit Furcht erfüllt hatten – Mahlzeiten zuzubereiten, Arztbesuche zu arrangieren, Wickeltaschen zu packen –, schnell zur willkommenen Routine wurden. Wie es bei uns in Westerly so Sitte war, nahm ich sie gern mit zum Einkaufen in die Shopping Center auf der anderen Seite des Hudson River gegenüber von Bard. Ich schob sie in einem elefantösen roten Wägelchen im Target oder Wal-Mart durch die Gänge und füllte die Bestände an Socken, Unterwäsche, Zahnpasta und Gummistiefeln auf, die sie gerade benötigte. Wir waren unzählige Male zusammen einkaufen gegangen – der Wal-Mart in Westerly, Rhode Island unterschied sich in keiner Weise von dem in Kingston, New York. Aber jetzt waren Isabel und ich wieder auf heimatlicher Erde. Wir brauchten die Haie und Delfine des Mystic Aquarums nicht, um uns abzulenken, und ich brauchte sie auch nicht mehr bei der Nonnie abzugeben, wie ich es nach dem Aquarium zu tun pflegte. Schließlich, während ich meine Einkaufstüten in der einen

Hand hielt und Isabel mit der anderen auf ihren Kindersitz verfrachtete, hatte ich das Gefühl, mehr zu sein als bloß ihr Vater – ich wurde allmählich zu ihrem Dad.

Als Dante seinen Vorfahr Cacciaguida zum ersten Mal in *Paradiso* erblickte, spürte er, wie er von einer Liebe überwältigt wurde, die er bis dahin gar nicht gekannt hatte – einer Liebe, die Vergils Führung und Leitung mit Beatrices Großzügigkeit verband. Die liebevolle Führung eines echten Vaters. Und dann sprach Cacciaguida:

O sanguis meus …

Ja, muss Dante gedacht haben, *diese Worte sollten auf Latein geäußert werden – sie sollten die Tiefe und Resonanz dieser schönen, alten Sprache haben, dem Vater meines Toskanischen.*

Ich stelle ihn mir vor, wie er Cacciaguidas Latein in sein einheimisches Toskanisch übersetzte: *O sangue mio.*

Oh mein Blut.

Das Blut, das meinen Vater und mich in einer instinktiven Verbindung zusammengeschweißt hatte – von der Art, die schmerzliche Abschiede und schweigende Autofahrten nach sich zog –, hatte allmählich, aber unauslöschlich sozusagen meine Verbindung zu Isabel durchtränkt. Ich hatte gelernt, dass es nicht ausreicht, mit dieser Verbindung, der Blutsverwandtschaft, geboren zu werden. Es war die lebenslange Hingabe meines Vaters an seine Familie, seine nie nachlassende Fürsorge, die uns vereint hatte, nicht das biologische Band, das mich zu seinem natürlichen Sohn machte. Und nun, mit Isabel, wurde das Band, das das Schicksal zerschnitten hatte, wiederhergestellt, mit jeder Tour, die wir zusammen zum Wal-Mart unternahmen, mit jedem Mal, an dem ich nicht wegrannte, um Tennis zu spielen oder nicht zu Rendezvous mit Frauen aufbrach, mit denen ich keine Zukunft haben würde. Ich entdeckte eine andere Art von Intimität, indem ich einfach mit ihr zusammen war, nachdem ich einmal festgestellt hatte, dass es gar nicht so beängstigend war, selbst für sie zu sorgen. Ich hatte Ausschau nach einem Partner gehalten – jemand, mit dem ich mein Leben verbringen konnte. Und doch war die ganze Zeit die Person, der ich Priorität hätte einräumen sollen, genau vor meiner Nase gewesen, diese wunderhübsche blonde Dreijährige mit den großen Zahnlücken. Indem ich mein Leben dem meines Kindes anpasste, akzeptierte ich schließlich all das Chaos und die Energie, die wahrer Liebe entspringen – von der Art, die das Leben verändert, manchmal sogar gewaltsam.

In den ersten Lebensjahren ging Isabel jeden Abend mit meiner Mutter schlafen, eine Ritual, das auch noch anhielt, als meine Mutter kam, um mit uns in Tivoli zu leben. Ihre Großmutter legte sich neben sie auf ihr winziges Bett, hielt ihre Hand und beruhigte sie, so dass sie sich dem Schlaf ergeben konnte. Natürlich gewöhnte sich Isabel daran, und so wurde dieser abendliche körperliche Trost von der Oma ein Teil ihrer Alltagsroutine. In einem der ersten Akte echter Vaterschaft, nachdem meine Mutter uns verlassen hatte und nach Rhode Island zurückgekehrt war, sagte ich zu Isabel, dass sie von nun an allein schlafen müsste. Man kann sich die Aufregung vorstellen. Isabel war so untröstlich, wie sie an jenem Abend vor langer Zeit in Brooklyn mit Astrid und Anja gewesen war, als ich sie in ähnlicher Weise von der Nonnie-basierten Routine abgehalten hatte, die ihr Leben bestimmt hatte. Aber dieses Mal war es anders. Ich würde nicht für ein paar Tage ans Bard oder nach New York City abziehen; ich wäre am Morgen wieder bei ihr sowie auch an jedem Abend. Während sie brüllte, sagte ich ihr, dass ich sie liebte und dass ich ganz in der Nähe wäre, während sie schlief. Aber sie weinte und weinte. Es war (ihre) reine Erschöpfung, die die Sache am Ende entschied. Zu dem Zeitpunkt weinte ich auch, weil es mich peinigte, meine Tochter so leiden zu sehen. Ich blieb nur standhaft, weil ich wusste, dass es zu ihrem Besten war, und zum ersten Mal in meinem Leben kümmerte ich mich wirklich um sie.

Ich hatte mir vorgestellt, dass Vaterschaft vor allem Opfer bedeutete, dass es bedeutete, Dinge, die man liebte, für denjenigen, den man liebte, aufzugeben, eine Art von asketischer Bestätigung der Liebe in Form von Selbstverleugnung. Wie falsch ich da lag! Da war nichts von einem Verlustgefühl, wie es die Vorstellung von Opfern implizierte. Die Liebe, die ich jetzt für meine Tochter empfand, war die befriedigendste, erfüllendste, die ich je gekannt hatte. Indem ich ihre Bedürfnisse zu meinen eigenen machte, war ich schließlich fähig, die sengende Einsamkeit und das schwarze Loch der Innerlichkeit hinter mir zu lassen, die mich seit Katherines Tod in den Klauen gehabt hatten. Zu lieben und für Isabel zu sorgen, hatte mich von mir selbst kuriert – es war überhaupt kein Opfer; es war ein Zufluchtsort.

Drei Jahre früher hatte ich ihren schluchzenden Körper mitten in der Nacht an meinen eigenen gepresst, als der Bogen des Exils uns nur Wochen, nachdem wir Katherine verloren hatten, aus Tivoli heraus- und in meine Heimatstadt Westerly hineingeschossen hatte. Drei Jahre später trocknete ich wieder ihre Tränen in Tivoli, während Isabel dagegen protestierte, allein einschlafen zu müssen. Aber jetzt war der Pfeil des Exils an seinen Ursprungsort zurückgekehrt. Als ich *il sangue mio* in dem ersten gemeinsamen Zuhause festhielt, das wir kannten, wurden wir wieder vereint nach einer Zeit, die sich für mich wie ein Lichtjahr der Trennung anfühlte. Die wilde Mathematik der Trauer kann nur ausgedrückt werden in Fantasie-Zahlen wie tausendundeins.

9. KAPITEL

Sprechzeiten

A n einem stürmischen Frühlingstag im Jahre 2013 kam gerade wieder eine Windbö auf, als die Geigerin die Bühne betrat. In den hohen Fenstern hinter ihr schwangen große Pinien auf den Hügeln der Berkshires hin und her, deren gleichmäßiges Grün und Gelb in das Blond ihrer Haare überging. Die beiden anderen Musiker des Trios standen abseits, während sie sich anschickte, die berühmte Chaconne von Bachs Partita in d-Moll zu spielen.

»Alex Ross vom *New Yorker* hat die absteigende, viertaktige Basslinie als Ausdruck von Trauer beschrieben«, verkündete sie dem Publikum. »Bach bietet nicht weniger als vierundsechzig Variationen zu diesem einzigen Thema.«

Sie machte eine Pause, um die Akkorde zu spielen.

»Er hat das Stück als Monolog für seine jüngst verstorbene Frau Maria geschrieben.«

Bach verließ 1720 sein Zuhause, um den Herzog von Köthen, seinen Arbeitgeber, nach Karlsbad, zu seinen heilenden Quellen zu begleiten. Als er zwei Monate später nach Hause zurückkehrte, war Maria plötzlich gestorben und bereits begraben. Bei seiner Abreise war sie bei guter Gesundheit gewesen; der Grund für ihren Tod bleibt unbekannt.

Isabel und ich saßen im Publikum zwischen etwa hundert anderen Zuschauern, in dem zur Konzerthalle verwandelten Wohnzimmer eines großen Landhauses. Isabel, die inzwischen fünf Jahre alt war, zappelte während der ganzen Aufführung ununterbrochen und flüsterte alle fünf Minuten, dass sie Hunger und Durst hätte, während sie mutig versuchte, unseren hochkulturellen Sonntag zu ertragen.

»Es ist fast vorbei, Schätzchen«, flüsterte ich zurück.

»Wann?«

»In fünf Minuten.«

»Das hast du schon vor fünf Minuten gesagt.«

Mir gingen die Entschuldigungen aus – und die Saftpäckchen. Dennoch gelang es mir, mich so hinreichend auf die Musik zu konzentrieren, dass ich hören konnte, dass die Chaconne nicht bloß ein Klageschrei war. Jene trauervolle Basslinie wurde von dem wogenden Rhythmus des Stückes ausbalanciert. Das Wort selbst, *Chaconne*, kommt von dem französischen Wort für einen populären Tanz. War es möglich, dachte ich, dass Bachs Gefühle für seine verstorbene Frau *beides* waren, ein Klageschrei und eine Feier ihres Lebens? Hatte Bach Dantes Herausforderung gemeistert, jemanden ohne Körper zu lieben, indem er akzeptierte, dass die Geliebte selbst, die irdische Liebe, die man einst geteilt hatte, für immer fort war? Einer von Bachs großen Interpreten, Arnold Steinhardt, nannte die *Chaconne* »wollüstig«. Nachdem mein Vater 1995 gestorben war, hatte meine Mutter im Beerdigungsinstitut an seinem Sarg gestanden, ihre sechs Kinder neben sich, und ausgerufen: »*Guarda, Pasquà, guarda i figli che abbiamo fatto insieme!*« – »Schau, Pasquale, schau auf die Kinder, die wir zusammen gemacht haben!« War dies die entscheidende Botschaft von Bachs Stück, fragte ich mich, dass die Komplexität der Trauer auf eine Mischung aus unausssprech-

lichem Schmerz und tiefer Intimität hinausläuft – und dass
man jemanden auch weiterhin lieben kann, selbst nachdem
die Liebe, die man zusammen hatte, nicht mehr die Luft elektrisch auflädt?

Am Ende der *Chaconne* zappelte Isabel nicht bloß – sie rang
geradezu mit mir. Sie zog meinen Kopf zu ihr hinüber, bereit,
eine weitere Beschwerde anzubringen. Ich verlagerte mein Gewicht und versuchte, sie in die Arme zu nehmen, um sie zu
beruhigen. Als ich mich rührte, um sie am Bauch zu packen,
fühlte ich, wie mein Puls hochschoss. Ihren festen und wachsenden Körper zu halten, gab mir einen geradezu elementaren
Ruck: Meine Tochter würde nie die Frau kennenlernen, von
der sie einmal ein Teil gewesen war. Mein Herz raste, nicht
wegen Isabels Verlust ihrer natürlichen Mutter, sondern weil
ich die geballte Energie der physischen Präsenz meiner Tochter spüren konnte, das magische Bündel aus Chaos und Energie, das sie geworden war. Sie hatte es auf die andere Seite geschafft, gerade so eben. Und jetzt war sie ein robustes kleines
Mädchen, mit einem kalabrischen *testa dura*, einem erschre-
ckenden Schleckermaul, einer rauen Stimme und einem bereits so weit entwickelten Sinn für Mode, dass er auch schon
Laura-Ashley-Kleider und Camouflage Shorts einschloss. Die
fünfjährige Isabel war eine perfekte Mischung ihrer biologi-
schen Ursprünge, mit der hellen Haut, der blonden Haarfarbe
und schmalen Knochen ihrer Mutter, die sich mit den dicken
Haaren und ausgeprägten Zügen des Vaters verbanden. Die
Schwestern hatten recht gehabt, als sie sagten, dass ihre blauen
Augen sich braun färben würden, aber sonst war Katherines
körperlicher Abdruck überall zu erkennen.

Die süße Musik, die von den Saiten floss, ließ mich an
Rosalind denken, an all die dankbaren Worte, von denen ich
wünschte, ich könnte sie ihr gegenüber zum Ausdruck brin-

gen. Dafür, dass sie mich so gütig behandelt hatte, als ich mich nach meinem früheren Leben verzehrt und ausgerechnet bei dem Job gepfuscht hatte, auf den ich mich schon mein ganzes Leben gefreut hatte, die Vaterschaft. Die Töne riefen mir auch die Kaplanin Georgia ins Gedächtnis und unser kurzes, dem Leben zugewandtes Gespräch bei einer Tasse Kaffee in dem Dorf Red Hook in der Nähe von Bard, als alles, was ich sehen konnte, die rotbraunen Blätter des ewigen Herbstes der Unterwelt gewesen waren.

Am meisten aber erinnerten mich die schwirrenden Finger der Geigerin, während sie die köstlichen Klänge von den Saiten tanzen ließen, an die ersten Worte, die sie zwei Jahre zuvor an mich geschrieben hatte.

»SEHR GEEHRTER MR LUZZI, ich möchte gern um die Gelegenheit zu einem Treffen bitten, wenn Sie Zeit haben. Haben sie Sprechzeiten?«

Der Ton und die Diktion verwirrten mich. Meine Studenten benutzten altmodische Ausdrücke wie »Sprechzeiten« nicht, und sie tendierten auch nicht dazu, solch geschliffene und höfliche Email-Anfragen zu schreiben. Nach einem Jahrzehnt am Bard war ich mehr daran gewöhnt, Mitteilungen zu erhalten, die mit »Hey« und »Joe« oder »Hey Joe« begannen. Gelegentlich wurde ich auch noch mit dem geziemenden »Professor Luzzi« angesprochen, aber sehr selten mit dem erbaulichen »Mr Luzzi«. Und sehr wenige meiner Mailkontakte und Briefpartner benutzten jenen köstlichen Unterbrechungsschalter der Höflichkeit, das Verb »möchte gern«, wenn man um einen Gefallen bat. Der romanische Linguist in mir genoss die Konstruktion – »Sagen Sie nie: ›ich will‹ (*voglio*) in Italien«, wiederholte ich bis zum Erbrechen vor meinen Studenten, »sagen Sie: ›Ich möchte gern‹ (vorrei).« Sagen Sie es, dachte ich, so wie Dante es um 1295 herum tat, als er an seinen besten Freund schrieb: »*Guido i' vorrei*« – »Guido, ich möchte gern«, dass du und ich unter einem Zauber erliegen und gemeinsam auf einem Meer der Liebe davonsegeln. Die Notiz der Frau war spärlich und schlicht, aber dennoch suggestiv, auf eine charmante, diskrete Weise, ohne die übliche Facebook-Überschwänglichkeit und die üblichen Ausrufezeichen. Wie Guido vielleicht gesagt hätte: *Chi è questa che vèn?* – Wer ist sie, die da kommt?

Eines Tages, als die Herbst-Seminare im Dezember 2010 zu Ende gingen, tauchte sie in meinem Büro auf, eine britische Schönheit, geradezu verzwergt durch einen enormen Doppel-Instrumentenkasten, der ihre Geige und ihre Bratsche enthielt. Ich hatte nicht mit jemand so Entzückendem gerechnet. Sie hatte große blaue Augen und eine hübsche Adlernase, die ihre zarten Züge beherrschte. Aus der Salve ihrer abgehackten Konsonanten und Vokale entnahm ich, dass sie eine Stellung im Musikprogramm innehatte und ein paar Seminare belegen wollte. Ein gemeinsamer Freund habe ihr meinen Namen genannt, sagte sie mir, und vorgeschlagen, dass sie sich an mich wandte.

»Ich würde gern ihr Dante-Seminar besuchen«, verkündete sie.

Ich geriet in Panik. Es hatte wohl etwas mit ihrer Direktheit, der Intensität ihres Blickes, der Klarheit ihres Ausdrucks zu tun. Meine Augen waren nicht vorbereitet auf so viel Licht. Ich sagte ihr, dass mein Seminar voll sei (obwohl das gar nicht stimmte), und setzte dann mein bestes professorales Pokerface auf, schaltete um auf den onkelhaften Modus und empfahl ihr ein Seminar, das von meinem Freund unterrichtet wurde, der die geringste Konkurrenz für mich darstellte. Soundso ist ein wunderbarer Lehrer, versicherte ich ihr und deutete auf das Vorlesungsverzeichnis, und sein Dasunddas ist eins von unseren beliebtesten Seminaren.

»Nun ja«, sagte sie und fixierte mich mit ihrem Blick, »es ist nicht so sehr das Seminar, als vielmehr die Person, die unterrichtet, oder?«

Die Nägel an ihren langen, schmalen Fingern waren kurz geschnitten, mit schwieligen Fingerspitzen, die von Jahren der Mühsal auf ihrer Geige kündeten. Ich hätte ihre noch nachklingenden Worte durchschauen sollen, aber ich war noch immer verloren im Nebel der Verständnislosigkeit. Ohne Halt suchte ich immer noch an all den falschen, virtuellen Orten nach Liebe – jagte den Hasen mit dem Ochsen, wie ein Lieblingsdichter von mir einst schrieb. Mein jüngstes Kaninchen war eine knapp über vierzigjährige Professorin für englische Literatur, in die ich mich eines Sommernachmittags beim Lunch ziemlich verguckt hatte, nachdem ich ihr zugehört hatte, wie sie Emily Dickinsons »I died for Beauty« rezitierte. Wir wurden von Freunden verkuppelt, und auf dem Papier sah die Verbindung viel versprechend aus: Wir waren beide Literaturprofessoren, hatten Verbindungen in den New York State, waren verzückt von Wordsworth und Kapitäne unserer Highschool-Tennismannschaften gewesen. Sie hatte schmale Knochen, lockiges blondes Haar und die barocken Kurven, die man nur mit dem Wort »üppig« beschreiben kann. Es gab nur ein Problem: Sie lebte und unterrichtete an einer Universität im Mittleren Westen und trotz unserer gemeinsamen Begeisterung für romantische Lyrik und Björn Borg hätten wir ein schreckliches Team beim gemischten Doppel abgegeben. Sie hatte den gesunden Menschenverstand, um das schnell zu begreifen; ich brauchte ein paar Monate länger.

Inzwischen war die zarte, englische Erscheinung mit den

kurz geschnittenen Fingernägeln in mein Büro hinein- und dann wieder aus meinem Leben hinausgeschwebt und zwar, wie ich dachte, für immer. Nachdem unser Gespräch beendet war, wünschte ich ihr alles Gute, komplimentierte sie hinaus und benahm mich nach außen wie ein selbstsicherer Schulmeister, der die ewigen Wahrheiten predigte, während ich in Wirklichkeit eine verlorene Seele war, die auf einer Straße, die immer noch mit den Erinnerungen an eine verlorene Liebe gepflastert war, imaginäre Engel malte.

Das Schicksal hielt seine Karten einige Monate fest an die Brust gepresst. Dann, an einem kalten, verschneiten Tag in Red Hook, weniger als hundert Meter von dem Restaurant entfernt, wo ich damals am Morgen, nachdem ich Isabel aus der Vassar-Brothers-Klinik nach Hause gebracht hatte, einen Cobb-Salat gegessen hatte, zog es ein As. Die englische Geigerin kam herein. Dieses Mal begrüßte sie mich aber nicht so klangvoll.

»*Joe!*«, hörte ich sie quer durch ein voll besetztes Café rufen, während ich meinen Bagel aß und an meinem Computer tippte. Seit einiger Zeit kam ich jeden Morgen in dieses Café, nachdem ich Isabel bei ihrem nahe gelegenen Kindergarten abgesetzt hatte. Da war sie, das Geigenmädchen, so elfenhaft wie immer, nur diesmal legte sich ihr *Wiedersehen mit Brideshead*-Verhalten kurz nachdem sie herangeschlendert kam. Ihr Wagen, ein hellblauer Volvo von 1986, war in einer Werkstatt in der Nähe, und sie war gerade auf dem Weg zurück zum Campus. Wir plauderten über dies und das und verabredeten, in Kontakt zu bleiben. Aber das hatten wir vorher auch schon getan – als ich ihr ziemlich plump empfohlen hatte, das Platon-Seminar meines Freundes zu besuchen, und zu vernebelt gewesen war, um ihren unsichtbaren Wink zu begreifen.

Ich kehrte wieder zu meinem Bagel zurück und fragte mich, was passiert war, dass aus ihrem respektvollen »Mr Luzzi« bloß einen Monat später ein lässig-kumpelhaftes »Joe« geworden war. Das konnte nur eines bedeuten: Wenn sie vorher an mir interessiert gewesen war, war sie jetzt von mir abgerückt.

Nachdem ich mich gezwungen hatte, achtundvierzig Stunden zu warten, schrieb ich ihr an einem Freitag um fünf Uhr nachmittags eine Mail und lud sie in das Café ein, in dem wir uns gerade erst getroffen hatten. Als ich am Montag meine Voicemail im Büro abhörte, sah ich, dass sie mich zur gleichen Zeit, als ich ihr gemailt hatte, mit einer ähnlichen Absicht angerufen hatte. Unsere Wünsche hatten sich in Raum und Zeit überschnitten.

Zum ersten Mal in vier Jahren waren die Sterne im Einklang.

Die Clermont Historic Site, ein hügeliger Park am Hudson, war einmal das Zuhause der Livingstone-Familie, zu der einer der Mitautoren der Declaration of Independence der USA gehörte, ein US-Gesandter für Frankreich und ein Ingenieur der Dampfschiff-Technologie. Der Park hat sich seine koloniale Anmutung bewahrt: Das Haupthaus ist recht bescheiden, zumindest gemessen an den heutigen Standards – es würde kaum als eine pompöse Vorstadtvilla durchgehen –, und die rauen Gärten und Außenanlagen erinnern an eine Zeit, als Männer und Frauen von der Gnade der Natur lebten. An seinen mächtigen Hängen sitzend, kann man sich immer noch den schlammig-braunen Hudson vorstellen, der die Menschen mit der ausgedehnten Metropole sechzig Kilometer flussabwärts verband.

Einen Monat, nachdem sich unsere Nachrichten im Cyberspace gekreuzt hatten, traf ich mich an einem rauen Apriltag mit der Geigerin in Clermont. Wir hatten gerade einen wichtigen Meilenstein passiert – mein erstes hundertprozentig englisches Frühstück, reichlich versehen mit weichen Eiern, gegrillten Tomaten und fettigen Würstchen. Mein Magen spürte die Last dieses imperialen Gerichts, und ich hatte stoisch gelächelt, als sie die Baked Beans auf die Ölpfützen auf meinem Teller klackste. Isabel und meine Mutter waren in Rhode Island und würden in der kommenden Woche zurückkehren. Meine Verabredung und ich hatten das ganze Wochenende für uns allein – zum ersten und im Prinzip auch zum letzten Mal.

Ich war erstaunt, dass wir so weit gekommen waren. Nicht mehr als fünfzehn Minuten nach dem Beginn unseres ersten Rendezvous im Café, hatte sie das Mantra, das mich nach Katherines Tod heimgesucht hatte, in eine Frage umgegossen: »Findest du es bedeutungsvoll?«

Sie fragte mich nach meiner Arbeit, als Lehrer und als Gelehrter, und ich sagte ihr, dass ich das schon täte, aber in letzter Zeit die Erfahrung gemacht hätte, dass das nicht ausreichte, dass ich zu meinem frühesten und ersten Traum, Schriftsteller zu werden, zurückkehren wolle – Autor von Büchern über das Leben zu werden, nicht über andere Bücher.

Eine Woche später trafen wir uns am Poet's Walk, einer waldigen Enklave in der Nähe des Bard-Campus. Ich erzählte ihr von meinem Versagen bei meinem Vorhaben, Isabel von meiner kalabrischen Familie zu trennen. Ich fragte sie, ob sie »meine Geschichte« kenne, etwas, das ich niemanden auf match.com fragen konnte, weil sie bloß mein Profil kannten, die kryptischen Sätze und mageren Angaben, die unter meinem Avatar »Posthoc7« zu finden waren. Sie nickte und sagte ja, dass sie sie kenne, und dann erzählte sie mir, dass ein gemeinsamer Freund ihr den Unfall beschrieben habe, meine sofortige Rückkehr an die Universität, die Jahre meines gespaltenen Lebens mit der elenden Pendelei zwischen Bard und Westerly. Und während die Online-Welt die Tochter eines alleinerziehenden Elternteils als »Gepäck« betrachten würde, nannte unser gemeinsamer Freund Isabel »Katzenminze« – ein wunderschönes Geschenk für jeden, der sich für den grüblerischen Danteforscher Professor Luzzi interessierte.

Dann erzählte sie mir ihre Geschichte: eine musikalische Familie in London, ein Internat in Amerika mit fünfzehn, Abschied von ihrer Heimat und Kindheit, ihre Leidenschaft für Bach, den hart erkämpften Möglichkeiten und Chancen in einem Musikerleben. Sie erzählte mir von ihrem Vater, einem Cellisten in Bremen, und ihrem Bruder in London, der ein Bohemeleben führte, den Kindheitsausflügen zum Lake Verulam, voller Gänse, an der St. Alban's Cathedral, der Ostereiersuche auf Stanley Kubricks ausgedehntem Anwesen in Hertfordshire, den betriebsamen Fluren des Curtis Institute of Music in Philadelphia, einem geliebten Mentor und ihrer Zwillingsschwester in New York State. Sie stellte eine Performance für Bard zusammen, eine Hommage an Bachs *Goldberg-Variationen* in Form einer Collage aus Tanz und Musik – ob ich bitte kommen würde?

Ich wollte kommen, aber ich fragte mich, ob es klug war, in der Öffentlichkeit mit ihr zusammen gesehen zu werden. Es war sehr schwierig, ihr Alter einzuschätzen. Und ich war mir nicht sicher, was ihr Titel, Artist in Residence, genau bedeutete – ob sie nun mehr eine Studentin oder eine Kollegin war. Ich wusste, dass sie älter als meine Studenten war; aber ich wusste nicht, ob sie schon genug erlebt hatte, um mein Leben und seine besonderen Beschwernisse zu verstehen. Also redete ich um den heißen Brei herum, stellte ihr vage, aber altersspezifische Fragen, etwa, was sie von Jimmy Carter hielt, worauf ich nur einen ungläubigen Blick erhielt und eine Antwort, die diese Frage eigentlich nicht beantwortete. Eines Tages fragte ich sie, während wir an einer roten Ampel standen, nach dem Fall der Berliner Mauer und woran sie sich in diesem Zusammenhang besonders erinnerte, weil ich wusste, dass sie in Deutschland gelebt hatte. Die Frage war so natürlich, dass sie keine misstrauischen Blicke nach sich zog, und aus ihrer Antwort konnte ich schließlich entnehmen, dass sie in ihren Dreißigern war. Ich atmete tief aus und beschleunigte, als die Ampel auf Grün sprang.

Das Wetter an jenem Apriltag in Clermont schien aus den Wuthering Heights entsprungen zu sein. Der graue Himmel sah aus, als würde jederzeit ein sintflutartiger Regenfall auf uns niederprasseln und der Frühlingswind zog beißend durch unsere Mäntel. Wir legten eine Decke auf eine Fläche, die für Heathcliff entworfen schien und wo er mit seiner Liebe wiedervereinigt wäre und sie nie wieder losließe. Der Wind wurde stärker, riss die ersten Blütenblätter der Jahreszeit verfrüht von ihren Knospen und bestreute uns mit ihren gelbgrünen Resten. Von Zeit zu Zeit fielen ein paar Tropfen, und es war kalt genug, dass wir uns, um warm zu werden, aneinanderkauern mussten. Wir sprachen nicht – bei dem Wind wäre es ohnehin schwierig gewesen, den anderen richtig zu hören –, während der Park selbst die Laute des Vorfrühlings murmelte. Während wir unter dem bleiernen Himmel dasaßen und auf den Hudson schauten, konnte ich spüren, wie unsere Geschichten verschmolzen – nur eine Geschichte fehlte. Sie hatte Isabel noch nicht kennengelernt.

Es passierte alles gleichzeitig. Ich hatte begonnen, die ersten Schritte zu unternehmen, um Isabels Vater zu werden, brachte ihr bei, allein zu schlafen, bestückte das Haus mit allem, was sie brauchte, und organisierte meinen Tagesablauf ihren Bedürfnissen entsprechend. Trotz all dieser Fortschritte, die ich machte, lebte meine Mutter weiterhin mit uns in Tivoli zusammen, und wir hatten bis zu dem Zeitpunkt, an dem Isabel ohne ihre Nonnie schlafen gehen würde, immer noch eine Wegstrecke vor uns. Aber als ich die Geigerin kennenlernte, war ich noch nicht dort angekommen. Ich wusste, dass ich einen klaren Schnitt machen musste, aber ich zweifelte immer noch an meiner Fähigkeit, den Weg allein gehen zu können. Ich glaubte immer noch nicht ganz an mich selbst als Vater und lebte immer noch im Schatten von Katherines Tod – zu dem Zeitpunkt begriff ich das nicht, aber beides war miteinander verknüpft. Um mein Leben wirklich wieder neu einzurichten, musste ich den Tod hinter mir lassen, aber kein Willensakt konnte mich dahin bringen. So wie Dante ohne Beatrices Hilfe nicht aus dem dunklen Wald kommen konnte, brauchte auch ich eine liebende Hand, um mir zu helfen, ein für alle Mal die Bogensehne zu durchtrennen, die zu Anfang den Pfeil des Exils hatte losschnellen lassen.

Eine Woche später, am Ostersonntag, fuhr ich nach Rhode Island, um meine Mutter und Isabel abzuholen, wo sie die Woche verbracht hatten, während ich auf einer Tagung gewesen war. Der Plan war, dass meine Mutter wieder mit nach Bard kommen und einen Monat bei uns bleiben sollte, dann, wenn das Bard-Semester vorüber wäre, würde sie ein für alle Mal nach Westerly zurückkehren und Isabel ganz in meiner Obhut zurücklassen. Nach vier Jahren würde ich schließlich die alleinige Verantwortung für Isabel übernehmen.

Ostern in Rhode Island war gedämpft, es herrschte fast eine Begräbnisstimmung. Meine Mutter und meine Schwestern begriffen, dass sie Isabel nicht mehr so häufig sehen würden, während sich meine Beziehung zu der »*donna inglese*«

vertiefte, »der Engländerin«, wie meine Mutter sie neutral nannte, die abwartete, ob sie den Anforderungen wohl genügte. Die Geigerin und ich hatten mehr und mehr Zeit miteinander verbracht. Seit dem Poet's Walk war ein Monat vergangen, und ich wusste schon, dass sie die Frau war, von der ich geträumt hatte. Meine Familie wusste auch, dass dies die bestmögliche Entwicklung für mich und für Isabel war. Dennoch würden sie ihr kleines Mädchen vermissen. In einem Wunder aus Liebe, Fürsorge und Hingabe hatten sie diese zweieinhalb Kilo leichte Kichererbse angenommen, sie vor einem unaussprechlichen Kummer bewahrt und das Kind der Trauer in ein aufblühendes, gesundes Mädchen verwandelt. Anfangs nach unserer Rückkehr nach Tivoli und nachdem ich Isabel in den Kindergarten des Bard College gebracht hatte, schrie sie so laut, dass Nonnie den ganzen Tag bei ihr bleiben musste, während ich fortging, um zu unterrichten. Normalerweise hätte die Leiterin des Kindergartens darauf bestanden, dass der Betreuer das weinende Kind allein ließ, damit es sich an die Situation gewöhnen konnte, aber in diesem Fall erkannte sie, dass Isabel wirklich untröstlich war. Und sie kannte unsere Geschichte. Also wurde Nonnie gebeten, jeden Tag mit Isabel dort zu bleiben, den ganzen Tag, was sie monatelang tat. Während die Zeit verstrich, verlor die Leiterin allmählich die Geduld: Isabel verweigerte sich nach wie vor dem Töpfchen-Training, und Nonnie war im Kindergarten zu einem Teil des Inventars geworden und stopfte gemeinsam mit einer Schar gut eingewöhnter Dreijähriger im selben Laufstall Klötzchen aufeinander. Ostern musste ich Isabel aus Bard abmelden und sie in einem neuen Kindergarten in Red Hook anmelden, ohne mich oder Nonnie dabei. Ich würde sie morgens hinbringen und in einem Café neben dem Kindergarten arbeiten – in genau dem, in dem ich die Geigerin getroffen hatte – und sie dann nach dem Mittagessen wieder abholen. Wir hatten schließlich einen Ablauf und einen Rhythmus gefunden, und aus dem quälend schüchternen und ängstlichen Kind, das Isabel gewesen war, wurde ein lebhaftes und abenteuerlustiges Kleinkind.

Die ganze Luzzi-Familie hatte Isabel aufgezogen, und sie taten sich schwer mit der drohenden Trennung. Besonders meine Mutter. Aber sie wagte es nicht, ein Wort über ihren Schmerz zu äußern. Viele Male hatte sie mir im Laufe der Jahre erzählt, dass sie dafür betete, dass der Tag käme, an dem sie nicht mehr gebraucht würde. Nun war dieser Tag gekommen, und sie kämpfte darum, ihre Tränen zurückzuhalten.

»*L'ho cresciuta, 'sa criatura*« – »Ich habe sie aufgezogen, dieses kleine Wesen«, sagte sie, wenn das Thema, dass sie Tivoli verlassen würde, aufkam.

»*'A Madonna vi guardasse, tutt'i due*« – »Möge die Jungfrau Maria über euch beide wachen.«

Nonnie, Isabel und ich verließen Rhode Island für eine letzte Fahrt nach Bard als Stegreif-Familie. In Tivoli wartete die Geigerin auf uns. Als ich mit Nonnie und meiner Tochter im Schlepptau in die Einfahrt bog, stand sie mit einem Schokoladenhäschen für Isabel auf der Vorderveranda. Sie näherte sich Isabel wie keine der anderen Frauen, mit denen ich seit Katherines Tod zusammen gewesen war. Die anderen hatten gegurrt oder waren vor gutem Willen schier geplatzt oder sie hatten es locker angehen lassen und mir zu verstehen gegeben, dass sie nicht vorhatten, zu einem kalabrischen Dorf der Fürsorge in amerikanischer Übersetzung zu werden. Die Geigerin war genau das, was Isabel von jemandem brauchte, der sie das erste Mal traf: entspannt und freundlich und vollkommen natürlich.

Und so machte ich am 24. April 2011, dem siebenhundertelften Jahrestag von Dantes Reise in die Unterwelt an Ostern im Jahre 1300, die folgenschwerste Vorstellung meines Lebens: »Bitte, Helena, dies ist Isabel.«

Kinder spüren schon Kilometer im voraus, ob etwas hohl ist oder nicht. Allen Erwartungen zum Trotz lächelte Isabel, als Helena Hallo sagte, und wackelte still neben ihr her, als wir auf unseren ersten gemeinsamen Spaziergang gingen.

Nachdem ich mir so viele falsche Bilder von Fantasiefamilien in meinem Kopf zusammengesponnen hatte – ob ich am Strand von Watch Hill mit Siena spaziert war oder Seite an Seite mit Astrid in Cobble Hill unsere Kinderwagen geschoben hatte, als wären wir ein Paar mit Zwillingen –, wagte ich nicht, bei diesem jüngsten Bild einer harmonischen Familie allzu lange zu verweilen. Es war viel zu früh, um ermessen zu können, ob wir drei es schaffen würden, aber dieses Mal schien die Möglichkeit tatsächlich greifbar. Helena fragte mich, wie es in Rhode Island für mich gewesen war.

»Ein Alptraum«, sagte ich.

»Was hast du denn erwartet?«, fragte sie lächelnd.

»Sie waren besorgt, dass Isabel aus Protest gegen all das Körnerfutter, das ich ihr zu geben versuche, verhungern könnte und dass ich sie in Klamotten zur Schule schicken würde, die nicht zueinanderpassen«, fuhr ich fort.

»Wer kann es ihnen verdenken?«, entgegnete sie, immer noch lächelnd.

Dass ich alleinerziehend war, beschleunigte die Dinge zwischen Helena und mir, zwang uns, uns mit den Themen auseinanderzusetzen – Isabels Launen und Bedürfnisse, der Platz meiner Familie in ihrem Leben –, denen sich die meisten Paare erst nach Jahren des Zusammenlebens stellen. Aber Helena schaffte alles spielend leicht, und nun spazierten wir entlang der gleichen Strecke, die ich in der verschneiten Folgezeit nach Katherines Tod marschiert war, als nicht einmal das Leben meines neugeborenen Babys mich von meinen Gesprächen mit den Toten aufscheuchen konnte. *Wenn das Weizenkorn stirbt,* hatte Christus an Karfreitag gesagt, *bringt es viel Frucht.* Dante hatte seine Reise in die Unterwelt am selben Tag angetreten, an dem Christus gestorben war, was nahelegte, dass auch sein Leben an Ostern wieder auferstehen würde, als sein Weg durch den dunklen Wald Tage später zu Ende war. Tausendundeinen Tag des Kummers und der Trauer lang hatte ich dabei zugesehen, wie mein früheres Leben Katherine in die Erde gefolgt war, und mich gefragt, ob es je die Frucht tragen würde, die nun versuchte sich den Weg aus dem begrabenen Korn heraus zu bahnen.

Einen Monat später und nach vier Jahren, in denen sie ihre Enkeltochter bemuttert hatte, verließ Yolanda Luzzi Tivoli. Mein Bruder Angelo kam aus Rhode Island nach New York State, um sie abzuholen – meine Mutter hatte nie gelernt, Auto zu fahren –, während Isabel, Helena und ich uns für ein Wochenende auf dem Hof ihres Mentors weiter nördlich vorbereiteten. Der echte Abschied hatte schon vor einigen Wochen an Ostern stattgefunden; also küsste meine Mutter Isabel und mich nur, als sie das Haus verließ, und gab uns dann noch einen ihrer kalabrischen Segen (*statti decortu* – »passt auf euch auf«), bevor sie ihre Sachen zusammensammelte und sich auf den Beifahrersitz im Wagen meines Bruders setzte.

Zuletzt war das Zusammenleben meiner Mutter mit Isabel und mir angespannt gewesen. Da ich immer mehr die Kontrolle über die Erziehung Isabels übernahm, drang ich, vor allem, was meine Obsession mit einer gesunden Ernährung für Isabel, meinen Fernsehbann und das Vorlesen von Gutenachtgeschichten anbelangte, in ihr Hoheitsgebiet ein. Meine Mutter konnte auch die wachsende Bedeutung von Helena in unserem Leben spüren, da sie zunehmend den Platz beanspruchte, den Yolanda bislang pflichtbewusst und liebevoll eingenommen hatte. Obwohl sie diese Veränderung für Isabel und mich ersehnt hatte, irritierte sie sie jetzt.

Eines Abends baten Helena und ich Isabel, sich zum Abendessen zu uns zu setzen, Teil der neuen Regel, die das Essen im Wohnzimmer untersagte. Um der neuen Ordnung das allzu Harsche zu nehmen, hatten wir ihr sogar ihr absolutes Lieblingsessen gemacht: Hot Dog mit Makkaroni und Käse.

Isabel wollte nichts davon wissen. Meine Mom saß im Wohnzimmer und guckte Fernsehen, voller kaum noch unterdrückter Missbilligung, wobei ihr Gesicht so ausdruckslos war wie an jenem Tag, als sie neben meinem Vater gesessen hatte, der gekommen war, um mich vor den Augen der ganzen Mannschaft vom Tennisplatz zu zerren. Inzwischen brachte Isabel mit ihrem Weinen und Hämmern den Tisch zum Wanken. Wir blieben standhaft, aber Isabel wollte diese Schlacht nicht verlieren. Sie befreite sich aus ihrem Hochstuhl und begann aus Protest auf den Küchenboden zu pinkeln. Meine Mutter verlor ihre mühsam aufrechterhaltene Fassung und stürmte ins Zimmer.

»*Ma che state facinna?*«, schrie sie mich an. »*'A volite punira 'sa criatura?*« – »Was machst du denn? Willst du dieses kleine Wesen bestrafen?«

Es war mir nicht fremd, von meiner Familie gedemütigt zu werden – besonders von meinem Vater, der seine schlimmsten Standpauken für mich reserviert hielt. Wann immer ich für ihn in unserem Familiengarten gearbeitet hatte, Abfälle aufsammelte oder Löcher grub, schrie er mir eine Beleidigung nach der anderen über meine zugegeben lausige Arbeit zu, warf mir solche kalabrischen Flüche an den Kopf wie: »*Ti vo' sciupar' la faccia 'nu canu«* – »Möge ein Hund dir das Gesicht zerfleischen.« Aber das war nichts im Vergleich zur verbalen Kastration, die meine Mutter vor den Augen Helenas fabrizierte: Sie hatte mir vor der Frau, die ich liebte, einen Rüffel erteilt und zum Ausdruck gebracht, dass ein richtiger Mann – und ein richtiger Vater – dieses Debakel gemeistert hätte.

Isabel schluchzte; meine Mutter stürmte in ihr Zimmer im Keller davon; Helena begann zu weinen und stieß mich weg, als ich versuchte sie zu beruhigen. Dieses gnadenlose Bombardement aus bissigen und lauten Vorwürfen hatte schließlich seinen Tribut gefordert. Allein stand ich in einer Urinpfütze in der Küche da, während Isabel nach ihrer Nonnie schrie. Die Wahrheit war, dass ich nie gelernt hatte, nein zu Isabel zu sagen. Da ich so viel von ihrer Betreuung an meine Mutter und meine Schwestern abgetreten hatte, verwöhnte und verhätschelte ich sie, wann immer wir zusammen waren. Ich versuchte ihre Zuneigung mit Eiscreme und Plüschtieren zu gewinnen und lebte in steter Angst vor ihren Tränen der Wut. Um es wiedergutzumachen, dass ich nicht genug Zeit mit ihr verbrachte, beugte ich die Regeln, die auch dann hätten feststehen müssen, wenn Isabel zu weinen begann. Einmal ersetzte ich hinter Helenas Rücken die Hälfte des Gemüses, das Isabels zornige Tränen hervorgerufen hatte, mit den vertrauten Klacksen von pampig-orangen Makkaroni mit Käse.

»Was machst du da?«, fragte Helena mit großen Augen.

»Lass uns versuchen, diesen Kampf mit Honig statt mit Essig zu gewinnen«, sagte ich trottelig, während Isabel den Schmelzkäse und die Stärke in sich hineinschaufelte und das Gemüse und die Sprossen beiseiteschob.

»Du bist solch ein *Luzzi*«, höhnte Helena, wobei sie das *Z* mit spöttischer Weichheit aussprach, bevor sie aus dem Zimmer rannte.

Die Folgen von Nonnies bevorstehender Abreise belasteten meine noch neue Beziehung zu Helena. Wir balancierten auf einem Drahtseil, und ich wusste nicht, ob wir es auf die andere Seite schaffen würden. Mehr als einmal nannte ich sie, ohne nachzudenken, aus Versehen Katherine – der Name, den ich nach dem Unfall in mir verschlossen gehalten hatte, der Name, der zu schmerzhaft war, um ihn auszusprechen, kam jetzt aus meinem Unbewussten hoch.

Der letzte Wutausbruch meiner Mutter hatte sich daran entzündet, dass ich Isabel einen mit Creme gefüllten Donut versagt hatte.

»*Non sapivo prima che tu fussi capace di chiste cose!*«, schrie sie mich an – »Ich wusste nicht, dass zu so etwas fähig bist!«, bevor sie hinzufügte: »*'Sa povera criatura… purtropp 'n ci sto io a la guardare!*«« – »Diese arme Kreatur… unglücklicherweise werde ich nicht hier sein, um auf sie aufzupassen!«

Ich konnte meiner Mutter nicht dabei helfen, mit ihren Gefühlen angesichts dieser Veränderungen fertigzuwerden, und ich war über ihren Ausbruch nicht verärgert. Unser kleiner kalabrischer Stamm aus drei Leuten trennte sich nun nach vier traurigen Jahren der Gemeinsamkeit, in denen meine Mutter Isabel aufgezogen und mir den Raum gegeben hatte, den ich gebraucht hatte, um mein Leben neu aufzubauen. Ich hatte Mühe, meine Dankbarkeit für das, was sie für Isabel und mich getan hatte, zum Ausdruck zu bringen, und an dem Morgen ihrer Abreise aus Tivoli waren wir beide zu erschöpft für liebevolle, reinigende Worte. Sie würden später kommen; an jenem Morgen war da nur Erleichterung, für sie und für mich.

Helena, Isabel und ich beluden meinen Wagen für den Ausflug nach Norden. Der Kofferraum und der Rücksitz ächzten unter der Last von Isabels Kleidung und Spielzeug, einer Kühlbox für Essen, unserem Gepäck und Helenas Instrumenten. An einem bestimmten Punkt musste ich eine Apparatur aus Kleidung, Gürteln und Taschen zusammenschustern, um ein Schutzkissen für Helenas Geigenkasten zu schaffen. Als ich den blauen Kasten hineinstopfen wollte, sprang Helena auf mich zu.

»Bitte pass auf«, sagte sie und legte ihre Hand auf meinen Arm.

Zu diesem Zeitpunkt wusste ich es noch nicht, aber ihr Instrument war etwas Besonderes. Etwas ganz Besonderes.

Ein paar Tage zuvor hatte ich Helena dabei zugesehen, während sie es bei ihrer Produktion *Bach Among Us*, einem Bach-Arrangement, das Musik und Tanz kombinierte, gespielt hatte. »Die *Goldberg-Variationen*«, erzählte sie der versammelten Zuhörerschaft, »wurden von einem an Schlaflosigkeit leidenden russischen Grafen in Auftrag gegeben.«

Das Publikum in Bards höhlenartiger Konzerthalle, der Fisher Hall, saß auf Stühlen auf der Bühne um die Musiker herum. Helena setzte sich auf ihren Platz und begann zu spielen. Sie trug einen wallenden Rock und ein Bustier und hatte ihr Haar zu Zöpfen geflochten. Dieser Anblick rief mir Dantes Matelda vor Augen, das bezaubernde, junge Mädchen, das oben auf dem Läuterungsberg erscheint, *cantando e scegliendo fior da fior,* »eine Frau, … die singend dahinging und Blumen von Stängeln pflückte, mit denen der Weg übersät war«. Dann setzte die Musik ein. Die Noten waren gleichsam abgerundet, beinahe buttrig. Bach hielt wenig von den Variationen, die um die endlose Wiederholung einer einzigen harmonischen Folge strukturiert waren. Während sie die sozusagen geflochtenen Noten entwirrte, wirkte Helenas Schönheit geradezu überirdisch, verschmolzen mit einem leuchtenden Klang – den sie tatsächlich auf einer Stradivari erzeugte. Es war dasselbe Instrument in dem blauen Kasten, das ich zwischen eine Tasche mit Tennisschlägern und eine Kühlbox voller Go-Gurts für unseren Ausflug nach Norden hatte quetschen wollen.

Das Instrument hatte schon eine weitaus dramatischere Reise hinter sich. 1953 war Sascha Jacobsen, der Konzertmeister der Los Angeles Philharmoniker und Musikwart der Geige, dem sogenannten Red Diamond, gezwungen, bei einem orkanartigen Sturzregen, der ihn beinahe das Leben gekostet hätte, seinen Wagen zu verlassen. Die Geige wurde an einem Strand in der Nähe eines Golfplatzes angespült und von einem Ehepaar, das gerade einen Spaziergang machte, gefunden. Sie brachten das Instrument zu einem der berühmtesten Restauratoren der Welt, Hans Weisshaar, der ein Jahr daran arbeitete und einen speziell dafür entworfenen Behälter verwendete, um das Gehäuse zu entsalzen.

Man sagt, dass das Instrument, als Jacobsen es zurückerhielt, sogar besser klang als zuvor.

Eine wiedergeborene Geige, das verzogene Ahorn aus Cremona vom Salz durch eine geübte Hand entwässert; Dantes Stimme als Dichter erneuert durch Beatrices Liebe, die den bitteren Geschmack des salzigen Brotes des Exils vertreibt; und ich, nicht länger eingesperrt in stummer Konversation mit den Toten, sondern vertieft in die lärmenden Freuden von Liebe und Vaterschaft.

Der Übergang zum Leben ohne Nonnie verlief nicht glatt. Helenas eigenes Zuhause lag zwei Straßen weiter – sie nannte es ihren Notausstieg –, aber sie verbrachte die meiste Zeit damit, sich an ihr Leben in ihrem neuen kalabrischen Dorf zu gewöhnen. So sehr Isabel Helenas Geschenk, das Schokoladenhäschen, und jenen ersten gemeinsamen Spaziergang durch Tivoli, den wir gemacht hatten, geschätzt hatte, war sie nicht glücklich darüber, dass die Macht nun nicht mehr in den Händen ihrer geliebten Oma lag. Als Helena in unserer *Nonna*-freien Behausung auftauchte, begrüßte Isabel sie damit, dass sie mit den Füßen aufstampfte, auf die Tür zeigte und mit aller Kraft, die sie mit ihren fünfzehn Kilo aufbringen konnte, schrie: »Geh nach Hause!« Um die Dinge noch schlimmer zu machen, durchlitten Helena und ich schlaflose Nächte, während Isabel bis in die frühen Morgenstunden schrie, ihr Bett stand in einem improvisierten Schlafzimmer, abgetrennt durch einen verschiebbaren Plastikvorhang, nur ein Stück von unserem eigenen Bett entfernt.

Helena war in ein Haus geraten, das so spärlich eingerichtet und leer war wie eine Kaserne: An den Wänden hingen keine Bilder, keine Zeitungen oder Zeitschriften waren zu finden, nur braungraue Standardmöbel und Stapel von Lehrbüchern, auf denen Isabels Spielzeug lag. Ich war in meinem Innenleben aus Schmerz und Trauer so eingesperrt gewesen, dass ich die Außenwelt kaum zur Kenntnis genommen hatte. Innerhalb von einem Monat hatte uns Helena ein Abonnement der *New York Times* besorgt, einige Gemälde aufgehängt und die Wände mit Fotos unserer Lieben geschmückt – einschließlich des einzigen Fotos von Katherine und mir, das ich überhaupt ansehen konnte: das, auf dem wir uns in Greve im Arm halten, einer Stadt außerhalb von Florenz, die wir ein Jahr vor unserer Hochzeit besucht hatten.

Als Nonnie Tivoli verließ, verwandelte sich Isabels Verwirrung über all die neuen Regeln in Fassungslosigkeit über eine Welt, in der die Frau, die sie am meisten liebte, plötzlich einfach verschwinden konnte. Man hatte ihr von ihrer leiblichen Mutter Katherine erzählt, und so muss es ihr vorgekommen sein, dass sie in einer Welt lebte, in der Mütter kommen und gehen und Väter nette Damen mit nach Hause bringen, die Geschenke verteilen und einem Eiscreme versprechen. Nur dieses Mal schien die Frau nicht immer so nett zu sein wie die anderen und sie blieb auch viel länger da. *Gut, muss Isabel gedacht haben, sie schenkt mir eine Menge Aufmerksamkeit und sie küsst und umarmt mich, wie Daddy das macht – aber warum kann ich meinen Hotdog nicht mehr essen und dabei Zeichentrickfilme gucken?*

Helena und ich waren erst vier Monate zusammen, und doch hatte sie bereits Urin aufgewischt, schmutzige Unterwäsche weggeschmissen und Tränenbäche getrocknet – auf Isabels Gesicht wie auf ihrem eigenen.

»Liebling, ich glaube, ich bin nicht für so etwas geschaffen«, sagte sie mir nach einem von Isabels wahnwitzigen Wutanfällen, als wäre irgendjemand auf der Welt dafür geschaffen, ständig gegen eine Wand von gewaltigem, kleinkindhaftem Widerstand und seine Verbindungen ins alte Kalabrien anzurennen. Die uralten mütterlichen Erziehungsmethoden meiner Familie kämpften gegen Helenas progressive, ganzheitliche und nüchterne Auffassung von Kindererziehung. Isabel hatte sich angewöhnt, alles abzulehnen, was von Helena kam, selbst wenn es das Beste auf der Welt für sie und uns war. Während dieser Auseinandersetzungen hatte ich keine goldenen Worte für Helena anzubieten. Ich bat sie bloß, Geduld zu haben. Ich klammerte mich an einen Strohhalm, indem ich versuchte, Isabels Widerstand in philosophische Begriffe zu kleiden.

»Platon sagte, dass der Philosophenkönig besonnen sein muss«, sagte ich zu ihr. »Das ist eine Voraussetzung für Größe.«

»Ja«, antwortete sie. »Platon musste offensichtlich nie ein tobendes Gör aufziehen.«

Aber sie war dabei, sich in dieses Gör zu verlieben.

Eines Abends in jenem Sommer besudelte sich Isabel immer wieder und führte sich auf, während wir versuchten, uns zum Abendessen hinzusetzen, und schließlich steckten wir sie für eine Auszeit in ihr Zimmer. In den Ratgebern steht, dass man sich die Ohren zuhalten soll, dass das Kind in Sicherheit sein muss und dass man einfach weiter seine Sache machen soll, bis sich das Kind beruhigt hat, aber in den Ratgebern fand sich kein Kapitel über diesen schwarzen Schwan von meiner Tochter. Mit dem Hämmern ihrer dreijährigen Fäuste an die Zimmertür brachte sie das Haus zum Wanken, und ihr Geschrei war so laut, dass es selbst die Toten hätte wecken können. Inzwischen waren Helena und ich beide in Tränen, und ich konnte es nicht mehr ertragen. Ich öffnete die Tür und entdeckte, dass Isabels Mund voller Blut war.

Sie hatte sich, während sie geschrien hatte, auf die Lippe gebissen und zitterte vor Wut, völlig neben sich wegen einer neuen, häuslichen Regel, die sie nicht akzeptieren wollte, nicht akzeptieren konnte und nicht akzeptieren würde. Aber Helena gab nicht auf und rannte diesmal auch nicht davon. Sie hielt Isabel fest, und ich sah zu, während sie das Kind tröstete. Vor meinen Augen geschah ein Wunder, so groß wie das medizinische Wunder – es ging um Sekundenbruchteile –, das es ermöglicht hatte, Isabel unter den Lebenden zu halten, während Katherine auf die andere Seite glitt. Dieses zweite Wunder war abgeschwächter und komplizierter, weil weder Biologie, noch Wissenschaft oder Instinkt involviert waren. Es war ein rein menschliches Wunder, geboren aus der wachsenden Liebe zwischen zwei Fremden, einer Musikerin aus St. Albans, England, und einem kleinen Kind aus zwei Dörfern, einem im Hudson Valley und einem anderen, dem sprichwörtlichen kalabrischen Dorf der Betreuung durch meine Mutter. Helena wischte Isabel das Blut vom Mund und trocknete ihr die Tränen, und sie setzten sich zusammen auf das winzige Bett, umgeben von den Bildern an der Wand. Da war ein Foto von

Nonnie, die Isabel hielt, aufgenommen während meiner langen, melancholischen Jahre, in denen ich darum rang, mein Leben wieder aufzubauen; da war das toskanische Foto von Katherine und mir, und ihre Himbeer-Lippen ähnelten denen unserer Tochter, beide sonnenüberflutet mitten in der kurzen Zeit, die wir gemeinsam hatten. Und nun gab es noch ein neues Foto, eins von Helena im Alter von vier Jahren, ungefähr im selben Alter wie Isabel jetzt, wie sie auf einer winzigen Geige schrammte, die von ihren blonden Locken fast komplett verdeckt wurde.

Wir schafften es, alle drei – Isabel, Helena und ich. Wir überlebten einen widersinnigen Tod und seine Folgen und all das wegen der Liebe einer Mutter. Der Liebe einer kalabrischen Großmutter zu ihrem Sohn und ihrer Enkeltochter, der Liebe einer englischen Geigerin zu einem Witwer und seinem Kind. Das Essen stand unberührt auf dem Küchentisch. Das Kind hatte keine Worte, um zu beschreiben, was es quälte. Der Mann und die Frau standen ratlos im Zimmer und überlegten immer noch, wohin ihre Geschichte sie führen würde. Es war alles ein einziger, chaotischer, völlig offener Prozess, vom Urin auf dem Fußboden und dem Blut auf den Lippen bis hin zu der Fotogalerie an den Wänden. Aber trotz des Chaos und der Konflikte war auch eine gewaltige Stärke in diesem Zimmer zu spüren, wie der Wind, der an einem Vorfrühlingstag durch Clermont gefegt war, als die gelbgrünen Blütenblätter durch die Luft wirbelten und uns ihren Segen brachten, als sie zur Erde fielen, so wie die sterbende Saat einem Weizenfeld Wachstum schenkt.

Die Bäume der Berkshires schwankten weiter, während Helena die bodenlose Leiter der viertaktigen Basslinie herabstieg, deren Variationen so ausufernd wie die Liebe waren,

die Bach offenkundig für seine verstorbene Frau Maria empfunden hatte. Inzwischen war Isabel erschöpft von ihrem Gerangel und saß in einer Art katatonischer Starre auf meinem
Schoß. Sie war müde, hungrig – vielleicht sogar ein wenig gebannt von der Musik.

Während das Stück windungsreich zum Ende kam, hörte
ich in der Musik eine Art Hinweis, einen Schlüssel, nach dem
ich in all den Jahren nach Katherines Tod gesucht hatte. Es
war nicht das Gefühl neuer Freude nach der Trauer, was ich in
der *Chaconne* jetzt hörte; das wäre allzu offenkundig und, wie
all diese Kommentare à la »die Zeit heilt alle Wunden«, auch
unehrlich gewesen – etwas, das durch Abrieb eher verschlis-
sen wurde als geheilt. Es war die Freude der Musik *innerhalb*
der Trauer, die mich packte. Sie war irrational. Erotisch. Lei-
denschaftlich. Alles, was tiefe und wahre Liebe ist. Alles, was
tiefe und wahre Liebe bleibt, selbst wenn die Person, die diese
Liebe inspiriert hatte, nicht länger da ist.

Die Aufgabe, *Paradiso* zu schreiben, war erheblich für
Dante, weil jede Geschichte, die er einmal gekannt hatte, im
Himmel eine ganz neue Form annahm – was wahre Liebe zu
sein schien, Francescas Liebe zu Paolo, stellte sich als Lust heraus; was wie ein Fluch erschien, Dantes Verbannung aus Florenz, stellte sich als Segen heraus. Jede Liebesgeschichte ist
eine potenzielle Leidensgeschichte, schrieb Julian Barnes einmal. Aber als Dante bei *Paradiso* angelangt war, verstand er,
dass es tatsächlich genau umgekehrt war. Bachs absteigende,
viertaktige Basslinie war vielleicht der anhaltende Ausdruck
von Schmerz, aber das ist nur ein Teil der Geschichte. Es war
auch eine Liebeserklärung, die so offen ist und voller Mysterien, wie der Tod unnachgiebig und leer. Helena trieb die
Saiten zum Gipfel der *Chaconne*, die endete, wie sie begonnen hatte: in der bittersüßen Verbindung von Liebe und Ver-

lust, in dem Zeugnis der Liebe zu einer anderen Person, die nicht mehr da ist. Als ich der Musik lauschte, begriff ich, dass ich Katherines Tod missverstanden hatte, aus dem einfachen und unausweichlichen Grund, weil ich jahrelang durch den Filter des Leidens darauf gestarrt hatte. Ich hatte darauf nur mit einem Auge gestarrt – nur die Liebe konnte mir die volle Sicht wiedergeben.

So ist das. dachte ich, während ich auf das verschwommene Bild von Helenas Fingern starrte und Isabels Körper an meinem eigenen spürte, *jede Leidensgeschichte ist eine Liebesgeschichte.*

Epilog

Im Juni 2012, ein Jahr, nachdem Helena und ich dort zusammen auf einer von Blütenblättern übersäten Decke gelegen hatten – und ein Jahr, bevor sie Freude und Schmerz aus Bachs *Chaconne* hervorlockte –, kehrten sie und ich nach Clermont zurück. Der bleigraue Himmel an dem Ort, wo ich mich in diese Engländerin aus St. Albans verliebt hatte, war nun tiefblau, und der beißende Wind jenes rauen Vorfrühlingstags war windstillem Sonnenschein gewichen. Ich war wieder mit Helena am Hudson, und diesmal waren wir nicht allein. Isabel war bei uns, mit Blumen in ihrem Haar. Auch Nonnie war mitgekommen und hatte für diesen Anlass sogar ein Kleid angezogen. Der Kaplan, der fünf Jahre zuvor in der Chapel of the Innocents des Bard College bei Katherines Gedächtnis-Gottesdienst über Mutterschaft gesprochen hatte, war ebenfalls zugegen, und diesmal hatte er eine unendlich einfachere Aufgabe. Zumindest sollte es so sein. Aber er hatte zur Zeremonie die falsche Bibel mitgenommen, hatte aus Versehen das hebräische Original, statt der englischen Übersetzung eingesteckt und so musste er aus dem Stegreif übersetzen, während alle im Cutting Garden zuschauten.

Helenas Vater war da, ebenso wie ihr Bruder und ihre

Schwester, die überhaupt nicht so aussah wie Helena, obwohl sie unzweifelhaft ihre Zwillingsschwester und das feste Band zwischen ihnen wie unsichtbarer Draht war. Während der Kaplan sprach und die Gäste sich auf den weißen Klappstühlen im Garten niederließen, spielte Helenas Vater ein Bach-Präludium, und die wogende, meditative Musik des Stückes erfüllte die warme Luft, während selbst die Kinder still verharrten, um zuzuhören. Es waren lauter Wiederholungen mit leichten Variationen, so wie der traurige Liebesbrief der *Chaconne*. Helenas Schwester stand neben ihr, und ihre Mutter und ihr Bruder sahen aus der Menge zu, das erste Mal seit vielen Jahren, dass ihre verstreute Familie sich an einem Ort versammelt hatte.

Isabel wollte an jenem Tag nichts mit mir zu tun haben, sie war zu verzaubert von den Kleidern und den Blumen und den Spielen, die sie mit den anderen Kindern spielte. Wenn sie nicht herumlief, blieb sie dicht an Helenas Seite, der Frau, die sie nun Mom und Mama nannte, manchmal sogar etwas übertrieben May-May, wenn sie ganz dringend etwas von ihr wollte. Sobald die Zeremonie vorbei war, stürzte Isabel davon, auf die grünen Wiesen, Teil eines flauschigen, weißen Gefolges von lauter anderen Kindern, die erleichtert waren, dass die Musik zu Ende war, die Ringe getauscht worden waren und ein Kuss die ganze Angelegenheit besiegelt hatte.

Nur ein Jahr zuvor hatte Isabel in blutigem Protest geschrien, als die einzige Mutter, die sie je kennengelernt hatte, ihre *Nonna*, durch jemanden ersetzt worden war, der ihr in jeder Hinsicht unvertraut war. Isabel, inzwischen eine lebhafte und ausdrucksstarke Vierjährige, hatte nur noch wenig Ähnlichkeit mit dem kleinen Mädchen, das sich an Nonnies Röcke geklammert hatte wie ein Lemur. Ein Teil davon war der normalen Entwicklung geschuldet, dem normalen Wachstum, aber ein Teil davon war auch die neue Liebe, die mich aus meiner tausendundeinen Tag langen Erstarrung herausgesprengt und die Wolke von Leiden und Schmerz aus unserem Haus vertrieben hatte. Yolanda hatte inzwischen keine harten Worte mehr für mich; all die Bitterkeit unserer letzten Tage als Ersatzfamilie war verflogen.

»*Volevo parrare anch'io*« – »Auch ich wollte sprechen« –, sagte sie, während sie mein Gesicht zwischen ihre Hände nahm, nachdem alle anderen an den langen Festtagstischen ihre Reden gehalten hatten.

»*Cosa volevi dire, mamma?*«, fragte ich – »Was wolltest du denn sagen?«

»Ich weiß es nicht – ich wollte bloß sprechen.«

Mit ihrem gebrochenen Englisch und fragmentarischen Kalabrisch war meine Mutter nicht drauf und dran gewesen, aufzustehen und eine Rede zu halten. Aber wenn sie gesprochen hätte, hätte sie ihre Entscheidung beschreiben können, an jenem Tag als Katherine starb, wieder Mutter zu werden und mir dabei zu helfen, Isabel aufzuziehen. Sie hätte vielleicht erzählen können, dass sie wusste, dass sie ihre Freiheit nun wieder aufgeben müsste, die sie schließlich im hohen Alter erlangt hatte, um zum Gestank vollgemachter Windeln, den heiklen Stimmungen eines trauernden Ehemanns und ihrem Hausarrest in einer Universitätsstadt fern von ihrer Familie zurückzukehren. Meine Mutter sagte nichts davon, weil sie nicht jemand war, der sein eigenes Loblied sang. Ihr Leben war anderen gewidmet gewesen, und so würde es auch bleiben: mit ihr im Mittelpunkt einer Liebeskonstellation, die das Halten von Reden überflüssig machte.

Auf dem Rasen und unterm Zelt hatten sich viele Gruppen gebildet: das Bard-Völkchen in gesprenkeltem Grau, einer Fliege oder zwei, in Kleidern mit Blumenmustern und in Pastellfarben; meine Freunde, immer noch sportlich und agil in ihren Vierzigern, die mich bei jeder Gelegenheit daran erinnerten, was für ein Glück ich gehabt hatte, und Helena lachend fragten, ob sie wüsste, worauf sie sich da einließ, woraufhin sie lächelte und sagte, dass es nun zu spät für einen Rückzieher wäre; Katherines Familie, die heroisch keinerlei Trauer, die die Feier hätte überschatten können, aufkommen ließ, sondern aß, trank und tanzte und nur von der Zukunft unserer neuen Familie und von Isabels neuer Mutter sprachen. Ich stand mitten drin, ein bisschen verwirrt, da vier Jahre plötzlich so wirkten, als wären sie gar nicht so lang gewesen.

Und doch waren sie es gewesen. Sie waren monströs lang gewesen, als hätten eine Million Jahre das Leben, das vor dem 29. November 2007 geherrscht hatte, von dem Leben danach getrennt. Wenn ich sie alle gezählt hätte, diese Tage und Jahre in der Unterwelt von Leiden und Trauer, hätte mich ihre Zahl erschauern lassen, als ich so dastand in meinem grauen Anzug und weißen Schlips. Ich blickte den Hudson hinunter und dachte an die hundertsechzigtausend Hektar, die die Britische Krone den ersten Besitzern von Clermont, der Livingstone-Familie, geschenkt hatte und wie auch mir ein übergroßes Geschenk zuteilgeworden war. Sie waren jetzt ganz verschwommen, all die Menschen, die mich umarmten, mir in die Augen lächelten und in die Ohren lachten, Männer in schwarzen Jacketts und Frauen in roten Kleidern, alle benommen vom Prosecco, vom Sonnenlicht auf den Rosen, vom Anblick rennender Kinder auf den grünen Wiesen. Sie hatte *Ja* gesagt, diese Geigerin, die Frau, die die Akkorde der *Chaconne* in den Berkshires gespielt und mich dazu inspiriert hatte, diese Geschichte zu schreiben. Sie war die Einzige, die das tun konnte, weil nur sie die traurige Geschichte, die in meinem Inneren schwärte, behutsam weggeschoben und durch eine andere ersetzt hatte. Mehr noch, sie war diejenige gewesen, die darauf bestanden hatte, dass ich die Geschichten aufschrieb, die ich bislang nur mir selbst im Stillen erzählt hatte. Sie hatte angefangen, meine Texte zu lesen, so wie sie begonnen hatte, mich zu lieben und dann auch mein Kind. Ihre Augen waren die ersten gewesen, die diese Geschichten sahen, die ich mir selbst auf den Fahrten zwischen Tivoli und Westerly erzählt hatte und begonnen hatte in groben Zügen aufzuschreiben. Sie tat noch mehr, als mich aufzufordern, ein bedeutungsvolles Leben zu führen – sie bat mich, es in Worte zu fassen.

Katherines Tod brachte grenzenloses Chaos und Wandel mit sich, aber in der ganzen Folge gab es eine Konstante. Meine Dante-Lektüre war immer tief und persönlich gewesen, aber als ich mich selbst im dunklen Wald wiederfand, wurden seine Worte zu einer Sache auf Leben und Tod. Er hatte mich gelehrt, dass man jemanden auf eine bestimmte Weise auch ohne Körper lieben kann, aber dass man seine wahre Liebe für jemanden bewahren muss, dessen Atem man hören und fühlen kann – den deines Kindes, deiner Frau –, und dass man die Unterwelt vielleicht besuchen, aber nicht dort leben kann. Er lehrte mich ebenfalls, dass Selbstmitleid kein Ersatz für den freien Willen ist, so wie die elektrische Luft des Leidens nicht von der Art ist, dass sie im richtigen Leben das Atmen ermöglichen könnte.

Gibt es einen Teil von uns, der den Körper überdauert? Diese Frage quälte mich nach Katherines Tod und brachte mich zum ersten Mal dazu, dass ich mich wegen der Frage zermarterte, ob wir eine Seele haben. Das führte mich zurück zu dem Buch und dem Autor, die ich mehr als alle anderen liebte. »*Schaut auf die Lehre, die sich unter dem Schleier fremdartiger Verse verbirgt*«, hatte Dante einmal geschrieben, und ich begann, neue Bedeutungsschichten in dieser Dichtung zu entdecken, denen ich mich als Gelehrter nie genähert hatte. Nicht einmal Dante, ein tief christlicher Schriftsteller, der sein Gedicht im Angesicht Gottes enden lässt, konnte ganz sicher wissen, ob wir eine Seele haben. Aber seine *Göttliche Komödie* war aus dem Glauben geschaffen, dass Literatur einen durch *lungo studio e grande amore* verwandeln kann und indem wir uns wunderschönen Texten ergeben, beginnen wir mit dem, was ein scharfsinniger Leser Dantes, der Dichter Keats, »Beseelung« nannte: dass wir uns einer »Welt der Schmerzen und Sorgen« aussetzen müssen, damit wir unser wahres Selbst erkennen und unsere ganze Menschlichkeit entfalten.

Ich hatte mich immer gefragt, wie Dante nach all jenen bitteren Jahren der Wanderschaft seine Dichtung mit einer Friedensbotschaft hatte enden lassen können, aber dort an den Ufern des Clermont hatte ich meine Antwort gefunden. Ich verstand jetzt, dass jede Leidensgeschichte tatsächlich eine Liebesgeschichte ist – es war Liebe, die mich überhaupt erst in den dunklen Wald geführt hatte, und nur die Liebe konnte mich wieder herausführen. Wie Beatrice Dante gelehrt hatte, kann man Liebe nicht ohne Glauben, Hoffnung und Freude haben. Helenas Liebe hatte uns gerettet. Und nun brachte mich meine Liebe zu Helena – hier schloss sich der Kreis – wieder zu einigen der frühesten Worte zurück, die Dante je geschrieben hatte:

Incipit vita nova.
Hier beginnt das neue Leben.

Liebste Isabel, du weißt jetzt, dass ich unsere ersten Schritte nicht noch einmal mit dir gehen, so wenig wie ein Schriftsteller seine ersten Worte nicht mehr ändern kann. Dein Leben begann im grellen Licht der Notaufnahme, und an unseren ersten gemeinsamen Tagen starrte ich bloß durch die Gitterstäbe deiner Krippe auf dich, exiliert von der Vaterschaft, von der ich immer geträumt hatte, ohne Worte, die mir hätten helfen können, unser zerrissenes Band zu ergründen.

Aber ich hoffe, dass du – wie ich – entdecken wirst, dass man nicht durch das definiert wird, was einen in den dunklen Wald führt, sondern durch das, was man tut, um wieder hinauszugelangen – so wie man die ersten Worte einer Geschichte nicht verstehen kann, solange man nicht die letzten gelesen hat.

Hier beginnt das neue Leben. Wenn du Dante liest, wirst du sehen, dass diese – seine ersten – Worte bis zu seinen letzten weisen, als er auf die Hölle, das Fegefeuer und den Himmel zurückblickte, so wie ich jetzt auf unsere Zeit in der Unterwelt und unseren Weg nach Clermont zurückschaue. Dante hatte den Mut, an die Liebe zu glauben, ganz gleich, wie sehr er auch litt, wie viele Schrecken er auch erduldete. Und mit Liebe und all ihren Mysterien und Rätseln – und nicht mit Gott, der Gerechtigkeit, dem freien Willen oder der Hoffnung – ließ Dante sein Gedicht ausklingen, einer Vision, von der ich mit ganzem Herzen hoffe, dass sie eines Tages auch deine sein wird:

Già volgeva il mio disio e 'l velle,
sì come rota ch'igualmente è mossa,
l'amor che move il sole e l'altre stelle.

Schon wälzte Liebe meine Sehnsucht und mein Wollen um wie ein Rad, das sich im Gleichmaß dreht, die Liebe, die die Sonne bewegt und die anderen Sterne.

Übersetzungen und Anmerkungen

Nichts, was durch musikalische Bande verbunden ist, kann von einer Sprache in die andere übersetzt werden, ohne all seine Süße oder Harmonie zu zerstören«, schrieb Dante einmal, und in der Tat, jeder, der versucht Dante zu übersetzen, sieht sich mit dieser unerbittlichen literarischen Realität in einer besonders elementaren Weise konfrontiert. Seine ursprüngliche Bedeutung ist so verwoben mit spezifisch toskanischen Wörtern und Redewendungen und die Musik seines Gedichts mit dem genauen Versmaß und den gereimten Terzetten so eng verknüpft, dass die Übertragung in eine Fremdsprache einem das Gefühl vermitteln könnte, als versuche man die Quadratur des Kreises. Dennoch hat es viele heroische und wertvolle Versuche gegeben, Dante zu »verenglischen« , beginnend mit der ersten vollständigen, amerikanischen Übersetzung, Longfellows brillanter Mischung von gelehrten und poetischen Wendungen von 1867, und einschließlich wichtiger folgender Versionen von John Sinclair (1939), Charles Singleton (1970–76), Allen Mandelbaum (1980–84) und Robert und Jean Hollander (2000–2007). Übersetzungen aus jüngster Zeit von Dichtern vom Range eines Seamus Heaney und W. S. Merwin bis zu Robert Pinsky und Clive James, neben vielen anderen, haben ebenfalls Dantes Nachleben in der englischen Sprache bereichert. Ich möchte Sie dazu einladen, das reiche Weiterleben von Dante in seinen Übersetzungen zu erkunden, was auch immer Ihre *Madelingua*, Ihre Muttersprache sein mag – und Sie ganz besonders ermutigen, Italienisch zu lernen, damit Sie Dante im Original lesen können, da, wo die Zauberkunst, die Magie wirklich geschieht.

Quellenangaben

Julian Barnes, Lebensstufen, deutsch von Gertraude Krueger, Kiepenheuer&Witsch, Köln, 2015.

Guido Cavalcanti, Sämtliche Gedichte/ Tutte le rime, übertragen und herausgegeben von Tobias Eisermann und Wolfdietrich Kopelke, Tübingen 1990.

Dante Alighieri, Commedia, in deutscher Prosa von Kurt Flasch, S. Fischer, Frankfurt/ Main 2013.

Dante Alighieri, Vita Nuova/ Das Neue Leben, deutsch von Karl Federn, Fischer Bibliothek der Hundert Bücher, Exempla Classica, Frankfurt/Main 1964.

T.S.Eliot, J. Alfred Prufrocks Liebesgesang, in der Übersetzung von Klaus Günther Just, in: Hans Magnus Enzensberger (Hrsg.), Museum der modernen Poesie, Frankfurt/Main 1960.

Homer, Odyssee, in der Übersetzung von Johan Heinrich Voß, München 1973 (Goldmann Klassiker).

James Joyce, Die Toten, in: Dubliner, deutsch von Dieter E. Zimmer, Frankfurt/ Main 1974.

Iwan Turgenjew, Väter und Söhne, deutsch von Wilhelm Lange, Leipzig 1911.

Vergil, Aeneis, unter Verwendung der Übertragung Ludwig Neuffers übersetzt und herausgegeben von Wilhelm Plankl unter Mitwirkung von Karl Vretska, Stuttgart 1979.

Danksagung

Niemand versteht unser Bedürfnis nach der richtigen Art von Führung und Anleitung besser als Dante, der sich zunächst an Vergil und dann an Beatrice wandte, damit er seinen Weg aus dem *selva oscura*, dem dunklen Wald, herausfand. Auch ich bin gesegnet gewesen mit der Unterstützung und dem Rat jener, die mir am nächsten stehen. Meine Agentin und Freundin, Joy Harris, hat dieses Projekt von seinen frühesten und noch unsicheren Stadien an gefördert. Mit größter Sorgfalt und tiefster Einsicht hat sie mir dabei geholfen, dass das Buch seinen eigenen Ton gefunden hat. Als *In einem dunklen Walde* allmählich Form anzunehmen begann, hatte ich das große Glück, mit Karen Rinaldi die Arbeit aufnehmen zu können, einer Lektorin, deren Brillanz und Gespür für emotionale Tiefe jede einzelne Seite inspiriert haben. Karen hatte den Glauben und den Mut, mich zu bitten, noch tiefer einzutauchen, und ermutigte mich, mich über meine gewöhnliche Zurückhaltung hinaus auf unerforschtes, manchmal unbequemes Gebiet hinauszuwagen. Es war dieser Dialog zwischen ihrer Lektoratsarbeit und meinem Schreiben, der es mir ermöglichte, die ganze Tiefe von Dantes Botschaft zu ergründen. Karen und Joy, danteske Seelen bis ins Mark, haben mir gezeigt, wie der Geist der *Göttlichen Komödie* unser tägliches Leben durchdringen kann.

Der Weg dieses Manuskriptes von einem kurzen Stück, einer Gastkolumne, in der *New York Times* bis zu der veröffentlichten Ausgabe, die vor Ihnen liegt, war ein langer und umständlicher, wobei mir bei jeder Etappe von meiner geliebten Frau Helena Baillie Hilfe zuteilwurde, deren scharfes editorisches Auge und außergewöhnliches künstlerisches Gespür das Buch in entscheidenden Momenten zu retten vermochten. Meine lieben Freunde und getreuen Leser, Scott McGill und Ross Guberman, gewährten mir an Schlüsselstellen unschätzbare Einsichten und zwangen mich, meine akademische Komfortzone zu verlassen und darüber nachzudenken, warum Dante uns heute noch etwas bedeutet. Ich habe von den außergewöhnlichen Bemühungen meines gesamten Teams bei HarperCollins profitiert, insbesondere von denen, mit denen ich besonders eng zusammenarbeiten durfte: Jane Beirn, Penny Makras und Hannah Robinson.

Meine größte Dankbarkeit schulde ich Menschen außerhalb der literarischen Welt. Meiner Mutter Yolanda Luzzi und meinen Geschwistern Angelo, Margaret, Mary, Rose und Tina. Sie nahmen Isabel und mich zu einem Zeitpunkt auf, als meine eigenen Überlebensinstinkte und die Fähigkeit, für eine andere Person zu sorgen, durch Katherines plötzlichen Tod schwer beschädigt waren. Mit anhaltender und selbstloser Liebe ernährten sie meine Tochter und heilten meine eigenen gebrochenen Lebensgeister, baten dabei nie um eine Gegenleistung und bemühten sich ohne Unterlass darum wiederherzustellen, was der Tod mir und uns entwendet hatte. Dante beendet sein Gedicht, indem er zugesteht, dass es keine Möglichkeit gibt, die Pracht und das Geheimnis der Schöpfung zu beschreiben, als ihm auf dem Gipfel des Paradieses ein Blick auf Gottes Werk gewährt wird. Manchmal versagen Worte einfach. Voller Demut angesichts der enormen Großzügigkeit meiner Familie kann ich nur in ihrer Sprache und der Dantes sagen: *Grazie di cuore.*

Jahrelang wurde mein Wunsch, dieses Buch zu schreiben, von dem Bild einer Familie, die beinahe nie existiert hätte, heimgesucht: meiner Tochter Isabel und mir, da unsere ersten gemeinsamen Jahre im Zentrum eines Schmerzes, der mich blind für die Freuden und Verantwortlichkeiten der Vaterschaft machte, einfach vergingen. Das Geschenk von Helenas Ankunft in unserem Leben zusammen mit Dantes Weisheit halfen mir, all dies zu verändern und eine Vater-Tochter-Beziehung wiederherzustellen, die der Tod erschüttert hatte. Ich widme dieses Buch Isabel, weil es meine Liebe zu ihr war, mehr als alles andere, die mich aus dem dunklen Walde errettete.

Unsere *piccola famiglia* wurde mit einer neuen Ankunft, gerade, als ich letzte Hand an das Manuskript von *In einem dunklen Walde* legte, gesegnet: der Geburt unseres Sohnes, James Baillie Luzzi. Und für James und Isabel schreibe ich diese letzten Worte, die unter den ersten sind, die Dante jemals geschrieben hat, und diejenigen sind, die alles zusammenfassen, was sie für mich bedeuten:

Incipit vita nova.

Hier beginnt das neue Leben.